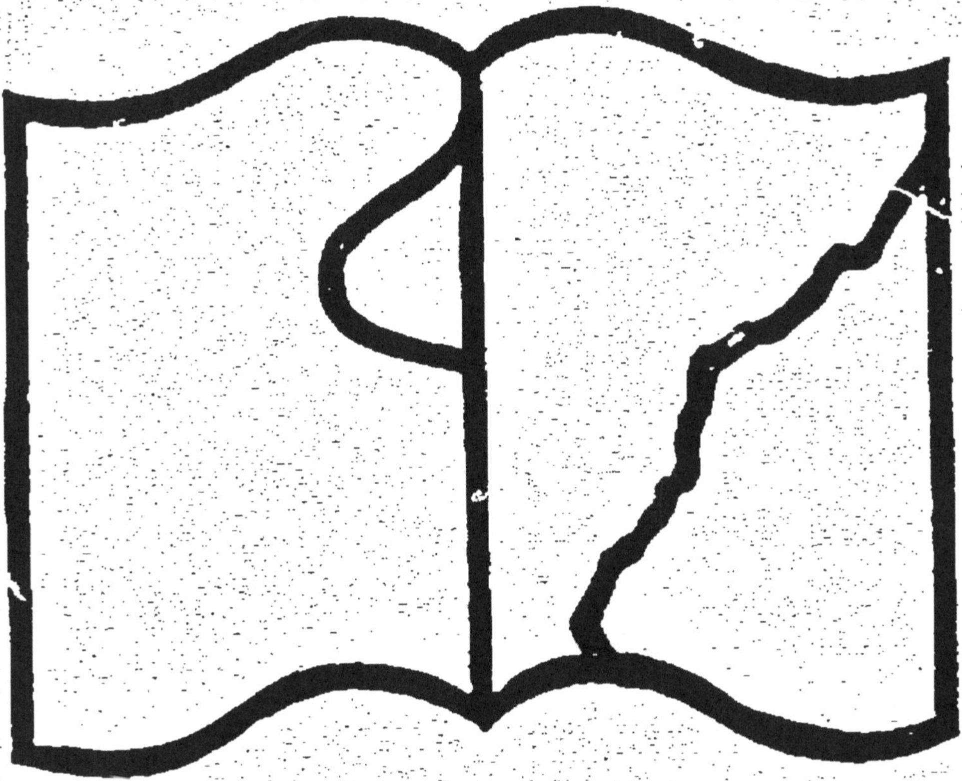

Texte détérioré — reliure défectueuse
NF Z 43-120-11

INSTRUCTION MORALE

DIEU, LA CONSCIENCE, LE DEVOIR

PSYCHOLOGIE ÉLÉMENTAIRE, MORALE THÉORIQUE ET PRATIQUE

ÉLÉMENTS DE LOGIQUE

PAR

L'ABBÉ DE BROGLIE

Ancien élève de l'École polytechnique, professeur d'apologétique chrétienne
à l'Institut catholique de Paris

A L'USAGE

Des Cours supérieurs d'enseignement primaire, — des Écoles normales d'instituteurs et d'institutrices, — de l'enseignement secondaire spécial, — de l'Enseignement secondaire des jeunes filles, — des aspirantes et des aspirants aux brevets de capacité.

Ouvrage rédigé conformément aux programmes officiels,
Approuvé par S. G. l'Archevêque de Besançon et par NN. SS. les Évêques
d'Autun, d'Annecy, de Nancy, de Nîmes et de Soissons

Deuxième édition
REVUE, CORRIGÉE ET AUGMENTÉE
DE NOTIONS ÉLÉMENTAIRES DE LOGIQUE ET THÉORIE
DES MÉTHODES SCIENTIFIQUES

PARIS
PUTOIS-CRETTÉ, LIBRAIRE-ÉDITEUR
90, RUE DE RENNES, 90
1885

Tous droits réservés.

INSTRUCTION CIVIQUE, par J. PEGAT et B. TERRAT, 1 vol. in-12 cart... 1 fr. 75.

INSTRUCTION MORALE

DIEU, LA CONSCIENCE, LE DEVOIR

TYPOGRAPHIE FIRMIN-DIDOT. — MESNIL (EURE).

INSTRUCTION MORALE

DIEU, LA CONSCIENCE, LE DEVOIR

PSYCHOLOGIE ÉLÉMENTAIRE, MORALE THÉORIQUE ET PRATIQUE

ÉLÉMENTS DE LOGIQUE

PAR

L'ABBÉ DE BROGLIE

Ancien élève de l'École polytechnique, professeur d'apologétique chrétienne
à l'Institut catholique de Paris

A L'USAGE

Des Cours supérieurs d'enseignement primaire, — des Écoles normales d'instituteurs et d'institutrices, — de l'enseignement secondaire spécial, — de l'Enseignement secondaire des jeunes filles, — des aspirantes et des aspirants aux brevets de capacité.

Ouvrage rédigé conformément aux programmes officiels,
Approuvé par S. G. l'Archevêque de Besançon et par NN. SS. les Évêques
d'Autun, d'Annecy, de Nancy, de Nîmes et de Soissons

Deuxième édition
REVUE, CORRIGÉE ET AUGMENTÉE
DE NOTIONS ÉLÉMENTAIRES DE LOGIQUE ET THÉORIE
DES MÉTHODES SCIENTIFIQUES

PARIS
PUTOIS-CRETTÉ, LIBRAIRE-ÉDITEUR
90, RUE DE RENNES, 90
1885

Tous droits réservés.

PROGRAMME OFFICIEL

De l'enseignement de l'instruction morale dans les Écoles normales primaires, prescrit par l'arrêté ministériel du 22 janvier 1881.

I. — *Notions élémentaires de psychologie.*

Idée générale de la psychologie appliquée à la morale et à la pédagogie, pages 4, 5, 10. — Description expérimentale des facultés humaines, 12.

L'activité physique, 19. — Les mouvements, les instincts, les habitudes corporelles, 19, 21, 22.

La sensibilité physique, 16. — Le plaisir et la douleur, 18. — Les sens, 16. — Sensations internes, les besoins et les appétits, 18.

L'intelligence, 23, 28. — La conscience, 25, et la perception extérieure, 23. — La mémoire, 26, et l'imagination, 27. — L'abstraction et la généralisation, 32. — Le jugement, 31, et le raisonnement, 35. — Les principes régulateurs de la raison, 38.

La sensibilité morale, 40. — Sentiments de famille, 42. — Sentiments sociaux et patriotiques, 43. — Sentiments du vrai, du beau et du bien, 43. — Sentiments religieux, 43.

La volonté, 45, 50. — La liberté, 46, 50. — L'habitude, 49.

Conclusions de la psychologie, 54. — Dualité de la nature humaine, 55. — L'esprit et le corps, 57. — La vie animale et la vie intellectuelle et morale, 58.

II. — *Morale théorique. — Principes.*

Introduction : objet de la morale, 1.

La conscience morale, 7, 160. — Discernement instinctif du bien et du mal, 161. — Comment il se développe par l'éducation, 172.

La liberté et la responsabilité, 45, 156. — Conditions de la responsabilité, 156; ses degrés et ses limites, 157, 160.

L'obligation ou le devoir, 60. — Caractères de la loi morale, 65. — Insuffisance de l'intérêt personnel comme base de la morale, 114. — Insuffisance du sentiment comme principe unique de la morale, 118.

Le bien et le devoir pur, 109. — Dignité de la personne humaine, 149.

Le droit et le devoir, 143. — Leurs rapports, 145. — Différents devoirs, 145. — Devoirs de justice et devoirs de charité, 188. — La vertu, 187.

Les sanctions de la morale, 62. — Rapport de la vertu et du bonheur, 100. — Sanction individuelle (satisfaction morale et remords), 98. — Sanctions sociales, 99. — Sanctions supérieures : la vie future et Dieu, 62, 96.

III. — *Morale pratique.* — *Applications.*

Devoirs individuels, leur fondement, 176. — Principales formes du respect de soi-même, 177, 180. — Les vertus individuelles, tempérance, 138. — Prudence, courage, 185. — Respect de la vérité, 216. — De la parole donnée, 219. — Dignité personnelle, etc., 149, 176.

Devoirs généraux de la vie sociale, 188. — Rapports des personnes entre elles, 192.

Devoirs de justice, 190. — Respect de la personne dans sa vie : condamnation de l'homicide, 201. — Examen des exceptions réelles ou prétendues : cas de légitime défense, etc., 202.

Respect de la personne dans sa liberté, 203. — L'esclavage, le servage, 204. — Liberté des enfants mineurs, des salariés, etc., 240.

Respect de la personne dans son honneur et sa réputation, 207. — La calomnie, la médisance, 207. — Dans ses opinions et ses croyances : l'intolérance, 208. — Dans ses moindres intérêts, dans tous ses sentiments : menues injures de toutes sortes, l'envie, la délation, etc., 209.

Respect de la personne dans ses biens : le droit de propriété, 194. — Caractère sacré des promesses et des contrats, 219.

Devoirs de charité, 188. — Obligation de défendre les personnes menacées dans leur vie, leur liberté, leur honneur, leurs biens, 191. — La bienfaisance proprement dite, 231. — Le dévouement et le sacrifice. — Devoirs de bonté envers les animaux, 186.

Devoirs de famille, 232. — Devoirs des parents entre eux, 235 ; des enfants envers leurs parents ; des enfants entre eux, 236. — Le sentiment de la famille, 236.

Devoirs professionnels, 237. — Professions libérales, fonctionnaires, industriels, commerçants, salariés et patrons, etc., 239.

Devoirs civiques, 243. — La patrie, l'état et les citoyens, 243. — Fondement de l'autorité publique, 244. — La constitution et les lois, 245. — Le droit de punir, 246.

Devoirs des simples citoyens : l'obéissance aux lois ; l'impôt ; le service militaire ; le vote ; l'obligation scolaire, 247.

Devoirs des gouvernants, 248.

Devoirs des nations entre elles, 251. — Le droit des gens, 249.

Devoirs religieux et droits correspondants, 252. — Liberté des cultes, 255. — Rôle du sentiment religieux en morale, 43, 259.

Application des principes de la psychologie et de la morale à l'éducation, 10.

PROGRAMMES DE L'ENSEIGNEMENT SECONDAIRE SPÉCIAL,

PRESCRITS PAR ARRÊTÉ DU 28 JUILLET 1882.

TROISIÈME ANNÉE. — MORALE PRATIQUE.

NOTIONS PRÉLIMINAIRES. — La responsabilité morale. Faits de conscience dans lesquels cette notion est impliquée. — La liberté. — Le bien, distinct de l'agréable et de l'utile. — Le devoir et ses caractères. Formules de l'obligation morale. — Dignité de la personne humaine. — Rapports du devoir et du droit. La vertu et ses degrés.

Devoirs généraux de la vie sociale : justice et charité.

Devoirs de justice. — Respect de la personne. — Respect de la personne dans sa vie. Examen des exceptions réelles ou prétendues : cas de légitime défense, etc. — Respect de la personne dans sa liberté : l'esclavage, le servage ; abus de pouvoir à l'égard des enfants mineurs, des salariés, etc. — Respect de la personne dans son honneur et sa réputation : les outrages, la calomnie, la médisance ; condamnation de la délation et de l'envie. — Respect de la personne dans ses croyances et ses opinions. L'intolérance. Liberté des cultes. Esprit de patience et de tolérance dans la discussion. Avantages de la libre critique et de la contradiction. — Respect de la personne dans ses biens. La propriété, le vol. — Respect de la personne dans ses moindres intérêts, dans tous ses sentiments et ses volontés légitimes. Caractère sacré des promesses et des contrats. — Respect de la personne dans son intelligence. Le mensonge. — Justice distributive et rémunérative. Équité. Obligation de défendre les personnes dans leur vie. Respect de la vieillesse, des services, des supériorités morales.

Devoirs de charité. — La bienveillance et la bienfaisance. La bienfaisance proprement dite : l'aumône, le dévouement et le sacrifice. — Menus devoirs de respect et de bienveillance envers les personnes : la politesse. — Devoirs à l'égard des animaux.

Devoirs civiques. — La patrie ; ce qui la constitue. L'État et les citoyens. Fondement de l'autorité publique. La constitution et les lois. — Devoirs des simples citoyens. L'obéissance aux lois, l'impôt, le service militaire, le vote. — Le patriotisme. — Devoirs et droits des gouvernants. — Pouvoir législatif : devoirs et droits du législateur. — Pouvoir exécutif : devoirs et droits du Gouvernement et des fonctionnaires. — Pouvoir judiciaire : devoirs et droits des magistrats. Fondements et limites du droit de punir.

Devoirs des nations entre elles. — Le droit des gens.

Devoirs domestiques. — La famille. Devoirs des époux entre eux. Devoirs des parents envers les enfants. Devoirs des enfants envers les parents. Devoirs des frères et sœurs entre eux. L'esprit de famille. Devoirs des maîtres et des serviteurs.

Devoirs individuels. — Devoirs de conservation personnelle. Le suicide. — Principales formes du respect de soi-même : tempérance, prudence, courage. Respect de la vérité; sincérité vis-à-vis de soi-même. — Devoir de cultiver et de développer toutes nos facultés. Le travail; sa nécessité, son influence morale. — Devoirs religieux et droits correspondants. Rôle du sentiment religieux en morale.

CINQUIÈME ANNÉE. — I. Principes généraux de la morale.

Notions sommaires sur les facultés de l'âme.

Retour sur les notions de responsabilité et d'obligation. Caractères de la loi morale. — La loi morale peut-elle être la recherche du plaisir en général? (Discussion de la doctrine cyrénaïque et de la doctrine épicurienne.) — La loi morale doit-elle être cherchée dans le sentiment? (Discussion de la doctrine d'Adam Smith.) Rôle du sentiment dans la morale. — L'intérêt bien entendu peut-il être la loi morale? (Discussion de la morale utilitaire). Rapports véritables de l'intérêt privé et de l'intérêt public avec le devoir. Critique de la morale de J. Bentham.

Le devoir pur et le droit des personnes. La morale de Kant. — Les sanctions de la morale. Rapports de la vertu et du bonheur. Sanctions individuelles, sanctions sociales.

Sanction supérieure : la vie future et Dieu.

II. — Théorie des méthodes scientifiques.

Objet de la logique; sa place dans le tableau général des sciences. — De la méthode en général. Exposé de la méthode de Descartes; lecture et commentaire de la 2º partie du *Discours de la méthode*.

Méthodes particulières des différentes sciences.

1º Méthode des *sciences mathématiques*. Les définitions, les axiomes et les postulats, le raisonnement déductif. — Le syllogisme et la démonstration.

2º Méthode des *sciences physiques*. L'observation. L'expérimentation. L'induction; ses règles selon Bacon et Stuart Mill. — Rôle de l'hypothèse et du raisonnement par analogie; part de l'imagination dans la recherche scientifique. Part de la déduction dans la méthode des sciences expérimentales.

3º Méthode des *sciences naturelles*. La classification.

4º Méthode des *sciences historiques*. Le témoignage; critique des témoignages.

5º Méthode des *sciences morales et politiques*. Induction et déduction.

De l'erreur, de ses causes et de ses remèdes. (Lire le chapitre du Port-Royal sur les erreurs). — Erreurs et préjugés populaires; sophismes.

PROGRAMMES OFFICIELS DU 27 JUILLET 1882

annexés à l'arrêté ministériel réglant l'organisation pédagogique et le plan d'études des écoles primaires publiques.

MORALE.

COURS ÉLÉMENTAIRE (de 7 à 9 ans). — Entretiens familiers. Lectures avec explications (récits, exemples, préceptes, paraboles et fables). Enseignement par le cœur. Exercices pratiques tendant à mettre la morale en action dans la classe même :

1° Par l'observation individuelle des caractères (tenir compte des prédispositions des enfants pour corriger leurs défauts avec douceur ou développer leurs qualités);

2° Par l'application intelligente de la discipline scolaire comme moyen d'éducation (distinguer soigneusement le manquement au devoir de la simple infraction au règlement, faire saisir le rapport de la faute à la punition, donner l'exemple dans le gouvernement de la classe d'un scrupuleux esprit d'équité, inspirer l'horreur de la délation, de la dissimulation, de l'hypocrisie, mettre au-dessus de tout la franchise et la droiture et pour cela ne jamais décourager le franc-parler des enfants, leurs réclamations, leurs demandes, etc.);

3° Par l'appel incessant au sentiment et au jugement moral de l'enfant lui-même (faire souvent les élèves juges de leur propre conduite, leur faire estimer surtout chez eux et chez les autres l'effort moral et intellectuel, savoir les laisser dire et les laisser faire, sauf à les amener ensuite à découvrir par eux-mêmes leurs erreurs ou leurs torts);

4° Par le redressement des notions grossières (préjugés et superstitions populaires, croyances aux sorciers, aux revenants, à l'influence de certains nombres, terreurs folles, etc.);

5° Par l'enseignement à tirer des faits observés par les enfants eux-mêmes; à l'occasion, leur faire sentir les tristes suites des vices dont ils ont parfois l'exemple sous les yeux; de l'ivrognerie, de la paresse, du désordre, de la cruauté, des appétits brutaux, etc., en leur inspirant autant de compassion encore pour les victimes du mal que d'horreur pour le mal lui-même; — procéder de même par voie d'exemples concrets et d'appels à l'expérience immédiate des enfants pour les initier aux émotions morales, les élever, par exemple, au sentiment d'admiration pour l'ordre universel et au sentiment religieux en leur faisant contempler quelques grandes scènes de la nature; au sentiment de la charité, en leur signalant une misère à soulager, en leur donnant l'occasion d'un acte effectif de charité à accomplir avec discrétion, aux sentiments de la reconnaissance et de la sympathie par le récit d'un trait de courage, par la visite à un établissement de bienfaisance, etc.

COURS MOYEN (de 9 à 11 ans). — Entretiens, lectures avec explications, exercices pratiques. — Même mode et mêmes moyens d'enseignement que précédemment, avec un peu plus de méthode et de précision. — Coordonner les leçons et les lectures de manière à n'omettre aucun point important des programmes ci-dessous :

I. *L'enfant dans la famille. Devoirs envers les parents et les grands-parents.* — Obéissance, respect, amour, reconnaissance. — Aider les parents dans leurs travaux; les soulager dans leurs maladies; venir à leur aide dans leurs vieux jours.

Devoirs des frères et sœurs. — S'aimer les uns les autres; protection des plus âgés à l'égard des plus jeunes; action de l'exemple.

Devoirs envers les serviteurs. — Les traiter avec politesse, avec bonté.

L'enfant dans l'école. — Assiduité, docilité, travail, convenance. — Devoirs envers l'instituteur. — Devoirs envers les camarades.

La patrie. — La France, ses grandeurs et ses malheurs. — Devoirs envers la patrie et la société.

II. *Devoirs envers soi-même.* — Le corps : propreté, sobriété et tempérance; dangers de l'ivresse, gymnastique.

Les biens extérieurs. — Économie (conseils de Franklin; éviter les dettes; funestes effets de la passion du jeu; ne pas trop aimer l'argent et le gain; avarice). Le travail (ne pas perdre de temps, obligation du travail pour tous les hommes, noblesse du travail manuel).

L'âme. — Véracité et sincérité; ne jamais mentir. — Dignité personnelle, respect de soi-même. — Modestie : ne point s'aveugler sur ses défauts. — Éviter l'orgueil, la vanité, la coquetterie, la frivolité. — Avoir honte de l'ignorance et de la paresse. — Courage dans le péril et dans le malheur; patience, esprit d'initiative. — Dangers de la colère. Traiter les animaux avec douceur; ne point les faire souffrir inutilement. — Loi Grammont, sociétés protectrices des animaux.

Devoirs envers les autres hommes. — Justice et charité (ne faites pas à autrui ce que vous ne voudriez pas qu'on vous fît; faites aux autres ce que vous voudriez qu'ils vous fissent). — Ne porter atteinte ni à la vie, ni à la personne, ni aux biens, ni à la réputation d'autrui. — Bonté, fraternité. — Tolérance, respect de la croyance d'autrui.

N. B. Dans tout ce cours, l'instituteur prend pour point de départ l'existence de la conscience, de la loi morale et de l'obligation. Il fait appel au sentiment et à l'idée du devoir, au sentiment et à l'idée de responsabilité, il n'entreprend pas de les démontrer par exposé théorique.

Devoirs envers Dieu. — L'instituteur n'est pas chargé de faire un cours *ex professo* sur la nature et les attributs de Dieu; l'enseignement qu'il doit donner à tous indistinctement se borne à deux points : d'abord, il leur apprend à ne pas prononcer légèrement le nom de Dieu; il associe étroitement dans leur esprit à l'idée de la cause première et de l'Être parfait un sentiment de respect et de vénération, et il habitue chacun d'eux à environner du même respect cette notion de Dieu, alors même qu'elle se présenterait à lui sous des formes différentes de celles de sa propre religion.

Ensuite, et sans s'occuper des prescriptions spéciales aux diverses communions, l'instituteur s'attache à faire comprendre et sentir à l'enfant que le premier hommage qu'il doit à la divinité, c'est l'obéissance aux lois de Dieu, telles que les lui révèlent sa conscience et sa raison.

COURS SUPÉRIEUR (de 11 à 13 ans). — Entretiens, lectures, exercices pratiques comme dans le cours élémentaire et le cours moyen. Celui-ci comprend de plus, en une série régulière de leçons dont le nombre et l'ordre pourront varier, un enseignement élémentaire de la morale en général et plus particulièrement de la morale sociale, d'après le programme ci-après :

I. *La famille.* — Devoirs des parents et des enfants; devoirs réciproques des maîtres et des serviteurs.

II. *La société.* — Nécessité et bienfaits de la société. La justice, condition de toute société. La solidarité, la fraternité humaine. Applications et développements de l'idée de justice; respect de la vie et de la liberté humaine, respect de la propriété, respect de la parole donnée, respect de l'honneur et de la réputation d'autrui. La probité, l'équité, la délicatesse. Respect des opinions et des croyances. Applications et développements de l'idée de *charité* ou de *fraternité*. Ses divers degrés, devoir de bienveillance, de reconnaissance, de tolérance, de clémence, etc. Le dévouement, forme suprême de la charité, montrer qu'il peut trouver place dans la vie de tous les jours.

III. *La patrie.* — Ce que l'homme doit à la patrie : l'obéissance aux lois, le service militaire, discipline, dévouement, fidélité au drapeau. — L'impôt (condamnation de toute fraude envers l'État). — Le vote (il est moralement obligatoire, il doit être libre, consciencieux, désintéressé, éclairé). — Droits qui correspondent à ces devoirs; liberté individuelle, liberté de conscience, liberté du travail, liberté d'association, garantie de la sécurité de la vie et des biens de tous. La souveraineté nationale. Explication de la devise républicaine : Liberté, Égalité, Fraternité. Dans chacun de ces deux chapitres du cours de morale sociale, on fera remarquer à l'élève, sans entrer dans des discussions métaphysiques :

1º La différence entre le devoir et l'intérêt, même lorsqu'ils semblent se confondre, c'est-à-dire le caractère impératif et désintéressé du devoir.

2º La distinction entre la loi écrite et la loi morale : l'une fixe un minimum de prescriptions que la société impose à tous ses membres sous des peines déterminées; l'autre impose dans le secret de sa conscience un devoir que nul ne le contraint à remplir, mais auquel il ne peut faillir sans se sentir coupable envers lui-même et envers Dieu.

PRÉFACE

Les nouveaux programmes d'enseignement rendent nécessaire le livre que nous présentons au public. Les notions philosophiques, désignées sous le nom d'instruction morale sont inscrites dans certains programmes, et pratiquement exigées là même où elles ne sont pas inscrites. Il est donc indispensable que les aspirants et les aspirantes aux divers brevets et certificats d'étude aient en mains un manuel qui leur permette de répondre aux questions du programme, et qui les garantisse en même temps contre les graves erreurs contenues dans la plupart des manuels qu'on publie jusqu'à présent.

Rien, du reste, dans la doctrine catholique, ne s'oppose à l'enseignement d'une morale fondée sur des bases rationnelles. La loi du devoir se confond en dernière analyse avec la volonté de Dieu ; mais cette volonté n'est point arbitraire : elle est, dans ses prescriptions fondamentales, nécessaire et éternelle, et ne diffère pas de la nature immuable de l'Être souverainement bon. Cette loi naturelle et divine nous est manifestée d'une manière claire, simple et populaire par la révélation ; mais elle se manifeste aussi à la raison et à la conscience de chacun, et saint Paul nous parle des païens qui « montrent que la loi est gravée dans leurs cœurs. » Il est vrai que, dans l'état actuel de l'homme déchu, cette manifestation de la loi divine est partielle et incomplète et que les plus grands philosophes ont commis de très graves erreurs en morale. Aussi un traité complet de morale naturelle n'est-il possible que depuis que la révélation a répété aux hommes d'une manière plus précise et plus claire ce qui était déjà gravé dans leur conscience.

Mais, depuis que nous avons été éclairés par cette lumière, nous pouvons établir la morale sur des bases rationnelles, et démontrer par la raison ce qu'à elle seule la raison n'aurait pas découvert. Cela est possible et cela est très utile.

Non seulement en effet l'enseignement de la morale naturelle, fondé sur la raison et la conscience, n'a rien de contraire à la foi, mais il peut être très salutaire pour les chrétiens. Ils reconnaîtront en effet que la conscience impose sur bien des points des obligations aussi rigoureuses que l'Évangile, et seront portés à remercier Dieu de leur avoir donné dans la grâce et les Sacrements les secours nécessaires pour obéir à une loi à laquelle ils ne peuvent se soustraire, et dont cependant leur volonté se sent souvent impuissante à accomplir les prescriptions.

Il n'y a donc aucune opposition entre la doctrine chrétienne et l'instruction morale, si par ces mots on entend simplement l'enseignement de la morale appuyé, non sur la révélation, mais sur la raison et la conscience.

En serait-il de même si l'on voulait désigner par ces mots un enseignement de la morale dont seraient exclues toute idée philosophique, et spécialement les notions de Dieu et de la vie future?

Ici la question est tout autre : une morale où l'on ne parlerait ni de Dieu ni de la vie future serait une morale fausse, puisqu'elle dispenserait l'homme de ses devoirs envers son Créateur, et une morale illogique et inconséquente, puisque les autres devoirs qu'elle enseignerait n'auraient ni base rationnelle, ni sanction suffisante.

Vainement dira-t-on qu'il s'est rencontré des athées pratiquant de hautes vertus, ayant une conscience et la suivant fidèlement; nous ne contestons pas qu'il ne s'en trouve de tels exemples, et que ces heureuses inconséquences ne se montrent parfois dans la nature humaine. Ces hommes entendent la voix de Dieu sans connaître celui qui leur parle; les sophismes délétères qui ont effacé de leur intelligence l'idée du Créateur et du Souverain Juge n'ont pas effacé la loi gravée dans leur cœur; leur nature honnête a résisté aux conséquences de leurs principes. Mais cela n'empêche pas les principes eux-mêmes d'être funestes, et la terrible logique du mal, aidée par les passions, de produire sur la masse des hommes les effets qu'elle n'a pas produits sur certains individus.

Vainement dit-on encore que les auteurs qui ont voulu chercher pour la morale un autre fondement que les grandes vérités spiritualistes, arrivent en pratique à conseiller aux hommes les mêmes devoirs. Quand cela serait vrai, et cela ne l'est pas toujours, ce serait encore un effet de la persistance de la loi gravée par le Créateur dans la conscience humaine; c'est pour ainsi dire malgré eux et contrairement à leurs principes que la morale véritable s'impose à ces écrivains. Ils ont dans les principes de la morale une foi aveugle qu'ils essayent de justifier par de vaines théories.

Les chrétiens, enfants de lumière, ne peuvent se contenter d'une morale pareille. Leur esprit, qui n'a pas été faussé par les sophismes, leur intelligence, dans laquelle la maladie du scepticisme n'a pas atrophié la faculté de percevoir le vrai, leur permet de savoir avec certitude non seulement ce à quoi ils sont obligés par la conscience, mais pourquoi la conscience oblige; ils connaissent leur origine et leur fin, le fondement de leurs devoirs et la conséquence de leurs actes. Ce qu'ils peuvent ainsi savoir, ils ont le droit de le savoir, et les maîtres chrétiens ont le devoir rigoureux de l'enseigner aux enfants qui leur sont confiés.

C'est donc une morale conforme à la morale chrétienne, mais appuyée sur des bases rationnelles, c'est une morale hautement spiritualiste, la seule vraie morale que nous présentons à nos lecteurs. Nous serions heureux si notre œuvre contribuait à démontrer non seulement que la foi n'est pas contraire à la raison, mais que la raison naturelle et la conscience n'ont pas de plus ferme appui, dans nos sociétés, que l'Évangile et l'Église catholique.

INSTRUCTION MORALE

DIEU, LA CONSCIENCE, LE DEVOIR

CHAPITRE PRÉLIMINAIRE.

I.

Objet et division de la morale.

La morale est la science qui apprend à l'homme à régler ses actions conformément à la loi du devoir, et à atteindre la fin à laquelle il est destiné.

L'objet propre de la morale, ce sont les **actions** de l'**homme,** en tant que ces actions sont **bonnes** ou **mauvaises,** innocentes ou coupables, dignes ou de récompense ou de châtiment.

Pour connaître cet objet, il est nécessaire d'étudier :

1° L'**homme,** ou l'agent capable de faire des actions bonnes ou mauvaises; — nous reconnaîtrons qu'il doit être pour cela doué de raison ou de liberté;

2° Le **bien** ou le **mal** en eux-mêmes, c'est-à-dire ce qui fait qu'une action est bonne ou mauvaise. — Nous reconnaîtrons que le bien ou le devoir consiste dans la conformité avec une *loi* obligatoire gravée dans le cœur de l'homme, et le mal dans l'opposition avec cette même loi. Nous verrons aussi que cette loi émane nécessairement d'un Être juste et bon, qui gouverne le monde, c'est-à-dire de Dieu;

3° Les **conséquences** qui résultent de ce que l'homme a bien ou mal agi, c'est-à-dire les **récompenses** dues aux bonnes actions et les **châtiments** mérités par les mauvaises. Nous reconnaîtrons que cet ensemble de châtiments et de récompenses, qu'on nomme **sanction** de la loi morale, est impérieusement réclamé par la conscience. Nous reconnaîtrons en outre que cette sanction est incomplète pendant cette vie, d'où résulte la nécessité d'une **vie future** dans laquelle Dieu rendra à chacun ce qui lui est dû.

Ainsi la morale est conduite à étudier la destinée entière de l'homme, à remonter à son origine pour trouver l'auteur de la loi gravée dans son cœur, et à lui révéler son avenir qui doit résulter de sa conduite. C'est pour cela que nous avons complété la définition de la morale en disant qu'elle apprend à l'homme la **fin** à laquelle il est destiné et les **moyens** d'atteindre cette fin.

Cet ensemble de notions forme ce qu'on nomme la *morale théorique* ou *morale générale*. Elle est l'objet de la première partie de ce livre.

La seconde partie sera la *morale pratique* ou *morale particulière* qui énumère et explique les différents devoirs que l'homme doit remplir.

II.

Source des principes moraux. — Morale naturelle et morale révélée.

Les principes moraux peuvent être puisés dans deux sources différentes, la *conscience* et la *révélation divine*.

Chaque homme porte la loi morale gravée dans son cœur. Nous ne pouvons pas agir, ni voir agir les autres, sans prononcer des jugements sur la bonté et la malice de certaines actions.

Les principes moraux, gravés dans la conscience de chaque homme, sont également contenus dans le **sens commun** c'est-à-dire dans l'ensemble des croyances admises comme évidentes par tous les hommes.

L'homme sans doute ne peut pas reconnaître par lui seul toutes les règles morales auxquelles il doit obéir. Il a besoin d'être enseigné. Il faut qu'il reçoive des autres hommes les notions premières de la morale. Mais en les recevant, il reconnaît qu'elles sont conformes à sa propre raison ou à sa propre conscience.

La morale ainsi enseignée se nomme **morale naturelle**. C'est celle qui est l'objet de ce livre.

La seconde source des principes moraux est la **révélation divine.** Le **Décalogue,** ou la loi reçue par Moïse sur le mont Sinaï, et l'**Évangile** sont deux admirables codes de morale que l'humanité a reçus de Dieu lui-même. L'origine divine de cette morale est prouvée de deux manières : d'une part, par la perfection même de cette morale qui ordonne ou conseille ce que la conscience droite reconnaît comme bon et parfait, et, d'autre part, par la vie miraculeuse du Fondateur du christianisme, par la grandeur et la beauté de l'œuvre qu'il a créée, et par ses effets bienfaisants sur l'humanité.

La morale révélée n'est jamais opposée à la morale naturelle. Toutes deux viennent de Dieu, qui ne peut se contredire.

Mais la morale révélée contient certains préceptes spéciaux, tels que le repos du septième jour, qui ne sont pas contenus dans la morale naturelle.

En outre, elle est enseignée avec une plus grande précision, sans mélange d'erreurs, avec une autorité plus imposante et des moyens de propagation plus puissants.

La morale pourrait donc exister dans une certaine mesure sans une révélation divine surnaturelle. La conscience, qui est une voix de Dieu, suffirait pour enseigner aux hommes les principaux devoirs.

Mais il ne s'en suit pas que la révélation ne soit pas nécessaire à l'humanité. En effet, la morale fondée sur la raison seule ne serait ni assez pure d'erreurs, ni assez efficace, ni assez populaire pour servir de code à une société civilisée comme celle des peuples chrétiens.

L'exemple des peuples païens, chez lesquels se trouvent tant de coutumes odieuses et barbares, est une preuve de cette nécessité de la révélation.

Tous les peuples ont senti cette nécessité, car, en général, ils ont appuyé leur morale sur une révélation prétendue.

Les peuples qui ont pris pour règle la loi de Moïse et de Jésus-Christ sont infiniment supérieurs aux autres.

III.

Utilité de l'étude de la morale naturelle.

Il est nécessaire à tous les hommes d'étudier la morale d'une certaine manière. Sans cela, ils sont exposés à être le jouet des erreurs, des sophismes et des préjugés ; mais, comme nous l'avons dit plus haut, cette étude peut se faire de deux manières :

1° En se servant de la révélation et en écoutant les enseignements clairs et précis qu'elle contient : c'est la morale révélée ;

2° En s'appuyant seulement sur la conscience et la raison : c'est la morale naturelle.

La première manière est la plus facile et la plus sûre.

La seconde est très utile, car elle affermit les principes moraux en montrant que la raison et la foi s'accordent pour les enseigner.

A l'égard de ceux qui ne connaissent pas la révélation, ou ne croient pas à ses enseignements, l'étude de la morale naturelle est non seulement utile, mais nécessaire.

IV.

Division de l'étude de la morale naturelle.

La division de cet ouvrage résulte de ce que nous avons dit plus haut.

Le premier livre, intitulé la Nature humaine, contiendra une étude de l'homme, agent qui peut faire des actions bonnes ou mauvaises.

Le second livre, intitulé Morale théorique, contiendra les principes généraux de la morale.

Il sera divisé en trois sections intitulées :

Dieu, principe et sanction de la loi morale ;

La *conscience* ou la loi morale dans le cœur de l'homme ;

Le *devoir* ou les diverses prescriptions de la *loi morale*.

Le troisième livre, intitulé Morale pratique et applications, est destiné à entrer d'une manière plus complète dans le détail de nos différents devoirs.

Résumé.

La morale est la science qui apprend à l'homme à régler ses actions suivant la loi du devoir et à atteindre la fin à laquelle il est destiné. — Elle se divise en deux parties : Morale théorique ou générale, Morale pratique ou particulière. — La morale a deux sources : la conscience et la révélation. — La morale naturelle et la morale révélée ne se contredisent pas. — La morale pourrait exister s'il n'y avait pas de révélation, mais elle serait insuffisante pour la société. — L'étude de la morale naturelle est utile pour tout le monde. — Elle est nécessaire pour ceux qui ne croient pas à la révélation.

LIVRE Ier.

LA NATURE HUMAINE. — NOTIONS ÉLÉMENTAIRES DE PSYCHOLOGIE.

CHAPITRE Ier.

IDÉE GÉNÉRALE DE LA PSYCHOLOGIE. — APPLICATION DE CETTE SCIENCE A LA MORALE ET A LA PÉDAGOGIE.

I.

Le corps et l'âme.

L'homme est composé d'un *corps* et d'une *âme*.

Le **corps**, c'est la partie de nous-même que nous pouvons voir et toucher; c'est l'assemblage de nos membres et de nos organes.

L'**âme**, c'est le principe qui sent, qui pense et qui veut.

L'existence de l'âme est évidente. Puisque l'homme sent, pense et agit, il faut qu'il y ait en lui un principe sentant, pensant et agissant.

Mais l'âme est-elle immatérielle, ou bien se confond-elle avec un organe visible, avec le cerveau, par exemple, dont les modifications correspondent à nos sensations et à nos pensées?

C'est une question que nous résoudrons plus tard, quand nous aurons établi la nature de l'âme.

L'étude de l'âme se nomme la *psychologie* (de *psyché*, âme, *logos*, discours).

II.

Observation directe de l'âme.

Comment doit se faire l'étude de l'âme?

Comme toute autre étude, par l'**observation**.

Seulement, il importe de bien distinguer l'observation de l'âme ou observation psychologique, de l'observation des objets extérieurs et visibles.

L'observation des objets extérieurs et visibles se fait **par le dehors** au moyen de nos *cinq sens*. Nous regardons avec nos *yeux*, nous touchons avec nos *mains*, nous nous servons, pour connaître les objets plus exactement, des organes du *goût* et de l'*odorat*. Nous observons avec nos *oreilles* le bruit qui résulte du choc des corps.

C'est par tous ces moyens, c'est-à-dire par nos **cinq sens** que nous arrivons à connaître les objets extérieurs et les phénomènes qui se passent en dehors de nous. Par ces mêmes moyens, nous connaissons les corps des autres hommes, et même, bien que plus difficilement, notre propre corps.

L'observation qui sert à connaître l'âme est toute différente. Elle est *intérieure*. Elle consiste à remarquer ce qui se passe en nous, ce que nous sentons, ce que nous éprouvons, ce que nous voulons.

Elle a pour objet un monde intérieur de pensées, de sentiments et d'affections, tout autre que le monde extérieur que nos yeux contemplent. Ce monde intérieur nous est toujours présent; nous le percevons d'autant plus clairement que nous regardons moins le monde extérieur.

Tandis que pour observer les corps il faut regarder en dehors de soi, pour observer sa propre âme il faut se tourner vers soi-même. C'est pour cela que cette observation interne s'appelle **réflexion**. Ce mot indique que l'observateur de l'âme se tourne vers son intérieur, que le sujet qui observe est intime avec l'objet observé.

La psychologie est donc l'étude de l'homme observé par l'intérieur. Par là, elle diffère absolument des sciences qui étudient le corps de l'homme par le dehors, de l'anatomie, de la physiologie.

La psychologie serait toujours distincte de la physiologie, lors même que l'âme ne serait pas distincte du corps. Ce serait toujours l'étude de l'homme vu par le dedans, de ce qu'il y a de plus intime dans l'homme, de ce qu'il sent en lui-même, et non de ce qu'il perçoit en dehors de lui.

III.

Conscience psychologique et conscience morale.

On appelle **conscience** la faculté que l'homme possède de connaître ce qui se passe en lui.

Sentir intérieurement un phénomène ou un acte de notre volonté, c'est ce qu'on nomme en avoir conscience.

Le mot conscience vient du latin *cum scire*, savoir avec. Il veut dire que la connaissance que nous avons de ces phénomènes intérieurs est unie à ces phénomènes eux-mêmes. Être heureux et sentir qu'on est heureux, souffrir et savoir qu'on souffre, c'est presque la même chose. La connaissance est intime avec la chose connue.

Il faut remarquer que le terme de conscience se prend aussi dans un autre sens. Il désigne le *jugement moral* que nous portons sur nos actions passées, présentes ou futures.

On s'explique pourquoi ce mot, qui indique la connaissance de ce qui se passe en nous, désigne également le jugement que nous portons sur nos actions. Pour porter ce jugement, il faut connaître ces actions, il faut réfléchir sur soi-même, il faut s'observer intérieurement. C'est le plus souvent pour pouvoir prononcer ce jugement moral que nous nous observons intérieurement. Ceux qui ne se préoccupent pas de savoir s'ils agissent bien ou mal ne pensent ordinairement pas à observer ce qui se passe en eux.

Néanmoins il y a une grande différence de sens entre le terme de conscience employé en psychologie et le même terme appliqué aux questions morales; ou entre ce qu'on peut appeler la *conscience psychologique* et la *conscience morale*.

La *conscience psychologique* peut être définie : connaissance de ce qui se passe en nous; elle s'étend à tous les phénomènes internes, sensations, appétits, affections, pensées, plaisirs, peines, actes instinctifs, actes volontaires. Elle nous fait connaître le monde intérieur tout entier.

La *conscience morale* peut être définie : le jugement intime de nos actions au point de vue de leur bonté ou de leur malice. Elle ne s'occupe que des actes intérieurs volontaires, de tout ce qui est lié avec ces actes, de ce qui les précède, c'est-à-dire des sentiments et des affections; de ce qui les suit, c'est-à-dire du remords qui accompagne les fautes, de la joie qui accompagne les bonnes actions. Les faits intérieurs qui ne se rapportent pas à la volonté, ou qui ne peuvent être ni bons ni mauvais, ne regardent pas la conscience morale. Ainsi avoir froid ou avoir chaud, entendre le bruit du tonnerre ou celui d'un instrument de musique, sentir qu'on est bien portant ou qu'on est malade, ce sont autant de faits intérieurs que la conscience psychologique atteste, mais qui n'intéressent pas la conscience morale.

La conscience psychologique ne porte aucun jugement sur les faits qu'elle perçoit. Elle est comme un miroir qui reproduit notre intérieur tel qu'il est, sans s'inquiéter s'il est beau ou laid, tranquille ou agité.

La conscience morale, au contraire, juge constamment tous les faits volontaires qui s'accomplissent en nous; elle attribue à chaque action, à chaque pensée ou à chaque sentiment volontaire sa mesure de mérite ou de démérite; c'est un tribunal qui siège perpétuellement et ne cesse de rendre des arrêts.

Dans ce premier livre, nous traiterons de la psychologie; ce sera en général dans le premier sens, le sens psychologique, que nous prendrons le terme de conscience.

IV.

L'observation indirecte des âmes.

L'observation intérieure de la conscience, ou observation psychologique, est le moyen principal et essentiel par lequel nous pouvons connaître l'âme humaine.

Il est cependant un autre moyen de connaissance que nous ne devons pas négliger.

C'est celui qui consiste à connaître ce qui se passe dans l'âme au moyen des **signes extérieurs** par lesquels les phénomènes intérieurs se manifestent.

L'homme, comme nous l'avons dit, est composé d'un corps visible et d'une âme invisible. L'âme se manifeste au travers des organes. Aux différents sentiments intérieurs correspondent des signes extérieurs :

A la douleur, la crispation des traits et les cris;

A la joie, l'épanouissement du visage et quelquefois le sourire et le rire;

La crainte se manifeste par le tremblement;

La honte par la rougeur;

La volonté énergique et le commandement se traduisent par certains gestes.

Un très grand nombre de phénomènes intérieurs se manifestent ainsi en dehors par des signes naturels.

Il y en a d'autres, tels que les pensées, les raisonnements, les résolutions non encore près de s'accomplir, qui ne se manifestent pas ainsi spontanément. Mais il dépend de l'homme de les manifester par le langage.

Il est donc possible de connaître au travers de ces signes ce que sentent, ce que pensent, ce que veulent les autres et d'observer ainsi indirectement leur âme.

Il est bon d'examiner quelles sont les relations de ces deux modes de connaissance.

La *connaissance directe*, qui consiste à s'observer soi-même intérieurement, ne s'applique qu'à une seule âme, la nôtre.

La *connaissance indirecte* au travers des signes s'applique aux âmes des autres hommes. Elle peut servir aussi à nous faire deviner les sensations des animaux qui se traduisent également par certains signes.

Cette connaissance indirecte est donc beaucoup plus étendue que la connaissance directe par l'observation interne.

Mais, en revanche, la connaissance indirecte est beaucoup moins sûre. Les signes peuvent nous tromper : nous pouvons mal interpréter ce que pensent et ce que sentent les autres.

Au contraire, l'observation interne, quand son objet est clair, ne saurait nous tromper; il n'y a rien qui s'interpose entre la chose connue et celui qui connaît. Il est impossible que nous ne soyons pas souffrants quand nous sentons la souffrance, que nous n'ayons pas chaud quand nous sentons la chaleur.

De plus, il importe de remarquer que la connaissance indirecte n'a de valeur que parce qu'elle nous fait reconnaître en autrui ce que nous avons connu directement en nous-même.

Si nous n'avions pas éprouvé de douleur, nous ne comprendrions pas ce que signifient les cris. Si nous n'avions pas éprouvé nous-même le rapport qui existe entre le rire et la joie, nous verrions les autres rire sans comprendre ce que signifie cette expression du visage.

C'est par l'observation interne et psychologique seule que nous savons ce que c'est que la douleur, la joie, la pensée, la volonté. L'observation du dehors, celle des traits du visage des autres, celle qui consiste à écouter leur parole, nous apprend seulement où se rencontrent, chez les autres, les modifications intérieures que nous avons éprouvées en nous-même.

Dans la pratique, l'une et l'autre méthode d'observation doivent être employées. Nous nous en servirons simultanément ou alternativement pour étudier l'âme humaine.

V.

Utilité de la Psychologie.

Si tout ce qui précède a été bien compris, il deviendra évident, sans qu'il y ait besoin d'une autre démonstration, que l'étude de la psychologie est une préparation essentielle à celle de la morale et qu'elle est également le préliminaire nécessaire d'une pédagogie intelligente.

Comment, en effet, étudier la *morale*, c'est-à-dire la science qui traite des actions bonnes ou mauvaises, sans connaître l'homme, en tant qu'il est un agent moral, c'est-à-dire en tant qu'il pense et qu'il veut?

La bonté et la malice des actions sont quelque chose d'intérieur, qui dépend de l'intention et du cœur, et non de ce qui se passe au dehors. C'est donc l'intérieur de l'homme, c'est-à-dire l'âme, qu'il faut connaître pour en juger.

Bien que la conscience morale et la conscience psychologique soient distinctes, la première puise dans la seconde tout ce qu'elle sait, ou plutôt elle n'est qu'une forme et une application de la seconde.

Pour distinguer et apprécier les jugements que la conscience morale prononce sur nos actions, il faut connaître le monde intérieur, théâtre des actes volontaires qui sont l'objet de ce jugement. Or, c'est la psychologie qui nous apprend ce que c'est que l'âme humaine, ce qu'il y a au dedans de nous-même.

Si nous n'avions que des sens extérieurs, si nous ne connaissions pas ce qui se passe en nous, nous n'aurions pas l'idée de distinguer le bien du mal.

La *pédagogie* n'a pas un moins grand besoin de la connaissance de l'âme. Ce que l'éducation doit former, c'est l'homme tout entier, l'homme physique et l'homme moral. La formation du corps est importante, mais celle de l'intelligence et du cœur l'est bien davantage.

Sans doute, dans la pédagogie, ce sera surtout par la seconde méthode, l'observation extérieure au moyen des signes, que la psychologie devra être étudiée. C'est, en effet, de l'âme des élèves qu'il faut s'occuper, et cette âme se manifeste par leurs traits, leurs gestes et leur langage. Mais, pour bien comprendre ces signes, il faut avoir une idée de la réalité qu'ils représentent, laquelle ne peut être connue que par la conscience. On pourrait dire que l'étude de la psychologie est nécessaire à celui qui s'occupe d'éducation, comme l'étude de l'anatomie est nécessaire au peintre. Pour découvrir dans les signes extérieurs les traces des modifications intérieures de l'âme de l'enfant, il faut connaître d'avance quelles peuvent être ces modifications, les énumérer, en distinguer les espèces, de même que le peintre, pour distinguer les saillies et les creux qui proviennent des muscles plus ou moins tendus, a besoin de connaître ces muscles, leur position normale et leurs divers mouvements.

Résumé.

I. L'homme est composé d'un corps et d'une âme. — L'âme est le principe qui sent, pense et veut. — La psychologie est l'étude de l'âme.

II. La méthode principale et essentielle de la psychologie consiste dans l'observation interne, ou observation psychologique. — Caractères de cette observation; en quoi elle diffère de l'observation externe. — Le monde extérieur et le monde intérieur.

III. Définition de la conscience psychologique et de la conscience morale; leur rapport.

IV. Outre l'observation interne, la psychologie emploie une autre méthode, l'observation de l'âme au travers des signes sensibles; cette seconde méthode est plus étendue, mais moins sûre; elle suppose l'emploi préalable de la méthode d'observation directe par la conscience.

V. L'étude de la psychologie est nécessaire pour la connaissance de la morale. — Elle est le préliminaire indispensable d'une pédagogie intelligente.

CHAPITRE II.

DESCRIPTION EXPÉRIMENTALE DES FACULTÉS HUMAINES. — ÉNUMÉRATION DES PRINCIPAUX FAITS CONSTATÉS PAR LA CONSCIENCE.

Les phénomènes de l'âme qui sont connus par la conscience sont extrêmement variés; ce sont des *sensations* pénibles ou agréables, des *pensées*, des *jugements*, des *résolutions*, des *actes*, etc., etc.

Ces phénomènes peuvent être classés en diverses espèces.

Ainsi les odeurs, les saveurs, le chaud et le froid rentrent dans la classe des *sensations physiques*. Les idées de bien, de beau, de vrai, d'humanité, de patrie et de société formeront une autre classe, celle des *idées générales*. Les *jugements de l'intelligence*; les *délibérations et les choix* de la volonté formeront encore des catégories distinctes.

A chaque classe de phénomènes correspond ce qu'on appelle une *faculté de l'âme*. Aux *sensations* correspond la *sensibilité*; aux *pensées* et aux *jugements*, l'*intelligence*; aux *actes délibérés*, la *volonté*.

Les facultés sont des puissances et des capacités distinctes, qui se trouvent dans l'âme, et au moyen desquelles elle peut accomplir ou éprouver certains phénomènes. Elles sont plus ou moins développées dans les différents individus; il y a des âmes plus sensibles que d'autres; il en est d'autres chez lesquelles l'intelligence est plus puissante; d'autres possèdent une volonté plus énergique.

En nous élevant ainsi des divers phénomènes aux facultés qui leur correspondent, nous ferons comme la description de l'âme humaine; nous explorerons le monde intérieur de la conscience, si riche et si varié.

Afin de procéder avec ordre dans cette description, nous commencerons par les phénomènes qui résultent directement de l'influence du corps sur l'âme; ce sont ceux qui se manifestent les premiers chez les enfants. Puis nous verrons comment l'homme s'élève, de ces humbles débuts, jusqu'aux idées, aux sentiments les plus nobles et les plus éloignés de la vie physique et animale.

Le premier ordre de phénomènes que nous considérerons consiste dans les sensations physiques qui proviennent de l'état de notre corps et des excitations de nos nerfs.

Ces sensations produisent des désirs, des appétits et des répugnances. La faculté qui éprouve ces divers effets se nomme **sensibilité physique**.

A la sensibilité physique se rattache naturellement l'**activité physique** ou la faculté de mouvoir nos organes; autre relation entre l'âme et le corps; les mouvements sont, d'ailleurs, le plus souvent provoqués par les sensations.

Les sensations physiques ont encore un autre rôle; elles conduisent à la connaissance du monde extérieur. Elles sont comme des signes qui nous avertissent de la présence des corps qui nous entourent.

Excitée et guidée par ces signes sensibles, l'**intelligence** s'éveille et **perçoit** les corps extérieurs.

Ici commence comme une nouvelle région, celle de la **connaissance**. Après avoir *perçu* les corps extérieurs, l'intelligence se retourne vers son sujet et en prend connaissance par la *conscience*.

Elle explore ensuite le monde extérieur, et après avoir *perçu* les corps, elle *prend connaissance* des personnes ou des êtres semblables au moi que la conscience a révélés.

Elle s'élève plus haut encore, et forme des idées générales et abstraites.

Elle opère ensuite sur ces données. La **mémoire** conserve les faits passés ; l'**imagination** les reproduit et les combine. La comparaison, le jugement, le raisonnement s'appliquent aux idées perçues ou formées par l'intelligence, et le champ de la connaissance s'étend ainsi dans différents sens.

Mais la connaissance des choses, des personnes et des idées produit dans l'âme un autre effet non moins important. Les objets connus apparaissent comme utiles ou nuisibles, agréables ou pénibles, beaux ou laids. De là des attraits et des répulsions qui se développent dans l'âme. Elle aime certains êtres ou certains objets, d'autres lui déplaisent. De là naissent des affections, des passions, des sentiments de diverse nature.

Tout cet ordre de faits appartient à la **sensibilité morale**. Cette faculté diffère de la sensibilité physique dont nous avons parlé plus haut. La sensibilité physique est mise en branle par l'excitation des nerfs corporels, c'est-à-dire par un phénomène physique. La sensibilité morale est excitée par la connaissance des personnes, des choses ou des idées, c'est-à-dire par un phénomène intellectuel.

La sensibilité physique précède la connaissance et lui fournit sa matière.

La sensibilité morale est, au contraire, postérieure à la connaissance et en dépend.

Cependant l'homme ne se contente pas de penser et d'éprouver des sentiments. Il possède une faculté plus élevée dans laquelle sa personnalité et la noblesse de sa nature se manifestent avec plus d'éclat.

L'homme est doué de **volonté**. La volonté est **libre**. Il choisit entre différents motifs. Cette liberté est gouvernée et éclairée par la conscience morale ou le jugement qui distingue le bien du mal.

La volonté libre est ce qu'il y a de plus élevé dans l'homme. Mais pour la connaître complètement, il faut que nous examinions les effets de ce choix, c'est-à-dire l'action de la volonté sur les autres facultés.

La volonté peut s'appliquer aux mouvements de notre corps et de nos membres. Là, elle est souveraine dans les limites de nos forces physiques. Nous pouvons exécuter les mouvements corporels que nous avons résolus. Le corps obéit passivement aux ordres de l'âme. La faculté spéciale de mouvoir le corps s'appelle **faculté motrice**.

La volonté peut aussi s'appliquer à l'âme et principalement à l'intelligence. Elle détermine l'intelligence à se fixer sur telle ou telle pensée. Elle prend alors le nom d'**attention**. Elle gouverne la série de nos pensées. Ici, néanmoins, son pouvoir est moins absolu; outre l'effet des sensations physiques qui nous excitent à des perceptions involontaires de certains objets, il y a comme un mouvement intérieur de nos idées, qui apparaissent les unes après les autres, d'après des lois inconnues et contre lesquelles l'attention doit lutter.

Enfin, la volonté peut s'appliquer à la sensibilité morale. Elle peut en approuver les mouvements, y consentir et s'y complaire. Elle peut, au contraire, les combattre et les réprimer. De là, des **affections libres**, et par conséquent, vertueuses ou coupables. Mais ici, le pouvoir de la volonté, quoique réel, est plus limité; il est plus difficile de gouverner son cœur que son esprit. Néanmoins, cela est obligatoire, et par conséquent, cela doit être possible.

Il n'y a qu'une seule faculté sur laquelle la volonté libre ne puisse rien d'une manière directe, c'est la sensibilité physique. Il ne dépend pas de nous d'éprouver telle ou telle sensation pénible ou agréable, de n'avoir pas faim ou soif.

Le cercle des développements de nos facultés peut être résumé comme il suit :

Sensibilité physique.
Activité physique.
Intelligence.

Sensibilité morale non délibérée.
Volonté libre et conscience morale.
Faculté motrice, activité physique volontaire.
Attention, pensée volontaire.
Sensibilité morale délibérée.

Observation. — Ce serait une erreur de croire que les phénomènes qui procèdent de ces diverses facultés sont tellement distincts que chacun appartienne exclusivement à une faculté particulière et soit étranger à toutes les autres.

Au contraire, il y a une très grande unité dans l'âme humaine ; les facultés se pénètrent réciproquement.

Dans les faits de sensibilité, il y a un élément de connaissance. Le plaisir et la douleur, qui appartiennent à la sensibilité, accompagnent presque toutes les opérations de l'âme. L'activité se trouve également dans tous les phénomènes internes. Elle semble étrangère aux sensations physiques, mais à peine ces sensations commencent-elles de naître, que le désir ou l'aversion, conséquence naturelle du plaisir ou de la douleur, manifestent l'activité de l'âme.

Les différentes puissances de l'âme, toujours en action, influent sur tous les phénomènes intérieurs. Mais dans chaque espèce de phénomènes, il y en a une qui prédomine, et qui sert à classer le phénomène dans telle ou telle catégorie. Ainsi, une douleur à l'estomac, bien que contenant un élément de connaissance, la notion du lieu où se trouve l'organe souffrant, sera néanmoins une sensation appartenant à la sensibilité physique ; une idée noble et élevée, bien qu'inspirant à l'âme une certaine joie, sera un phénomène de l'intelligence, et ainsi de suite.

Les facultés diverses ne sont pas des êtres distincts. L'âme est une et agit par ses diverses facultés : c'est l'âme qui sent, qui comprend, qui veut. Il y a une profonde unité au milieu même de la diversité des phénomènes.

Il existe néanmoins une faculté dont le domaine est nettement déterminé, c'est la volonté libre. Il y a une distinction profonde entre les actes libres, résultant du choix de la volonté, et les phénomènes indélibérés de toute nature qui se passent en nous. Cette distinction est capitale dans la morale. Les actes libres sont les seuls qui engagent notre responsabilité, les seuls qui puissent être vertueux ou coupables. C'est pour bien maintenir cette distinction que nous traitons à part, sauf à nous répéter, de l'action de la volonté libre sur les autres facultés.

Résumé.

Il y a diverses classes de phénomènes de conscience. — Définition des facultés de l'âme. Ce sont des puissances ou des capacités de produire ou d'éprouver certains phénomènes intérieurs.
Série des phénomènes de conscience commençant à la sensibilité physique et finissant à la volonté libre et à son action sur les autres facultés. — Énumération des principales facultés. Unité de l'âme et action simultanée des diverses facultés. — Distinction entre les actes libres et les phénomènes indélibérés.

CHAPITRE III.

SENSIBILITÉ ET ACTIVITÉ PHYSIQUE.

I.

La sensibilité physique; le plaisir et la douleur; les sens, sensations internes; les besoins et les appétits.

Le premier ordre de phénomènes que nous devons étudier consiste dans les **sensations physiques.**

Tout le monde comprend ce que sont ces sensations qui se rapportent à l'état de notre corps et de nos nerfs.

Mais afin de les énumérer exactement et d'en bien comprendre la nature, il faut que nous disions quelques mots des conditions physiques dans lesquelles elles se produisent.

Toutes les sensations physiques proviennent de l'excitation de certains nerfs nommés **nerfs sensitifs.** Les nerfs sont, comme on le sait, des filaments très déliés, d'une substance particulière, qui sont répandus dans le corps entier. Chaque nerf a deux extrémités, l'une extérieure, qui se trouve dans le voisinage de la peau ou dans l'intérieur de certains organes, l'autre intérieure, par laquelle il se rattache à l'appareil nerveux central, composé du cerveau et de la moelle épinière.

Les nerfs appelés sensitifs aboutissent à certaines régions de l'appareil central, appelées **centres sensitifs**, et situées pour la plupart vers la limite entre le cerveau et la moelle.

Lorsqu'un de ces nerfs est ébranlé par une cause quelconque, l'ébranlement, nommé **innervation**, se propage jusqu'au centre sensitif. Alors s'opère une transformation que la science n'a jamais expliquée, et qui est probablement inexplicable, mais que l'expérience constate. L'ébranlement nerveux, l'innervation se transforme en sensation.

On peut diviser les sensations ainsi produites en deux classes :

Celles qui exigent pour être produites l'ébranlement de certains nerfs particuliers, et celles qui résultent de l'excitation d'une partie quelconque du réseau général des filaments nerveux répandus dans le corps humain.

Les sensations correspondant à des nerfs spéciaux sont au nombre de quatre : *lumière* comprenant comme variété les couleurs, *sons, odeurs* et *saveurs*. Elles sont exclusivement produites par les nerfs qui relient le cerveau aux quatre organes des sens, l'œil, l'oreille, le nez, la langue et le palais.

Le cinquième sens, le sens du toucher, n'a pas d'organe spécial, ni d'appareil nerveux distinct du système général des nerfs répandus dans le corps humain. Les *sensations propres au toucher* sont produites par l'excitation des nerfs qui aboutissent à la peau. Mais ces sensations ne suffisent pas pour nous permettre de déterminer la forme du corps par le tact, il faut y joindre des *sensations musculaires* qui nous manifestent la position et les mouvements de nos mains et de nos doigts.

Les sensations du *tact* forment la cinquième classe des sensations physiques qui correspondent ainsi aux cinq sens qui nous mettent en rapport avec le monde extérieur.

Mais il y a encore d'autres sensations qui naissent de l'excitation des nerfs qui sont répandus dans tout le corps : ce sont les *sensations internes*, c'est-à-dire les impressions agréables ou pénibles qui se produisent à l'intérieur de notre corps, par l'effet de l'état sain ou maladif de nos organes, de la présence ou de l'absence de certains aliments nécessaires, de l'influence de certaines causes physiques, telles que la chaleur, le froid, l'électricité, etc., etc. On peut les appeler *sensations organiques*.

Les sensations physiques sont donc très diverses. On peut néanmoins ranger la plupart d'entre elles dans deux classes opposées, celle des *sensations pénibles* et celle des *sensations agréables*. La **douleur** et la **jouissance** sont les deux caractères principaux des sensations physiques. La plupart d'entre elles sont de certaines espèces de douleur et de jouissance. Nous reconnaîtrons cependant que toutes les sensations physiques n'ont pas ce caractère et qu'il y en a qui ne causent ni plaisir ni douleur appréciables.

Les sensations physiques ont un double rôle, *rôle affectif* et *rôle cognitif*.

Le rôle affectif des sensations physiques consiste en ce qu'elles produisent en nous certains *désirs* ou certaines *aversions*. Les sensations *agréables* provoquent nécessairement le *désir* de leur prolongation ou de leur renouvellement. Les sensations *pénibles* provoquent le *désir* contraire : celui qui en est affecté désire qu'elles cessent ou ne reviennent pas. La jouissance attire l'âme, la douleur lui répugne.

Ces attraits et ces aversions, conséquence nécessaire des sensations agréables ou pénibles, sont en général accidentels comme ces sensations elles-mêmes.

Mais il y a aussi certaines sensations adaptées par la nature elle-même aux nécessités de notre vie : ce sont les **besoins**, tels que la faim et la soif, sensations plus ou moins pénibles quand le besoin n'est pas satisfait, et qui provoquent des attraits spéciaux et permanents que l'on nomme **appétits**. C'est au moyen de ces sensations, correspondantes aux différents besoins, et des appétits qui en sont la suite, que la nature incline l'homme à faire ce qui est utile pour la conservation de sa vie et de sa santé.

Mais les sensations n'ont pas seulement un rôle affectif, elles ont aussi un rôle cognitif. Elles nous fournissent des renseignements soit sur les corps étrangers (c'est la fonction de nos cinq sens), soit sur notre propre corps, son attitude, ses mouvements, l'état de ses organes (c'est le rôle des sensations internes).

Il n'est aucune sensation physique qui ne contienne un certain élément de connaissance, bien que cet élément puisse être très vague. Toutes ces sensations, en effet, nous font connaître l'existence de notre corps et de nos organes.

Mais est-il des sensations physiques qui soient purement cognitives et n'aient aucun rôle affectif, c'est-à-dire ne provoquent ni attrait, ni répulsion, parce qu'elles ne causent ni plaisir ni peine appréciable?

L'expérience seule peut répondre à cette question.

Or, il semble que les sensations internes soient toutes accompagnées de plaisir ou de peine. Il en est de même des sensations de l'odorat et du goût.

En revanche, les sensations de la vue, de l'ouïe et du tact, quand elles sont modérées, semblent pouvoir exister sans causer de douleur ni de jouissance appréciable. Ce sont alors de simples signes perceptifs, destinés à la manifestation des corps extérieurs.

Seulement les sensations de ce genre, servant uniquement à la perception, passent le plus souvent inaperçues, parce que l'impression qu'elles produisent est effacée par le phénomène plus frappant de la perception des corps extérieurs. Mais cette impression est réelle et, comme nous le verrons, sans elle la perception serait impossible.

La sensibilité physique est donc bien, comme nous l'avons dit plus haut, le point de départ inférieur des phénomènes de conscience. Les sensations proviennent des nerfs; l'âme en est affectée sans pouvoir y résister. Une fois nées elles produisent dans l'âme un double effet. D'une part, elles provoquent l'âme à la connaissance de ce qui l'entoure, et réveillent ainsi l'intelligence. D'autre part, elles soulèvent dans la partie affective de notre être des mouvements de désir ou d'aversion. Ces mouvements intérieurs se traduisent souvent par des déplacements physiques de nos organes, lesquels doivent être attribués à une faculté spéciale que nous allons examiner, l'activité physique.

II.

Activité physique. — Mouvements, instincts, habitudes corporelles.

Les conditions physiques dans lesquelles se produisent les mouvements des membres et des organes sont analogues à celles qui déterminent les sensations physiques.

Tous les mouvements sont produits par la contraction de certains *muscles*. Cette contraction est elle-même déterminée par l'excitation de certains nerfs appelés **nerfs moteurs**.

Ces nerfs, distincts des nerfs sensitifs, aboutissent comme ceux-ci, d'une part, dans les différentes régions du corps, en divers points où ils se rattachent aux muscles, et d'autre part, à certains points de l'appareil nerveux central, appelés **centres moteurs**.

Seulement l'ébranlement se fait en sens inverse. C'est du centre moteur que part l'innervation qui se propage le long du filament nerveux, arrive au contact des muscles et produit la contraction et le mouvement.

Quelles sont maintenant les conditions dans lesquelles se produit cet ébranlement des centres moteurs, premier point de départ physique du phénomène du mouvement des organes corporels?

On peut distinguer trois modes différents de cet ébranlement.

Le premier se rencontre dans les *mouvements absolument involontaires* et inconscients, qui se produisent sans intervention de l'âme; le bâillement peut être cité comme un de ces phénomènes.

Dans ce premier cas, les centres moteurs sont ébranlés, sous l'influence de l'état général de l'organisme. Quelquefois, cette excitation involontaire des nerfs moteurs est la conséquence immédiate de l'excitation des nerfs sensitifs. On dit alors qu'il y a *action réflexe*. Tels semblent être les mouvements de crispation ou contraction produits par certaines douleurs physiques, ces mouvements sont absolument indépendants de la volonté.

Le second cas de production des mouvements est celui où le mouvement est *instinctif*. Dans ce cas, la conscience entre en jeu. Certaines sensations pénibles ou agréables agissent sur l'âme, certains appétits cherchent à être satisfaits. Le mouvement se produit pour répondre à un besoin, ou pour parer à un danger; mais il se produit sans délibération, sans réflexion, et sans choix volontaire. C'est la nature seule qui pousse l'être sentant à réagir sur les organes pour les mouvoir dans un sens déterminé.

Comme exemple de mouvements instinctifs, nous pouvons citer ceux des petits enfants qui cherchent la mamelle de leur mère; il y a évidemment conscience de sensations pénibles ou agréables, et satisfaction d'un besoin, mais il n'y a ni réflexion ni liberté.

Dans la même catégorie, on peut classer les mouvements que l'homme fait pour éviter un danger, fermer les paupières de peur d'un choc contre les yeux; étendre la main quand on tombe. C'est encore la nature qui nous apprend ces précautions.

Ce qui distingue ces mouvements instinctifs des mouvements réflexes c'est que, bien que la volonté libre ne produise pas les mouvements instinctifs, elle peut les empêcher, ou reproduire librement les mêmes mouvements. Ainsi, il est possible de résister à la tendance à fermer les yeux en présence d'un objet qui approche, à baisser la tête au passage des balles.

De plus, des sensations tirées d'une autre espèce peuvent prédominer sur celles qui provoquent les mouvements instinctifs.

L'enfant qui cherche la mamelle s'arrêtera s'il est effrayé par un grand bruit. Les mouvements inconscients, au contraire, s'accomplissent mécaniquement avec une parfaite régularité.

L'acte de la respiration qui consiste, au point de vue physique, en certains mouvements des membranes de la poitrine s'accomplit d'une manière instinctive. Néanmoins, la volonté peut le suspendre et le recommencer quand cela lui plaît. De plus, il est facile, en arrêtant la respiration, de percevoir la sensation pénible d'angoisse que provoque le besoin de respirer.

Ainsi, dans les mouvements purement inconscients, il y a une action physique sur les nerfs moteurs, à laquelle la conscience est étrangère; dans les mouvements instinctifs, il y a des sensations physiques, provoquant des désirs ou des répugnances, lesquelles se traduisent en mouvements des organes.

Le troisième mode de production du mouvement est celui où la cause motrice est la *volonté libre*.

C'est le cas des mouvements que nous exécutons avec réflexion pour un but déterminé. Le mode d'action de la volonté sur ces centres moteurs nous est inconnu, mais le fait de cette action est certain et constaté par une expérience constante.

Habitudes corporelles. — Lorsqu'un certain mouvement ou une certaine série de mouvements ont été souvent réitérés, il se produit dans l'organisme une facilité plus grande à reproduire ces mêmes mouvements, et même une certaine tendance à les accomplir. Cette facilité ou cette tendance se nomme *habitude*.

L'habitude diffère de l'instinct par son origine. L'instinct vient de la nature, l'habitude d'actions volontaires. L'instinct est inné, l'habitude est acquise.

Mais, quant à leur effet, l'habitude et l'instinct se ressemblent. Tous deux produisent des mouvements que la volonté libre n'a pas décidé d'accomplir, mais qu'elle pourrait empêcher. Tout deux sont à la fois dépourvus de réflexion et de délibération, et accompagnés de conscience.

Exécuter le mouvement auquel on est habitué cause une sensation agréable. Exécuter un mouvement contraire ou différent est pénible. C'est pour cela que tant que la volonté n'intervient pas, nous sommes naturellement enclins à suivre nos habitudes.

On a dit avec raison que l'habitude est une seconde nature. Ces paroles indiquent que l'habitude acquise opère de la même manière que l'instinct inné.

Les habitudes corporelles sont extrêmement utiles. C'est grâce à elles que nous pouvons exécuter des mouvements nombreux et compliqués, sans être obligés à une attention continue. L'habitude transforme le corps en une sorte de machine qui va son train, accomplissant des séries régulières de mouvements.

L'intelligence n'a besoin que de lancer cette machine et de la surveiller; elle reste libre de se livrer pendant ce temps à d'autres opérations plus élevées.

Résumé.

I. Conditions dans lesquelles se produisent les sensations physiques. — Nerfs sensitifs. — Leur mode d'ébranlement des extrémités au centre. — Centres sensitifs. — Transformation du mouvement en sensation. — Nerfs spéciaux de l'ouïe, de la vue, de l'odorat et du goût. — Systèmes généraux des nerfs tactiles. — Sensations tactiles. — Sensations musculaires. — Sensations organiques. — Le plaisir et la douleur, caractères généraux des sensations. — Rôle affectif des sensations physiques. — Attraits, répugnances, besoins, appétits. — Rôle cognitif des sensations physiques.

II. Activité physique. — Nerfs moteurs; leur mode d'ébranlement du centre aux extrémités. — Centres moteurs. — Actions réflexes. — Actions instinctives. — Actions volontaires. — Habitudes corporelles. — Leur utilité

CHAPITRE IV.

L'INTELLIGENCE. — CONNAISSANCE DES ÊTRES PARTICULIERS, DES CHOSES ET DES PERSONNES. — LA CONSCIENCE ET LA PERCEPTION EXTÉRIEURE, LA MÉMOIRE ET L'IMAGINATION.

Il y a deux objets principaux de connaissance, les êtres particuliers et les idées générales. La connaissance des êtres particuliers se divise en trois branches : celle des corps, qui se nomme *perception* extérieure; celle de notre propre âme, qui porte le nom de *conscience*, et celle des âmes des autres personnes, qui n'a pas reçu de nom particulier. — Il y a, en outre, deux facultés qui se rattachent à cette connaissance des idées particulières, la *mémoire*, conservant les connaissances acquises, et l'*imagination*, qui les reproduit en les transformant.

I.

Perception extérieure.

Percevoir, c'est voir, toucher, entendre, mais c'est voir, toucher et entendre quelque chose de réel qui existe en dehors de nous.

Que se passe-t-il lorsque nous voyons un corps, un arbre placé devant nous, par exemple?

Nous savons avec certitude que cet arbre existe, nous en connaissons la forme, la couleur, nous savons où il est situé.

Mais cette connaissance est liée en nous à une certaine sensation visuelle. Que nos yeux se ferment, ou que la lumière qui nous éclaire s'éteigne, nous cesserons de voir l'arbre. Nous continuerons à savoir qu'il existe et où il est, mais ce sera par suite du souvenir de notre perception.

Ainsi on peut définir la perception : une *connaissance certaine, jointe à certaines sensations physiques*.

Examinons comment s'opère la production de cette connaissance.

Il y a d'abord une action purement physique exercée, soit par le corps lui-même, dans le cas du tact et du goût, soit par un agent tel que la lumière, sur nos organes.

Cette action produit dans les nerfs sensitifs des excitations qui se propagent jusqu'aux centres sensitifs.

Alors se produisent certaines sensations de couleur, de son, de résistance, de saveur, etc.

Éveillée par ses sensations, l'intelligence les interprète, et constate l'existence du corps qui en a été la cause.

Cette interprétation de nos sensations se fait d'une manière naturelle. Elle n'est pas le résultat d'un raisonnement. L'intelligence passe, par sa propre force, de la sensation physique éprouvée en nous à la perception du corps extérieur.

La connaissance acquise par la perception est certaine. Aucun homme de bon sens ne peut douter de l'existence des corps que nous voyons et que nous touchons.

Il y a néanmoins des erreurs de perception. L'image d'un objet dans une glace peut être prise pour l'objet lui-même. Un bâton semble brisé lorsqu'on le regarde à travers l'eau dans laquelle il est à moitié plongé.

Ces erreurs proviennent de ce que nous appliquons à des sensations physiques, produites d'une manière exceptionnelle et irrégulière, les mêmes règles naturelles d'interprétation que nous appliquons ordinairement aux sensations produites d'une manière régulière. Nous interprétons les sensations produites par les rayons réfléchis ou réfractés comme si ces rayons étaient directs.

Ces erreurs disparaissent aisément par la vérification. Les jugements portés en vertu de ces illusions naturelles se trouvent en *discordance* avec d'autres jugements fondés sur l'interprétation *concordante* d'un très grand nombre de sensations diverses. Le bâton, brisé en apparence, redevient droit quand on le sort de l'eau ou quand on le touche; il n'apparaît brisé que par un seul sens et dans une seule circonstance, ce qui prouve qu'il y a une cause particulière d'illusion.

Les erreurs sont beaucoup plus fréquentes quand il s'agit de la perception des corps lointains par l'intermédiaire de la lumière ou du son. Le tact, qui perçoit d'une manière immédiate, est le sens vérificateur par excellence. Les illusions qui peuvent se produire dans la perception du tact sont très rares; elles disparaissent lorsqu'on modifie le contact, en palpant de diverses manières avec diverses parties de notre corps.

Certaines illusions de perception peuvent résulter de l'état maladif des organes. Ces illusions sont corrigées par le témoignage concordant des hommes dont les organes sont sains.

Ce qui prouve que, nonobstant ces illusions, la perception des corps, quand elle se fait d'une manière régulière, est véridique et certaine, c'est que ces illusions sont connues comme telles par l'humanité, c'est que la science, en se servant, pour construire ses instruments, de la réfraction et de la réflexion de la lumière, arrive à discerner la vérité au milieu même des illusions optiques.

II.

Conscience.

En même temps que les sensations physiques nous font connaître les corps extérieurs à nous, elles font naître la conscience ou le sentiment de notre propre existence. Ce sont les sensations affectives, c'est-à-dire pénibles ou agréables, qui remplissent principalement ce rôle.

Nous ne pouvons pas souffrir sans sentir que nous souffrons. L'être sentant, **le moi** se révèle à lui-même. La souffrance que nous percevons n'est pas une souffrance abstraite, c'est notre propre souffrance, c'est-à-dire nous-même souffrant.

Mais la conscience ne se borne pas à faire connaître le sujet des sensations physiques; elle éclaire tout notre intérieur et nous fait voir sous une face nouvelle toutes les opérations de notre âme. Nous voyons un corps placé devant nous; c'est un acte direct de notre âme. Nous sentons que nous le voyons; c'est un acte réfléchi par lequel nous nous connaissons nous-même. Il en est de même de tous nos actes intérieurs; nous les formons, et nous constatons par la conscience que nous les avons formés.

III.

Perception de l'âme des autres hommes.

Par nos sens, nous connaissons les corps; par la conscience, nous connaissons notre propre âme.

Mais nous avons encore une connaissance tout aussi importante à acquérir, c'est celle de l'existence et du caractère des autres hommes.

Comment obtenons-nous cette connaissance? C'est évidemment par nos sens, puisque nous ne pouvons les connaître sans voir leur visage ou entendre leur voix.

Mais les sens ne suffisent pas, puisqu'ils ne nous font connaître que le corps.

Il faut que l'intelligence fasse une nouvelle opération, et que pénétrant au delà de ce que les yeux voient et de ce que les mains touchent, elle devine quelque chose d'invisible, à savoir les sentiments, les pensées de l'âme des êtres humains avec lesquels elle est en rapport.

Cette perception de ce qui est à l'intérieur des corps humains se fait encore par une interprétation de signes. C'est encore l'œuvre de la nature et non du raisonnement, au moins quand il s'agit de la connaissance première des autres personnes. Plus tard, cette connaissance des caractères et des sentiments d'autrui se perfectionne par des comparaisons, des analyses et des inductions. Mais elle existe chez le petit enfant qui connaît son père et sa mère, et on doit la considérer comme naturelle.

La connaissance de l'âme des autres s'appuie sur la connaissance de notre propre âme par la conscience. Ce que nous découvrons, ce que nous devinons dans les autres au travers de la figure, des gestes et de la voix, c'est ce que nous sentons en nous-même. Celui qui n'a pas éprouvé certains sentiments ne saurait comprendre les signes de ces mêmes sentiments dans un autre.

Les animaux éprouvent certains phénomènes analogues à nos phénomènes psychologiques; ils souffrent, ils jouissent, ils désirent, ils craignent, ils aiment. Nous devinons ces sentiments au travers de certains signes, de leurs gestes et de leurs cris. Mais notre connaissance est très imparfaite, parce que nous ne pouvons deviner dans les animaux que ce qui ressemble à nos propres impressions.

IV.

Mémoire.

La *mémoire* est la plus nécessaire peut-être, et en même temps la plus singulière des facultés de l'âme humaine.

Toutes les connaissances que nous acquérons par les sens ou par la conscience sont simultanées avec nos sensations et nos affections.

Nous ne pouvons *voir* que l'objet qui est sous nos yeux pendant qu'il est sous nos yeux. Nous ne pouvons *sentir* que les douleurs que nous éprouvons actuellement.

Mais la mémoire conserve les sensations passées, et au souvenir de ces sensations se rattachent les connaissances qu'elles ont provoquées.

La manière selon laquelle nos sensations passées laissent une trace dans l'âme, et peuvent renaître à l'état de souvenir après avoir disparu en apparence, est très mystérieuse. Le fait existe, mais nous ne pouvons comprendre comment il se produit.

V.

L'imagination.

L'*imagination* est une faculté de l'âme qui crée des images, c'est-à-dire des représentations fictives analogues à nos sensations ou à nos perceptions passées. L'imagination nous fait éprouver des impressions qui ne correspondent pas à un objet réel, présent ou passé. Elle nous fait voir et entendre intérieurement des corps ou des personnes qui n'existent pas réellement, ou qui ne se manifestent pas actuellement à nous.

Non seulement l'imagination reproduit les images de nos connaissances particulières, mais elle les combine et crée ainsi des objets nouveaux. Quelques-unes de ces combinaisons créées par l'imagination guident l'intelligence dans ses recherches scientifiques ou dans ses efforts pour perfectionner les outils dont l'homme se sert. C'est l'imagination des inventeurs, des savants, des industriels.

D'autres combinaisons d'images sont destinées uniquement à produire sur l'âme humaine l'impression particulière du beau; c'est l'imagination des artistes.

L'imagination est la cause de nombreuses illusions, l'homme confondant des représentations imaginaires qui naissent dans son âme avec la perception de la réalité.

Mais, quand l'intelligence est dans un état sain, la raison fait justice de ces illusions; il lui suffit pour cela de comparer la représentation imaginaire aux perceptions véritables, pour que la vérité se dégage de l'erreur.

Résumé.

Énumération des facultés qui servent à connaître les choses particulières.
I. Perception extérieure ou connaissance des corps. Mécanisme de la perception. — Action physique produite sur les nerfs. — Production de sensations et d'images. — Interprétation naturelle des sensations et des images. — Certitude de la perception. — Erreurs de perception et moyen de les corriger.
II. Conscience ou connaissance de nous-même et de nos affections. — Actes directs et actes réfléchis.
III. Perception des âmes des autres. — Elle se fait par interprétation naturelle de certains signes. — Connaissance des sensations des animaux.
IV. Mémoire. — Conservation mystérieuse et renaissance des perceptions passées.
V. Imagination. — Reproduction et combinaison des perceptions passées, son rôle. — Imagination scientifique, industrielle et artistique.

CHAPITRE V.

L'INTELLIGENCE. — CONNAISSANCE DES IDÉES GÉNÉRALES. — L'ABSTRACTION, LA GÉNÉRALISATION.

I.

Des idées générales. — Définition et espèces.

La connaissance qui résulte des diverses facultés énumérées dans le chapitre précédent est une connaissance particulière. Ces objets, ce sont des individus, des personnes ou des choses déterminées, c'est tel arbre qui est sous nos yeux, tel meuble contre lequel nous sommes appuyé, telle personne qui nous parle.

Mais l'intelligence possède un autre mode de connaissance. Elle peut embrasser par une seule notion un grand nombre, ou même un nombre indéfini d'individus distincts. Ces notions qui s'appliquent à plusieurs choses ou à plusieurs personnes se nomment *idées générales*.

On peut en distinguer deux espèces, les idées *collectives* et les idées *universelles*.

Les *idées collectives* sont celles qui désignent un groupe d'individus qui, par leur association, forment une unité; tels sont une armée, une nation, un tas de pierres, une flotte composée de plusieurs bâtiments.

Les *idées universelles* désignent soit des caractères communs à plusieurs individus, soit l'ensemble des individus réels ou possibles, en nombre indéfini, qui possèdent ces mêmes caractères. Ainsi, la blancheur, la solidité, la bonté, la douceur sont des idées universelles, parce qu'elles conviennent à tous les corps blancs ou solides, à toutes les personnes bonnes ou douces. De même, les termes : le chien, l'homme, l'arbre, désignent des idées universelles, car ils s'appliquent à tous les chiens, à tous les hommes, à tous les arbres possibles.

Ce qui sert de fondement à l'idée collective, c'est l'*union réelle* entre diverses choses qui forment un tout.

Ce qui sert de fondement à l'idée universelle, c'est la *ressemblance* entre divers êtres de même espèce.

Une idée peut être à la fois collective et universelle. Telle est l'idée d'*un peuple*. Elle représente une collection d'individus, et en cela elle est collective, mais comme elle s'applique à un peuple quelconque, aussi bien au peuple français qu'au peuple anglais ou à tout autre, elle est en même temps universelle.

On peut distinguer dans les idées universelles deux espèces : les idées de qualité ou de propriété, c'est-à-dire celles qui désignent ce qu'il y a de commun entre divers êtres particuliers ; les idées de genre et d'espèce, c'est-à-dire celles qui désignent les différentes classes d'êtres qui ont entre elles quelque chose de commun.

La blancheur est le trait commun entre tous les objets blancs. La faculté de raisonner est un des caractères des hommes. La bonté est le caractère de certains hommes bons. Ce sont des idées universelles de la première espèce.

D'un autre côté, l'homme, l'animal, le chien sont des idées universelles qui désignent tous les êtres qui possèdent la nature humaine, la nature animale ou les propriétés spéciales de l'espèce canine. Ce sont des idées universelles de seconde espèce.

II.

Nature des idées universelles. — Leur rapport avec le langage.

Les idées universelles ne représentent pas les objets réels tels qu'ils existent dans la nature. Tous les êtres réels sont individuels et particuliers.

Ces idées ont cependant leur vérité, parce qu'elles expriment certains rapports et certaines ressemblances réels.

Mais, telles que nous les pensons et que nous les exprimons, elles n'existent que dans l'intelligence humaine. Elles sont immatérielles et invisibles.

L'homme en soi considéré d'une manière générale, l'animal en soi, la raison, la justice, la bonté, toutes ces idées n'ont pas d'existence réelle dans la nature. Ces idées n'existent pas à un certain lieu ni à une certaine époque.

Elles peuvent être pensées par divers esprits, mais elles restent toujours les mêmes.

Elles se manifestent au dehors par un signe particulier, **le mot** ou **la parole articulée.**

Il y a sans doute certains mots qui désignent les êtres particuliers : tels sont les noms propres ou les pronoms personnels, je, moi, toi.

Mais ces mots ne sont pas nécessaires pour désigner ces êtres. On pourrait les remplacer par des signes naturels. Au lieu de dire *moi*, on peut se montrer soi-même par un geste. On peut désigner, de même, une personne ou un objet, en le montrant, c'est-à-dire en provoquant par un geste celui à qui l'on parle, à percevoir cette personne ou cet objet.

Il n'en est pas de même des idées générales, surtout des idées universelles (1).

Comme ces idées désignent ce qui se trouve dans plusieurs individus, comme on peut dans chaque individu distinguer plusieurs caractères servant à les classer et à fournir des idées universelles, il serait impossible aux hommes de montrer par un geste quelle idée ils veulent communiquer.

Il faut donc nécessairement un signe propre à l'idée et distinct de la réalité que l'idée représente.

Le signe de l'idée générale, c'est le *mot*.

Aussi la faculté de former et de comprendre des idées générales est-elle unie à la faculté du langage.

C'est le trait propre de l'homme; c'est par ce trait qu'il se distingue de l'animal. L'animal perçoit des choses et des per-

---

(1) Les idées collectives désignent quelquefois des êtres qui forment un tout qu'on peut embrasser d'un seul regard : une maison, une machine, une ville ; mais cela n'est pas toujours possible ; on ne peut pas voir la patrie, une nation, le genre humain.

sonnes, il possède la connaissance des êtres particuliers; il exprime cette connaissance par des signes qui sont son langage naturel, cris, gestes, mouvements divers.

Mais l'animal ne *parle* pas, c'est-à-dire ne *forme* pas d'*idées générales* ayant besoin d'un *signe spécial* pour être *manifestées*. Si l'animal possédait des idées générales, il pourrait les exprimer; bien qu'il n'ait pas la faculté d'articuler comme l'homme, il possède néanmoins celle de produire des sons très variés. Ces sons, joints à la mimique naturelle, pourraient servir à exprimer des idées et à former une langue.

Mais, s'il en était ainsi, nous pourrions communiquer par la parole avec les animaux. Du moment, en effet, que les hommes ont des idées communes, ils finissent par s'entendre; il n'y a pas de langue inconnue que l'on ne puisse interpréter quand on cherche à se comprendre naturellement.

Quel est maintenant le rapport entre l'idée et le mot?

C'est un rapport arbitraire et conventionnel. La même et identique idée peut être exprimée par un immense nombre de sons en différentes langues. Réciproquement, le même son, en diverses langues, exprime les idées les plus diverses.

Sans doute, à l'origine et dans la formation primitive du langage, il a pu exister un certain rapport entre le son et le sens des racines primitives. Mais quand les langues diverses se sont formées et ont subi les altérations continuelles qui résultent de la vie des peuples, le rapport naturel entre les mots et les idées a disparu, et il ne reste qu'un rapport conventionnel.

Il résulte de ce fait que l'idée générale est quelque chose qui en soi est invisible et immatériel. Elle est distincte du mot, qui peut changer sans qu'elle change et auquel elle est liée par un rapport arbitraire; elle est distincte des objets qu'elle représente, parce que ces objets sont individuels et qu'elle ne représente que les caractères généraux. Elle est même distincte de l'esprit qui l'a pensée, car elle peut être pensée par divers esprits.

Et cependant on ne saurait nier que les idées ne soient puissantes et n'agissent sur l'humanité.

Ne faut-il pas en conclure que l'être qui produit les idées, qui les connaît et qui les contient en lui-même, qui subit l'influence de quelque chose d'invisible et d'immatériel, est lui-même supérieur à la matière, et que le sujet pensant doit être immatériel comme la pensée elle-même! Comment concevoir qu'une pure idée immatérielle agisse sur de la matière?

III.

Formation des idées générales. — Analyse et synthèse. — Abstraction et généralisation.

Examinons maintenant comment l'esprit humain forme les idées générales, soit collectives, soit universelles.

Pour former les idées collectives, il suffit d'appliquer le procédé le plus général de l'intelligence, l'**analyse** et la **synthèse**, la décomposition et la recomposition.

Les objets qui se présentent au premier abord sous nos yeux sont des objets complexes; nous les voyons d'abord dans leur ensemble, puis, en les examinant avec plus d'attention, nous distinguons en eux diverses parties; nous en faisons ainsi l'*analyse*.

Comparant ensuite l'idée du tout avec celle des parties, nous formons l'idée d'une collection des parties constituant une sorte d'unité.

Nous pouvons former également les idées collectives par *synthèse*, en réunissant par la pensée divers objets pour en former un groupe.

La formation des idées universelles exige un autre procédé intellectuel, œuvre d'une faculté spéciale, l'**abstraction**.

Abstraire, c'est ne considérer dans un objet que certains caractères, et négliger, laisser de côté les autres. Ainsi en considérant une boule sphérique, je néglige la matière dont elle est formée, et je ne considère que la forme; je produis ainsi l'idée abstraite de sphère, qui convient à une sphère de marbre aussi bien qu'à une sphère de bois.

L'abstraction est toujours accompagnée d'un commencement de **généralisation**. Dès l'instant, en effet, que l'on ne considère qu'une partie des caractères d'un objet, l'idée ainsi formée est applicable à d'autres objets semblables.

Si j'abstrais d'un objet sa couleur blanche, l'idée ainsi obtenue, la blancheur, est applicable à tous les objets blancs.

Il y a cependant une généralisation ultérieure, distincte de l'abstraction. C'est celle qui consiste à former des genres et des

espèces, à classer les objets d'après leurs caractères distinctifs.
Ainsi, après avoir considéré par abstraction la forme d'une boule
de métal, je crée la classe des sphères, comprenant tous les objets sphériques possibles ; il me suffit pour cela de remarquer que
la propriété d'être sphérique, que j'ai distinguée par abstraction,
peut appartenir à un grand nombre d'êtres, et de désigner tous
ces êtres par un même nom, les *sphères*.

L'abstraction et la généralisation peuvent être *naturelles* et
spontanées ou bien *volontaires* et *réfléchies*.

C'est par une abstraction naturelle que nous découvrons les
caractères les plus évidents des êtres qui nous entourent, la
forme, l'étendue, le mouvement, la sensation, la pensée, et que
nous créons les classes les plus générales d'êtres, les corps et les
esprits, les personnes et les choses.

Cette abstraction spontanée existe déjà chez les enfants qui
appellent *papa* tous les hommes et *dada* tous les chevaux. Elle
se produit en même temps que l'enfant apprend à parler, car,
sauf un très petit nombre (les pronoms personnels et les noms
propres), les mots de toutes les langues sont des noms abstraits.

Mais il y a aussi une abstraction et une généralisation volontaire et délibérée. C'est celle qui se fait par la comparaison et
l'étude scientifique des caractères des différents êtres. C'est par
cette abstraction et cette généralisation volontaire que les savants créent les espèces, genres, variétés, ordres, familles, et
établissent la classification des différents objets que l'homme
peut observer. Cette classification est quelquefois arbitraire et
artificielle. Elle sert alors seulement à aider la mémoire. Mais la
science s'efforce de découvrir la véritable classification naturelle
des êtres. C'est le travail que Jussieu a commencé pour la botanique.

IV.

Utilité de la faculté d'abstraction.

Il est facile de comprendre, d'après ce qui précède, combien
est utile et précieuse la faculté d'abstraire et de généraliser que
l'homme seul possède parmi les êtres vivants que nous connaissons. Grâce à ces notions qui embrassent un grand nombre
d'objets, une seule idée, exprimée par un seul mot, peut con-

tenir l'abrégé de nombreuses observations. Une seule expérience accomplie dans un coin de notre globe, peut expliquer les phénomènes analogues qui se passent dans tout l'univers.

C'est grâce à l'abstraction que l'homme résume et condense sa science, de manière à pouvoir la conserver. C'est grâce au langage, signe de la pensée abstraite, que cette science, ainsi condensée, peut être transmise d'un homme à un autre, et s'accroître ainsi de générations en générations. C'est à cause de cette faculté que l'homme est capable de progrès. L'animal, qui ne possède pas la faculté d'abstraire, est enfermé dans un cercle étroit de connaissances particulières, et ne peut dépasser une mesure très limitée de science. L'homme, avec l'abstraction, entasse, sous la forme de termes généraux dont le sens est connu, toute la science acquise par lui, et la transmet comme un capital à ceux qui viennent après lui.

Résumé.

I. Des idées générales. Leur définition, idées qui embrassent plusieurs ou un nombre indéfini d'objets. — Leurs espèces. — Idées collectives, qui embrassent plusieurs objets *unis*. — Idées universelles qui embrassent les objets *semblables*. — Idées de propriété. — Idées de genre et d'espèce.

II. Nature des idées universelles. — Elles se représentent par les objets tels qu'ils sont. Elles ont cependant une vérité. — Elles sont immatérielles. — Elles s'expriment par les mots. Les mots n'ont avec les idées qu'un rapport conventionnel.

III. Formation des idées générales. — Analyse et synthèse. — Abstraction et généralisation. — Abstraire, c'est ne considérer dans un objet que certains caractères et négliger les autres. — Abstraction spontanée. — Abstraction volontaire et réfléchie.

IV. Utilité de l'abstraction et de la généralisation. — Elles permettent l'accroissement indéfini de la science humaine.

CHAPITRE VI.

OPÉRATIONS INTELLECTUELLES. — JUGEMENT ET RAISONNEMENT. — PRINCIPES RÉGULATEURS ET IDÉES FONDAMENTALES DE LA RAISON.

I.

Jugement.

La faculté de former des idées générales et de les exprimer par le langage permet à l'intelligence humaine d'exécuter sur ces idées des opérations qui sans cela seraient impossibles.

Les deux principales sont le **jugement** et le **raisonnement**.

Le *jugement* est un acte par lequel l'intelligence prononce qu'une certaine idée convient ou ne convient pas à un certain *sujet*.

Ce *sujet* peut être une personne ou une chose particulière ; tels sont les jugements : Paul est sage ; cette pierre est lourde. Le sujet peut aussi être une idée générale comme dans ces jugements : la vertu est aimable ; l'homme est mortel.

L'idée que le jugement rapproche du sujet qui lui est attribué se nomme l'*attribut*. C'est ordinairement une idée universelle, celle d'une propriété, d'une qualité appartenant au sujet considéré, mais appartenant aussi à d'autres êtres.

Dans certains cas, cependant, l'attribut est un être individuel ; par exemple, dans ceux-ci : cet homme est le roi ; Jéhovah est le vrai Dieu.

Les jugements sont *affirmatifs* ou *négatifs*, suivant qu'ils expriment que l'idée de l'attribut convient au sujet ou ne lui convient pas.

Il y a des jugements évidents et spontanés, tels que ceux-ci : le soleil est lumineux ; deux quantités égales à une troisième sont égales entre elles.

Il en est d'autres que l'intelligence ne prononce qu'après réflexion et avec plus ou moins d'étude et d'efforts. Dans certains cas, l'intelligence n'arrive pas à la certitude, et le jugement n'est que probable.

Le jugement est l'acte complet de la pensée humaine. Il s'exprime grammaticalement par une proposition qui est susceptible d'être vraie ou fausse. Les mots qui ne forment pas une proposition, les noms qui ne sont pas liés par un verbe, les idées qui ne sont pas réunies par un jugement ne sont que les éléments de la pensée. Ces idées sont connues et pensées ; elles ne sont pas crues ni affirmées ; elles ne peuvent être dites ni vraies ni fausses.

II.

Raisonnement.

Le *raisonnement* est la réunion de plusieurs *jugements*, dont le dernier s'appuie sur les précédents.

La forme la plus simple du raisonnement est le *syllogisme*, dont voici un exemple :

Tous les hommes sont mortels,
Or Pierre est un homme,
Donc Pierre est mortel.

Le syllogisme se compose de trois jugements : un jugement général appelé *majeure*, un second jugement appelé *mineure*, destiné à montrer un cas particulier, auquel la majeure s'applique, et un troisième jugement appelé *conclusion*, qui n'est autre qu'une application de la majeure.

La forme de raisonnement dont le syllogisme est le type, se nomme *forme déductive*. Elle consiste à déduire, c'est-à-dire à extraire des principes généraux ce qui y est contenu.

La déduction est le procédé habituel de la géométrie et des sciences mathématiques.

L'*induction* est une autre forme de raisonnement qui marche en sens inverse. Au lieu de partir d'un principe général, l'induction part d'un *fait*, et conduit à découvrir soit la *cause*, soit la *loi* de ce fait. L'induction remonte des faits vers les principes, du particulier vers le général, tandis que la déduction descend des principes aux faits. C'est par induction que Newton, en partant du fait de la chute d'une pomme, a découvert la loi de gravitation.

Il est facile de comprendre que la faculté de raisonner augmente beaucoup la puissance de l'intelligence humaine.

Elle permet de découvrir des vérités inconnues ; elle permet de percevoir des vérités qui ne sont nullement évidentes. La proposition géométrique du carré de l'hypothénuse n'a rien dans son énoncé qui montre qu'elle soit vraie ; néanmoins, elle devient certaine par un raisonnement.

Le raisonnement peut être *juste* ou *faux*. Il est juste, quand la conclusion sort régulièrement des prémisses, de telle sorte que, si les prémisses sont vraies, la conclusion le soit nécessairement aussi. Il est faux quand la conclusion peut être fausse, bien que les prémisses soient vraies.

Le raisonnement suivant :

L'homme connait la vérité,
La vérité est éternelle,
Donc l'homme est éternel,

est un raisonnement faux. De ce que l'homme connait la vérité, il ne s'ensuit pas qu'il participe à sa nature : les deux prémisses sont vraies et la conclusion est fausse. On peut facilement découvrir le vice de ce syllogisme, il suffit de le mettre sous la forme suivante :

L'homme est *connaissant la vérité*,
La *vérité* est éternelle,
Donc l'homme est éternel.

L'attribut de la majeure est *connaissant la vérité*; le sujet de la mineure est simplement *la vérité*; les deux propositions ne se rejoignent pas. En revanche le syllogisme suivant serait concluant :

Dieu est *la vérité*,
La *vérité* est éternelle,
Donc Dieu est éternel.

Là l'attribut de la majeure est sujet dans la mineure; les propositions se joignent.

Il est donc très important de bien raisonner. Les règles du raisonnement exact constituent une science spéciale qu'on nomme *la logique*.

Le raisonnement sert à prouver la vérité d'une proposition, en s'appuyant sur des propositions déjà certaines. Ces propositions peuvent elles-mêmes avoir été démontrées par d'autres raisonnements. On forme ainsi de longues chaînes d'argumentation, dont la dernière proposition repose sur toutes celles qui précèdent.

Mais il faut évidemment qu'il y ait des propositions certaines par elles-mêmes et qui ne reposent sur aucune autre. Sans cela on serait engagé dans un cercle sans fin, et il n'y aurait plus aucune certitude.

Les propositions, certaines par elles-mêmes, qui n'ont pas besoin d'être démontrées et ne peuvent pas l'être, se nomment *propositions évidentes*.

Elles sont de trois espèces. Les unes sont les jugements expérimentaux primitifs, provenant de la perception ou de la conscience; telles sont ces propositions : la Seine traverse Paris; je souffre d'un mal de tête. La première résulte de la perception, nous voyons la Seine; la seconde de la conscience, je sais que j'ai mal à la tête, parce que je le sens.

La seconde espèce de propositions évidentes se compose de celles dans lesquelles l'attribut ne fait qu'expliquer ce qu'est le sujet. Elles se nomment *définitions*. Le triangle est une figure qui a trois côtés; un parallélogramme est une figure qui a quatre côtés parallèles, deux à deux.

La troisième espèce se compose des **principes premiers** ou des **axiomes** dont nous allons parler.

III.

Principes régulateurs de la raison. — Idées fondamentales.

Au commencement de toutes les sciences se trouvent certains principes, très généraux et très évidents, qui servent de base à tous les raisonnements et de direction à toutes les expériences.

Tels sont les axiomes de la géométrie : deux grandeurs égales à une troisième sont égales entre elles; — le principe fondamental de la morale : il faut faire le bien et éviter le mal; — le principe du droit : il faut rendre à chacun ce qui lui est dû; — les axiomes de la métaphysique : toute propriété appartient à une substance, toute action est faite par un agent, tout phénomène est produit par une cause.

Ces principes sont évidents. Ils portent avec eux un caractère de certitude incontestable. Quelques-uns d'entre eux sont nécessaires, de telle sorte que le contraire de leur énoncé n'a pas de sens. Ainsi, il est impossible qu'il existe un phénomène sans cause.

Lorsqu'on analyse ces principes, on trouve qu'ils contiennent des *idées primitives* et *fondamentales*, idées de grandeur, d'égalité, de bien et de mal, de substance, de cause, etc., etc.

Les principes premiers sont les jugements qui affirment l'accord ou le désaccord de ces idées.

Quelquefois on peut les considérer comme les définitions de certaines idées, mais alors l'objet de ces définitions n'est pas arbitrairement choisi, il est donné par la raison elle-même.

Ainsi l'axiome géométrique : la ligne droite est le plus court chemin d'un point à un autre, peut être considéré comme la définition de la ligne droite. Mais l'idée de ligne droite est primitive, et on ne pourrait pas en choisir une autre pour commencer la géométrie.

D'où viennent ces principes premiers et ces idées fondamentales? Sont-ils innés et se manifestent-ils spontanément dans la raison elle-même? Sont-ils l'œuvre de la faculté qui produit les autres idées générales, l'abstraction, et sont-ils extraits par cette faculté des données expérimentales? Faut-il au contraire dire que ces idées et ces principes absolus ne peuvent exister qu'en Dieu, et que c'est en Dieu, par une intuition de la raison, que nous les voyons?

Nous ne discuterons pas ces opinions, au sujet desquelles les philosophes sont divisés.

Nous nous contenterons d'affirmer, relativement à ces principes, trois propositions incontestables.

En premier lieu, ces principes et ces idées sont *gravés dans l'esprit de tous les hommes*, aussi bien des sauvages que des hommes civilisés; on les retrouve dans la littérature de toutes les époques.

En second lieu, ces principes sont *certains* et *incontestables*. Les nier, c'est renverser la raison elle-même.

En troisième lieu, ces principes *ne sont pas le résultat de la pure expérience*. Ils ont, en effet, un caractère de rigueur absolue et d'universalité qui ne convient pas aux vérités expérimentales.

Nous savons d'avance qu'ils sont vrais dans tous les temps et dans tous les lieux, et cependant notre expérience est bornée à un certain temps et à un espace très restreint. Il n'est pas plus possible qu'il ait existé un phénomène sans cause il y a 100,000 ans, qu'aujourd'hui; ce principe s'applique aux phénomènes qui se passent à la surface de Saturne, ou qui s'accomplissent dans les étoiles les plus lointaines, aussi bien qu'à ceux de cette terre.

Quelquefois même, il arrive que ces principes subsistent sans s'affaiblir, malgré des expériences contraires en apparence.

Ainsi, le principe qu'il faut faire le bien n'est pas affaibli par l'expérience du grand nombre de crimes qui s'accomplissent ici-bas. Le principe que tout phénomène doit avoir une cause proportionnée, semble souvent démenti par la nature; des phénomènes très considérables sortent quelquefois, en apparence, de très petites causes, le chêne du gland, une explosion d'un léger choc. Dans ce cas, le principe de causalité est si puissant, que nous supposons nécessairement une cause cachée plus puissante que les causes visibles et proportionnée aux effets.

Ainsi, l'homme s'élève par la raison au dessus de l'expérience; il sait, néanmoins, que sa raison est véridique, car les principes qu'elle affirme portent leur évidence avec eux.

Résumé.

I. Jugement. — Sa définition; il exprime l'accord entre une idée nommée attribut et un sujet. — C'est l'acte complet de la pensée.

II. Raisonnement. — Réunion de plusieurs jugements, dont le dernier repose sur les précédents. — Syllogisme. — Raisonnement déductif, qui va des principes aux conséquences. — Raisonnement inductif, qui remonte des faits aux principes. — Utilité du raisonnement. — Raisonnements justes et faux. — La logique est la science de bien raisonner. — Propositions évidentes par elles-mêmes. — Leur nécessité. — Leurs espèces. — Jugements expérimentaux primitifs. — Définitions. — Axiomes.

III. Principes régulateurs de la raison. — Idées fondamentales. — Question de leur origine. — Universalité de la croyance aux axiomes. — Certitude de cette croyance. — Elle ne résulte pas de la seule expérience.

CHAPITRE VII.

SENSIBILITÉ MORALE. — LES PASSIONS. — L'AMOUR DE SOI. — L'AMOUR DES AUTRES. — SENTIMENTS DE FAMILLE. — SENTIMENTS SOCIAUX ET PATRIOTIQUES, SENTIMENTS DU VRAI, DU BEAU ET DU BIEN. — SENTIMENT RELIGIEUX.

La connaissance n'est pas le terme dernier du développement des facultés humaines. L'homme est affecté par les objets qu'il connaît, par les idées qu'il reçoit ou qu'il forme dans son esprit. Elles lui causent de la joie ou de la souffrance; elles lui plaisent ou lui déplaisent; il les aime ou les hait.

Cet ordre de phénomènes suppose dans l'homme la **sensibilité morale** que l'on nomme vulgairement, par une métaphore très ancienne, le *cœur*.

La sensibilité morale ressemble par certains côtés à la sensibilité physique. De part et d'autre, il y a plaisir et peine, attrait et répugnance. Mais il y a aussi de très grandes différences.

Le *plaisir physique* et la *joie morale*, la *souffrance corporelle* et la *douleur de l'âme* sont d'espèce différente : ils ne peuvent être confondus.

Il en est de même des mouvements de désir ou d'aversion. L'amour ou l'aversion qui résultent de la joie ou de la douleur morale causées par un objet connu, sont très différents de l'attrait et de la répugnance causés par une sensation physique.

La sensibilité *physique* produite par l'excitation des nerfs *conduit à la connaissance*. La sensibilité *morale* est au contraire *l'effet de la connaissance*. On n'aime ni on ne hait que ce qu'on connaît.

Les modifications de l'âme provenant de la sensibilité morale portent le nom de *sentiments, d'affections* ou de *passions* : ces noms indiquent comme une gradation dans la force et la vivacité de ces émotions de l'âme.

On peut les diviser de deux manières, selon le rapport qui existe entre l'objet du sentiment et celui qui l'éprouve, et selon la diversité des objets aimés ou haïs.

Un objet qui cause une jouissance morale inspire naturellement de l'*amour*. C'est le mouvement premier et principal de la sensibilité morale.

Un objet qui déplaît ou un obstacle à la possession de l'objet qui est aimé, inspire l'*aversion*.

Quand l'objet aimé est possédé, l'âme est *dans la joie*. Elle est dans la *souffrance* quand elle en est privée ou quand elle se trouve rapprochée d'un objet nuisible ou détesté.

L'amour devient le *désir* quand l'objet n'est pas encore possédé, le *regret* quand il a cessé de l'être.

L'*espoir* et la *crainte* peuvent aussi être ramenés à l'amour : l'*espoir*, c'est l'amour joint à la confiance de la possession future de l'objet aimé; la *crainte* résulte de l'idée que l'objet aimé va nous être enlevé, ou que l'objet détesté nous menace. Tous ces mouvements de l'âme ne sont que des formes du mouvement principal de l'amour qui se diversifie suivant la variété des relations entre celui qui aime et l'objet aimé.

Étudions maintenant les divers sentiments du cœur humain, en parcourant la variété des objets auxquels l'amour peut s'attacher.

Il y a deux sortes d'objets qui provoquent en nous les sentiments de l'amour, ce sont les *personnes* et les *idées générales*.

Quant aux objets matériels perçus par les sens, nous reconnaîtrons qu'ils ne peuvent être aimés ou haïs que d'une manière indirecte par suite de leur rapport soit avec les personnes, soit avec les idées.

Affections personnelles. — La première personne qui s'offre à notre affection, c'est *nous-même*. L'amour de soi est un sentiment universel et indestructible chez l'homme. Quand ce sentiment devient exagéré, il prend le nom d'*égoïsme*.

L'amour de soi entraîne comme conséquence l'amour de sa propre excellence, de sa propre puissance, de son propre bonheur, par conséquent, des jouissances morales et physiques.

Ces sentiments deviennent très aisément et très fréquemment désordonnés; ils portent alors les noms d'*orgueil*, d'*ambition*, de *cupidité*, de *sensualité*.

Mais il y a une fierté et une dignité légitimes, une ambition permise, une recherche modérée des richesses et un soin raisonnable de les conserver, qui ne méritent aucun blâme.

A côté de l'amour de soi, l'amour des autres personnes existe dans notre âme.

Cet amour peut être individuel ou général.

L'amour individuel des autres personnes comprend les *sentiments de famille* et l'*amitié*.

Les *sentiments de famille* sont les affections qui résultent des relations entre pères, mères, époux et épouses, frères et sœurs, ou même parents plus éloignés. Ce sont des liens créés par la nature elle-même.

L'*amitié* est une relation de choix, qui résulte soit des circonstances, soit de certaines sympathies secrètes.

L'amour général des autres personnes prend le nom de *sympathie* quand nous prenons part à leur joie ou à leur douleur, de *dévouement* quand nous nous sacrifions pour elles.

Ce sentiment va s'affaiblissant au fur et à mesure que les liens particuliers de famille, de patrie, de religion, sont moins étroits. Il subsiste cependant, et tout homme, par le fait même qu'il est homme, inspire à ses semblables, quand leur nature est bonne, des sentiments d'affection.

Les personnes réelles ne sont pas les seules qui nous inspirent des sentiments d'amour et de haine. Les êtres créés par l'imagination, qui n'ont d'existence que dans notre esprit, ont aussi la puissance d'agir sur nos âmes. Les hommes peuvent se passionner pour des fantômes, même quand ils se rendent compte de leur vanité.

Sentiments qui se rapportent aux idées générales. — Parmi ces émotions, nous citerons d'abord l'amour de la *patrie* et celui de l'*humanité* qui se rapportent à des idées collectives.

Puis viennent l'*amour du bien, du beau et du vrai.*

L'*amour du bien* se nomme aussi *sentiment du devoir*; il se rattache à la conscience morale, et sert de mobile aux bonnes actions.

L'*amour de la beauté* est peut-être le sentiment le plus général et le plus puissant qui existe dans le cœur humain; il est inspiré par tous les genres de beautés, depuis la beauté physique des corps jusqu'à celle des idées pures.

L'amour du *vrai*, enfin, est si puissant sur le cœur des hommes que Virgile a pu louer les héros qui ont sacrifié leur vie pour la vérité : *Vitam impendere vero*. C'est aussi cet amour du vrai qui inspire les efforts courageux des savants qui cherchent à découvrir les lois de la nature ou qui pénètrent les premiers dans des pays inconnus.

Nous devons enfin mentionner un sentiment très puissant d'une espèce particulière, qui se trouve chez tous les peuples; c'est le *sentiment religieux*. Le propre de ce sentiment, c'est que les objets auxquels il se rapporte sont à la fois invisibles et concrets. C'est un être personnel, le Dieu suprême, ou bien d'autres êtres surnaturels et invisibles; ce sont les âmes des défunts, c'est une nouvelle vie après la mort, qui sont les objets de la religion.

Le sentiment religieux réunit en lui-même les caractères des affections personnelles, et ceux de l'amour des idées immatérielles. Dans les dogmes et dans la morale religieuse se trouvent les idées du beau, du vrai et du bien; mais ces idées se rapportent à de véritables personnes, à un monde de réalités invisibles.

Les idées religieuses se manifestant sur la terre sous forme de sociétés visibles, le sentiment religieux devient l'amour d'un culte et d'une église particulière; il devient alors, comme le patriotisme, un sentiment inspiré par une idée collective.

On voit combien sont variés les objets qui provoquent dans notre âme cet ordre d'émotion que nous avons appelé sensibilité morale.

Nous pouvons, en terminant, résoudre la question que nous avons posée plus haut, et nous demander si les *objets matériels* perçus par les sens sont susceptibles d'inspirer des sentiments d'amour, de haine, s'ils émeuvent la sensibilité morale.

Observons d'abord que les objets matériels peuvent émouvoir la sensibilité morale d'une manière indirecte, en excitant soit des affections personnelles, soit des sentiments se rapportant directement à des idées générales.

Les objets qui nous apparaissent comme *utiles* ou *nuisibles*, c'est-à-dire comme devant nous procurer des sensations de plaisir ou de peine, peuvent devenir l'objet de l'amour, de la haine, mais c'est évidemment par un effet de l'amour que nous nous portons à nous-même. Nous aimons ces objets à cause du plaisir qu'ils *nous* causent, nous les détestons à cause de la peine qu'ils *nous* font souffrir. Nous ne les considérons que comme des moyens pour notre bonheur, et c'est nous-même que nous aimons et dont nous cherchons le bien.

C'est encore par l'effet d'une affection personnelle que nous aimons les objets *qui nous rappellent quelque personne chérie*, son portrait, les objets qui lui ont appartenu, les souvenirs d'elle, qui subsistent sous forme sensible.

Il y a des objets matériels qui présentent les caractères de la *beauté*. Nous pouvons aimer ces objets, mais à cause de leur beauté, c'est-à-dire d'un caractère idéal et immatériel qui se trouve en eux; que leur beauté disparaisse, nous cessons de les aimer; que cette beauté se trouve dans un autre objet, et nous l'aimerons. Ce n'est donc pas l'objet lui-même, c'est la beauté que nous aimons.

Il y a enfin des objets qui ont un rapport avec *les croyances religieuses*, et qui peuvent ainsi être l'objet de notre amour par l'effet du sentiment religieux; ce sont les objets bénits et consacrés, ou les symboles des idées religieuses.

Dans tous ces cas, les objets matériels ne sont aimés et haïs que d'une manière indirecte, par l'effet de l'amour de nous-même, de celui des autres personnes, de l'amour de la beauté ou du sentiment religieux.

Ces objets peuvent-ils être aimés directement pour eux-mêmes? La réponse semble devoir être négative. Dépouillez les objets matériels de toute utilité, de toute beauté, de tout rapport avec une personne déterminée, et de tout caractère religieux, et vous les dépouillerez par là même de toute influence sur le cœur humain. Ce ne seront plus que de simples objets de perception, que la science pourra classer et comparer, mais qui laisseront la partie sensible de l'âme dans une complète indifférence.

Nous pouvons donc dire, en résumé, que la sensibilité morale n'est directement provoquée que par la connaissance des personnes et par celle des idées générales.

Résumé.

La connaissance intellectuelle provoque la sensibilité morale. — Différences entre la sensibilité morale et la sensibilité physique. — L'amour et les diverses passions qui en résultent. — L'amour des personnes. Amour de nous-même. En quoi il est répréhensible, en quoi il est bon. — Affections de famille. — Amitié. — Amour général des autres hommes. — Sympathie. — Dévouement. — Sentiments provoqués par les idées générales. — Amour de la patrie. — Sentiment moral. — Amour du beau et du vrai. — Sentiment religieux. — Les objets matériels n'excitent la sensibilité morale que d'une manière indirecte, en tant qu'ils rappellent les personnes ou les idées générales.

CHAPITRE VIII.

LA VOLONTÉ LIBRE. — LES CONDITIONS DE L'EXERCICE DE LA LIBERTÉ. — L'HABITUDE.

I.

La volonté libre.

Connaître et aimer n'est pas encore tout l'homme. Au-dessus de ces facultés il en existe une plus élevée encore, dans laquelle la grandeur et la dignité de la personne humaine se manifestent avec tout leur éclat.

C'est la volonté libre.

L'homme peut choisir librement entre plusieurs partis; il peut se déterminer par lui-même.

Choisir ainsi, c'est ce qu'on appelle *vouloir*, dans le sens exact et philosophique du terme.

Souvent, cependant, on se sert du terme vouloir dans un autre sens, celui où il équivaut à désirer; la volonté ainsi entendue serait un phénomène de la sensibilité morale.

Mais la vraie volonté, c'est-à-dire la volonté libre, celle qui choisit, est une faculté à part.

3.

On ne peut pas sérieusement contester l'existence de la volonté libre. Elle est un fait d'expérience. Nous nous sentons libres. Quand nous agissons librement, nous sentons qu'agissant d'une certaine manière nous aurions pu agir autrement. Nous sentons que nous nous déterminons par nous-même.

L'existence de la liberté peut être prouvée d'une autre manière. La liberté est la condition nécessaire de la responsabilité. Il est absurde et injuste de considérer un homme comme responsable d'un acte qu'il n'a pas pu éviter. L'homme est responsable de ses actes, donc il agit librement.

Otez la liberté, il n'y a plus ni vice, ni vertu, ni devoir, ni faute, ni récompense, ni châtiment.

La liberté de la volonté étant un fait certain, peu importent les objections de diverse nature que l'on peut opposer à ce fait. Nous ne savons pas *comment* l'homme peut choisir, nous ne savons pas non plus *comment* il éprouve des sensations quand ses nerfs sont excités, *comment* il peut mouvoir son corps. Nous sommes entourés de faits dont nous ne connaissons pas l'explication, mais qu'il nous faut accepter, parce qu'ils sont évidents. La liberté de la volonté humaine est un de ces faits.

II.

Mode d'action de la liberté.

L'homme peut choisir, mais il ne choisit pas au hasard. Avant de choisir, il délibère; cette délibération porte sur les **motifs** de ses actions. Il examine s'il doit agir de telle manière, si cela est bien, si cela est utile, si cela est honorable, si cela est agréable.

Les motifs de faire telle ou telle action sont fournis par la raison. Ils se ramènent, en général, à trois motifs principaux, le *plaisir*, l'*intérêt* et le *devoir*.

Le plaisir, c'est notre propre jouissance, notre jouissance actuelle.

L'intérêt, c'est le bonheur considéré dans l'avenir, ce sont les conséquences éloignées, heureuses ou malheureuses, de nos actions.

Le devoir est un motif à part, c'est le bien absolu; c'est l'idée qu'une action est obligatoire ou défendue, qu'il est bien ou mal en soi de la faire. Le devoir peut être poursuivi indépendamment du plaisir ou de l'intérêt. Fais ce que dois, advienne que pourra, telle est la maxime du devoir pur.

Entre ces divers motifs, la volonté choisit. Aucun ne s'impose nécessairement. Nous pouvons, si nous voulons, faire notre devoir ou bien poursuivre notre intérêt, ou bien chercher notre plaisir.

Une erreur très répandue de nos jours consiste à croire que la volonté suit toujours le motif le plus fort et qu'ainsi elle serait déterminée par les motifs.

Cette erreur provient d'une confusion entre deux modes d'action de la liberté.

Quelquefois l'homme, ayant une fin déterminée devant les yeux, cherchant soit la richesse, soit la satisfaction de son amour pour une certaine personne, soit tel genre de bonheur, délibère sur le moyen d'obtenir ce qu'il cherche.

Alors, si un de ces moyens lui apparaît comme plus apte à obtenir la fin, l'homme, préoccupé uniquement de poursuivre cette fin, devra nécessairement le choisir.

Mais il y a un cas tout différent : c'est celui où l'homme choisit non entre deux moyens, mais entre deux fins, c'est-à-dire entre deux objets désirables par diverses raisons, mais d'espèce et de nature différentes.

Tel est le choix entre le plaisir et le devoir. Le plaisir est agréable, le devoir est bon en soi. Aucune comparaison, aucune balance ne peut être établie entre deux motifs de nature si différente. Agréable, obligatoire sont deux idées diverses, comme le seraient la longueur et le poids d'un objet. On ne saurait dire lequel est le plus grand, le plus fort ni le meilleur entre un mètre et un kilogramme ; on ne saurait dire non plus lequel est le plus fort du motif du plaisir et de celui du devoir. Le plaisir est plus fort aux yeux de celui qui cherche sa jouissance ; le devoir est plus fort aux yeux de celui qui veut être vertueux.

Mais la détermination entre ces deux désirs, de jouir ou d'être vertueux, se fait par la volonté elle-même.

Nous pouvons ajouter qu'il y a un autre cas où une certaine espèce de liberté peut entrer en jeu.

C'est celui où, poursuivant une fin, nous nous trouvons en présence de moyens qui, à nos yeux, sont aussi bons l'un que l'autre. Alors il faut choisir, et le choix est déterminé par la volonté seule.

Cette espèce particulière de liberté a été appelée par certains philosophes liberté d'indifférence. On peut supposer qu'elle existe même chez les animaux. Tout le monde connaît l'hypothèse, faite par Buridan, d'un âne placé entre deux bottes de foin exactement semblables et à égale distance. Personne ne croira que l'animal serait mort de faim, faute de pouvoir se décider.

Mais la forme la plus importante de la liberté, celle qui joue un rôle dans la morale, c'est celle que nous avons nommée la première, celle qui consiste à choisir entre deux fins, et non entre deux moyens pour une fin, entre le devoir et le plaisir, ou même entre l'intérêt et le plaisir présent.

III.

Influence de la sensibilité morale sur la liberté.

L'intelligence présente des motifs à la volonté. La sensibilité morale agit d'une autre manière; elle est la source de sentiments qui poussent l'homme à agir et qu'on nomme des **mobiles**.

Ces mobiles correspondent, mais d'une manière souvent très inégale, aux motifs présentés par l'intelligence.

Ainsi le motif du plaisir présent, qui peut être faible aux yeux de la raison, se transforme dans la sensibilité en un puissant mobile.

Les motifs de l'intérêt et du devoir se transforment également en mobiles; l'imagination fait considérer comme présent le bonheur futur. Elle revêt quelquefois la beauté morale des traits de la beauté physique.

Ces mobiles détruisent-ils le libre arbitre de la volonté?

Nullement. Elle n'est nullement forcée de la suivre. Elle contemple toujours dans la sereine région de l'intelligence les motifs qui doivent la diriger. La raison ne cesse de prononcer ses arrêts, et la volonté peut les exécuter malgré les efforts de la passion.

Il est vrai qu'il faut pour cela une énergie souvent très grande. Mais cette énergie est une des propriétés de la volonté libre;

c'est une force qui appartient plus étroitement qu'aucune autre à la personne humaine. On la nomme la *force du caractère*.

IV.

L'habitude.

Le jeu de la volonté libre ne subit pas seulement l'influence de la sensibilité, il est aussi modifié par l'habitude.

Les habitudes intellectuelles et morales sont analogues aux habitudes corporelles. Ce sont également des tendances et des facilités à agir, produites par des actes répétés.

L'homme fait plus facilement ce qu'il a fait souvent : il accomplit plus difficilement les actes qui sont nouveaux pour lui.

La liberté, cependant, n'est pas détruite. Elle peut réagir contre les habitudes et en triompher.

Elle peut aussi se servir de la force de l'habitude pour parvenir à ses fins.

En répétant courageusement des actes difficiles, l'homme acquiert plus de facilité à les faire. Il acquiert ainsi une force dont sa liberté peut disposer.

Les bonnes habitudes morales se nomment **vertus**. Les vertus ne s'acquièrent que par des efforts répétés et persévérants.

Les mauvaises habitudes morales se nomment **vices**; ils se produisent naturellement, lorsque la volonté s'abandonne aux passions prédominantes.

Résumé.

Définition de la volonté libre : pouvoir de choisir. — La liberté est un fait d'expérience. — Mode d'action de la liberté. — Choix entre divers motifs. — Le plaisir, l'intérêt, le devoir. — La volonté doit-elle suivre le motif le plus fort ? — Cas où il s'agit de choisir entre des moyens pour une fin déterminée. — Cas où le choix porte sur la fin. — Influence de la sensibilité morale sur la liberté. — De la force de caractère. — Définition des habitudes intellectuelles et morales. — Leur influence sur la liberté. — Vertus et vices.

CHAPITRE IX.

ACTION DE LA VOLONTÉ LIBRE SUR LES AUTRES FACULTÉS.

Après avoir étudié la volonté libre en elle-même, nous devons en étudier les effets, en parcourant les diverses parties de la nature humaine pour voir comment et dans quelle mesure elles sont sous la dépendance de la volonté.

I.

Action de la volonté libre sur le corps. — Faculté motrice.

Nous pouvons, à notre gré, mouvoir notre corps. Notre âme, agissant sur les centres moteurs comme sur les touches d'un clavier, provoque, suivant son libre choix, l'excitation de divers nerfs moteurs et la contraction de certains muscles.

Ce qu'il y a d'étrange, c'est que l'âme, en exerçant ce pouvoir, ne connaît pas les intermédiaires dont elle se sert. Elle ne connaît que le but qu'elle veut atteindre, qui est tel mouvement de l'un de ses membres. Elle ignore les centres moteurs d'où part l'innervation et les nerfs moteurs qui la transmettent. C'est un mystère de plus à joindre à ceux qui enveloppent notre connaissance.

L'action de la volonté sur le corps est attribuée à une faculté spéciale nommée *faculté motrice*.

Cette action est aidée ou gênée par les mouvements réflexes ou instinctifs et par les habitudes corporelles dont nous avons parlé plus haut.

II.

Action de la volonté libre sur l'intelligence. — Attention. — Affirmation ou suspension de jugement.

La volonté exerce aussi son action sur l'intelligence. Elle dirige notre esprit et le fixe sur certains objets. Cette application de la volonté à l'intelligence porte le nom d'*attention*.

L'attention est souvent pénible; nous avons de la peine à

maîtriser et à diriger nos pensées; il y a des distractions involontaires.

Les distractions ou les pensées non dirigées par l'attention proviennent de deux causes; elles naissent, d'une part, des perceptions d'objets extérieurs et des sensations physiques qui interviennent au milieu de nos occupations.

Elles proviennent également d'une évolution interne et involontaire de nos pensées qui se succèdent l'une à l'autre et dont chacune provoque la naissance de la suivante. Ainsi la pensée d'un soldat rappelle celle de la guerre; celle-ci, celle d'une blessure, d'un hôpital; de là nous passons à l'idée d'une sœur de charité; cette idée nous fait penser au dévouement, à la religion, à Dieu, et ainsi de suite.

Ce mouvement involontaire et continu de nos pensées est soumis à des lois très compliquées et très difficiles à déterminer que l'on nomme *lois de l'association des idées*. Les idées se succèdent souvent suivant leur ressemblance; quelquefois une idée provoque l'idée contraire; d'autres fois une idée est suggérée par un détail d'une idée précédente; quelquefois c'est le son des mots qui fait naître une pensée inattendue.

L'attention ou la pensée volontaire est obligée de lutter contre ce mouvement irrégulier de la pensée. Elle le fait souvent en se servant des lois même de l'association des idées. Les objets matériels qui nous entourent nous rappellent les pensées sur lesquelles notre attention doit se fixer. En disposant convenablement comme des jalons ou des points de repère ces objets, en plaçant notre corps (qui obéit à la volonté mieux que l'esprit) dans le voisinage de certains objets ou en lui faisant prendre certaines attitudes, nous amenons notre intelligence vers certaines pensées et nous la fixons sur les objets qu'elle doit examiner.

L'attention n'est pas la seule action de la volonté libre sur l'intelligence. Elle agit aussi sur le jugement.

Il y a certains jugements tellement évidents qu'ils sont involontaires. Tels sont les axiomes ou les jugements qui résultent de la perception.

Mais il en est d'autres que l'intelligence ne prononce qu'après examen et d'une manière réfléchie. Dans ce cas, il dépend de notre volonté soit de *suspendre notre jugement* et de continuer l'enquête sur la vérité, soit même de suspendre notre jugement sans continuer la recherche et en détournant notre esprit vers un autre objet, soit au contraire de *prononcer un jugement*, d'*affirmer une opinion*, de déclarer que tel fait existe ou n'existe pas.

Cette action libre de la volonté sur l'intelligence engage notre responsabilité. Il peut y avoir faute à juger avec *précipitation*, à *juger témérairement*, surtout quand il s'agit du prochain. Il peut, au contraire, y avoir faute à *suspendre trop longtemps* son jugement, à rester dans le doute ou la défiance.

La volonté peut donc fixer le moment où nous jugeons. Mais peut-elle influer sur le jugement lui-même? Pouvons-nous juger par l'effet de notre liberté, autrement que nous ne sommes portés à juger par l'évidence qui se manifeste à nous?

Évidemment nous ne pouvons pas juger sans motif, ni contre des motifs prédominants. Mais ne dépend-il pas de nous d'adhérer plus fortement, avec plus d'énergie et de conviction à une proposition qui nous semble vraie, ou, au contraire, de nous tenir sur la réserve et de rester dans un certain doute?

L'expérience prouve que nous pouvons influer ainsi sur notre jugement, et qu'il dépend de nous d'adhérer fortement à une vérité, ou de rester dans le doute.

III.

Action de la volonté libre sur la sensibilité morale.

La volonté peut-elle agir sur le cœur? Dépend-il de nous d'aimer ou de ne pas aimer?

Cette question importante est le plus souvent résolue négativement. Mais un examen attentif montre que le pouvoir de la volonté est plus grand qu'une vue superficielle ne le ferait croire.

Et, d'abord, la volonté peut agir indirectement sur les sentiments. Nous pouvons, au moyen de la *faculté motrice*, écarter ou rapprocher certains objets qui provoqueraient en nous des sentiments; voir ou éviter de voir telle personne, tel portrait, etc., etc.

Nous pouvons, au moyen de l'*attention*, fixer notre pensée sur les motifs que nous avons d'aimer telle personne ou d'éprouver tels sentiments, ou sur les motifs contraires. Nous pouvons nous distraire; nous pouvons fixer le regard de notre âme sur le devoir.

Mais, outre ces moyens indirects d'agir sur l'état de notre sensibilité morale, nous sommes encore doués de la faculté de combattre directement nos sentiments.

Pour bien comprendre le rôle de la volonté, il faut remarquer que les mouvements de la sensibilité morale ou du cœur sont de deux espèces.

Il y a les *premiers mouvements*, les *mouvements indélibérés*, qui sont involontaires et spontanés. La volonté ne peut directement ni les modifier ni les détruire. Tels sont les attraits et les répugnances que nous éprouvons à première vue pour telle ou telle personne; tels sont les premiers mouvements d'impatience et de colère.

Mais il y a aussi des mouvements de cœur, des *sentiments* ou des *affections* qui sont *délibérés*, qui résultent de l'*union* de l'*affection spontanée* avec la *volonté libre*.

Les mouvements délibérés peuvent être méritoires ou coupables; il y a de *bonnes*, de *saintes affections*; il y a des *affections mauvaises*.

Le rôle de la volonté consiste à choisir parmi les mouvements spontanés du cœur, à adopter les uns, à les embrasser et à s'y complaire, à repousser et à réprimer les autres.

Quand la volonté accomplit ce choix avec le devoir pour règle, elle rend le cœur bon; les bons sentiments se développent, les sentiments qui deviendraient coupables, s'ils étaient volontaires, sont réprimés; il n'en reste que les premiers mouvements qui ne dépendent pas de nous.

Quand, au contraire, la volonté s'abandonne aux passions mauvaises, ces mouvements, qui n'étaient pas répréhensibles tant qu'ils étaient spontanés, deviennent coupables par l'adhésion de la volonté; ils se développent et le cœur se corrompt, tandis que les bons sentiments sont réprimés et s'affaiblissent.

Il y a donc une double sensibilité morale, l'une indélibérée, qui précède l'action de la volonté; l'autre délibérée, qui en est la conséquence. C'est cette dernière seule qui engage la responsabilité de l'homme et le rend vertueux ou coupable, digne de blâme ou d'éloge.

Résumé.

I. Action de la liberté sur le corps. — Faculté motrice. — Le corps en général obéit sans résistance à la volonté.
II. Action de la liberté sur l'intelligence. — Attention. Pourquoi elle est pénible. — Distraction. — Lois de l'association des idées. — Jugement volontaire. — Précipitation, témérité. — Défiance trop grande. — La volonté influe-t-elle sur la force de l'adhésion ?
III. Action de la volonté sur la sensibilité morale. — Action indirecte, au moyen de la faculté motrice ou de l'attention. — Action directe. — Premiers mouvements indélibérés, qui ne sont ni méritoires ni coupables. — Adhésion ou refus de la volonté. — Affections délibérées, bonnes ou mauvaises.

CHAPITRE X.

CONCLUSION GÉNÉRALE DE LA PSYCHOLOGIE. — DISTINCTION DE L'AME ET DU CORPS.

Après avoir terminé cette description rapide des facultés humaines, nous devons essayer d'en tirer la conclusion, et nous demander ce qu'est cet être que nous appelons l'âme, ou le moi, ce sujet de tous les phénomènes internes, s'il est ou non identique avec un organe visible.

La solution de cette question est facile, pour peu que nous rappelions ce que nous venons d'exposer.

L'âme possède en effet des caractères très évidents. Elle est *simple* et sans parties ; elle est *identique* à elle-même pendant la durée de sa vie ; elle est *active* spontanément ; elle est *libre*.

Elle est simple et sans parties. Le moi est un être unique. L'expérience atteste et fait sentir cette unité. Sous toutes nos modifications, nous nous sentons toujours le même être, la même personne. Nous nous retrouvons toujours le même.

Nous ne pouvons concevoir une *partie* du *moi*, une *division* du *moi*, un *moi* qui *serait double*.

A ce témoignage direct de l'expérience intime se joint une autre évidence résultant de la nature des opérations de l'âme. Toutes, même celles dont les objets et l'espèce sont les plus diverses, impliquent et supposent l'unité.

Tout jugement suppose une comparaison ; il faut que celui qui compare connaisse les deux idées et soit le même être. Le moi est le centre où les idées se joignent.

Toute résolution suppose un choix qui ne peut être fait que par un individu unique connaissant les divers partis entre lesquels il faut choisir.

Lorsque nous faisons un mouvement à la suite d'une sensation ou pour parer à un danger, c'est le même être qui éprouve la sensation et qui ordonne le mouvement; c'est celui qui craint qui prend une précaution. Partout se retrouve l'unité, partout dans l'âme la diversité aboutit à un centre unique.

De plus, ce *centre* est *durable*. L'âme est *identique*. Elle se reconnaît elle-même lorsqu'elle se souvient de son passé. Cette identité est d'autant plus évidente que nos pensées, nos sensations, nos facultés, notre caractère sont plus différents suivant les époques de notre vie. C'est au milieu d'un immense changement de propriétés, de phénomènes, d'habitudes, de circonstances, que notre moi se retrouve lui-même, se sent le même être.

Cette identité durable de l'âme peut encore être démontrée par une de ses conséquences. Nous nous sentons responsables de nos actes passés. Nous sentons qu'ils peuvent nous être imputés à juste titre, que nous devons souffrir pour expier nos mauvaises actions, qu'il est juste que le bonheur soit la récompense de nos bonnes œuvres.

Or, la responsabilité serait-elle concevable si l'être qui a agi hier n'était pas le même que celui à qui on demande compte de son acte aujourd'hui? Si le condamné était un autre individu que l'assassin, toute condamnation serait injuste.

Notre identité est donc aussi certaine à nos propres yeux que la justice des châtiments et des récompenses est certaine pour notre conscience.

Centre unique et identique, l'âme n'est point une abstraction, une pure idée, comme le serait une ligne ou un point géométrique. Elle est une force, une activité constamment en exercice, se sentant toujours agir. Elle agit spontanément : sous l'influence de ses sensations, de ses pensées, de ses désirs, l'âme produit de nouveaux sentiments, de nouvelles pensées, de nouveaux désirs; son activité se traduit dans son corps par des mouvements.

Enfin cette activité est, comme nous l'avons vu, une force libre. Elle délibère, elle choisit d'après des motifs que l'intelligence aperçoit et dont l'un, celui du devoir, est absolu et éternel.

L'âme est donc une force simple, identique, active, intelligente et libre.

Maintenant, l'être ainsi connu par la conscience est-il identique au corps connu par les sens?

Évidemment non.

Le corps a des attributs tout différents.

Il est *multiple*. Ses *molécules se renouvellent constamment*. En tant que corps matériel, il est *inerte* et dépourvu *d'intelligence* et de *liberté*.

L'âme n'est donc pas le même être que le corps.

Il y a en l'homme deux êtres, le corps, et l'âme qui fait vivre le corps, qui sent, qui veut et qui pense.

Cette âme, distincte du corps entier, serait-elle identique à un des organes du corps, au cerveau, par exemple?

Nullement. Le cerveau est *multiple*, il est un composé de molécules. Le cerveau n'a pas *d'identité*, ses molécules se renouvellent et se substituent les unes aux autres. Le cerveau, simple masse de chair, est aussi incapable de *liberté* et d'*intelligence* que le corps entier.

Distincte du corps, distincte du cerveau, l'âme serait-elle une matière subtile, un souffle, comme l'ont cru les anciens?

Cela est encore impossible. Une matière subtile est toujours composée de molécules; un souffle n'est autre chose que l'assemblage d'un certain nombre d'atomes de gaz; ces atomes se meuvent passivement d'après les lois de la mécanique. Il n'y a encore rien là qui puisse être le support de l'unité, de l'activité, de la liberté, de l'intelligence de notre âme.

Il faut donc conclure que l'âme est un être d'une espèce particulière, un être différent par nature du corps, un être *immatériel*, *invisible* et *intangible*.

On objecte à cette idée qu'on ne voit pas l'âme, d'où on conclut qu'elle n'existe pas.

Cette objection est frivole. On ne voit pas l'âme, non parce qu'elle n'existe pas, mais parce qu'elle est invisible par nature.

On ne *voit* pas l'âme, mais on la *sent* par la conscience. Elle ne tombe pas sous les sens extérieurs, mais elle est saisie par le sens intérieur.

Chaque espèce de phénomènes ou d'êtres est perceptible selon sa nature par divers procédés.

On ne voit pas les sons; on n'entend pas les couleurs; de

même on n'entend ni ne voit l'âme, mais on la sent intérieurement.

On la voit aussi et on l'entend, mais d'une manière indirecte, au travers du corps qu'elle anime. En présence d'un homme vivant, nous sentons que nous sommes en rapport avec une personne, avec un être individuel.

En présence d'un cadavre, nous sentons qu'il n'y a personne, que l'être individuel a disparu, qu'il n'y a plus que des éléments matériels.

On raconte qu'un matérialiste, auprès du lit de mort d'un agonisant, dit à un de ses amis, un instant après la mort : « Avez-vous vu passer l'âme? » A quoi l'autre répondit : Avez-vous vu passer la vie? »

Aux yeux d'un observateur impartial et de bon sens, quand un être plein de vie, d'amour, en pleine possession d'une volonté énergique, vient à être remplacé par un cadavre inerte, quelqu'un a disparu; il y a eu soit départ, soit destruction d'un être. Il n'y a pas eu une simple modification de la matière.

II.

Union de l'âme et du corps.

L'âme est donc distincte du corps. C'est un autre être, de nature différente.

Mais faut-il croire qu'il n'y ait entre l'âme et le corps qu'une union accidentelle, que l'âme ne soit dans le corps que comme un prisonnier dans une cage, comme un pilote sur un bateau?

Nullement. Ce serait une très grave erreur. Si l'âme est distincte du corps, elle lui est étroitement unie; elle est avec lui dans des rapports très intimes. Il y a un grand nombre de phénomènes qui sont produits par l'âme et le corps à la fois et leur appartiennent à tous deux.

Toutes les excitations du système nerveux, propagées jusqu'aux centres nerveux, ont leur retentissement dans l'âme. La plupart des opérations de l'âme sont accompagnées de mouvements cérébraux qui se transmettent aux nerfs moteurs et se traduisent par des mouvements perceptibles de l'organisme.

L'expérience prouve d'autre part que toutes les opérations de l'âme ont pour condition l'état sain du cerveau, et sont troublées quand il y a une lésion de cet organe. Certains savants croient pouvoir aller plus loin, et démontrer qu'il y a certaines régions du cerveau qui correspondent aux diverses facultés de l'âme, mais ces derniers résultats sont incertains.

La conséquence de ces faits d'expérience n'est nullement que l'âme n'existe pas, ni que l'âme se confonde avec l'organe matériel du cerveau. Elle est simplement qu'il existe entre l'âme et l'organe une union très étroite, que l'homme est un être double quant aux principes qui le constituent, mais unique quant à sa personne qui est composée du corps et de l'âme.

Cette union de l'âme et du corps est inexplicable. Mais ici encore nous devons faire ce que nous avons déjà fait : accepter les faits qui sont prouvés et nous résigner à ignorer ce que nous ne pouvons connaître. L'âme existe à titre de principe un, simple, identique et actif; la conscience l'atteste. Le corps existe, à titre d'assemblage multiple de molécules; les sens l'attestent. La raison prouve que l'âme simple n'est pas identique au corps multiple. L'expérience prouve que la plus étroite union existe entre ces deux principes. A côté de ces résultats certains se posent des problèmes insolubles. Quelle est la nature de l'âme? Comment est-elle unie au corps? La sagesse veut que nous ne mettions pas en question ce qui est connu et certain, à cause de difficultés ultérieures que nous ne pouvons résoudre.

III.

Les trois vies de l'homme.

Connaissant maintenant ce qu'est l'homme, nous pouvons jeter un coup d'œil d'ensemble sur les phénomènes qui s'accomplissent en lui.

On peut ramener ces phénomènes à diverses classes, que l'on peut considérer comme divers degrés de vie. Il y a dans l'homme la vie *végétative*, la vie *sensitive* et la vie *rationnelle* et *morale*.

La vie *végétative* se compose des fonctions de *nutrition*, de *digestion*, de *circulation du sang*, etc. Il est probable que l'âme intervient dans ces phénomènes à titre de principe vital du corps et de lien entre les éléments qui le composent. Ce qui est certain, c'est que ces fonctions cessent quand l'âme a quitté le corps. Ces phénomènes sont inconscients, ou du moins la conscience en est très vague.

La vie *sensitive* se compose principalement des sensations physiques et des mouvements. On peut y joindre la perception des corps extérieurs et une certaine connaissance des personnes produisant des affections personnelles et des passions. Cette vie est commune à l'homme et aux animaux. L'âme opère les fonctions de cette vie, mais en union avec le corps d'une manière très étroite.

La vie *rationnelle* et *morale* est propre à l'homme. Elle comprend la connaissance des idées générales, celle des principes de la raison, le sentiment du devoir et l'exercice de la liberté. Les opérations de cette vie sont purement spirituelles ; elles sont l'œuvre de l'âme seule ; néanmoins l'âme est toujours liée à l'organisme et n'agit qu'avec le concours du cerveau ou du moins sous la condition que cet organe soit dans son état normal.

La vie rationnelle et morale est évidemment supérieure aux deux autres qui lui sont subordonnées.

Il y aurait désordre à donner la première place à la vie sensitive ou à la vie végétative.

Pour maintenir ces vies inférieures dans leur rang, il faut les discipliner et réprimer leurs appétits. C'est l'œuvre de la volonté qui doit créer des habitudes contraires aux appétits désordonnés. C'est une des grandes tâches de l'éducation.

Mais, en réprimant et en disciplinant ces vies inférieures, il ne faut pas les détruire ni les affaiblir outre mesure, car elles sont nécessaires à l'homme pour l'accomplissement de sa destinée. Il y a sur ce point une mesure à garder.

Nous reviendrons sur cette question lorsque nous aurons étudié la loi morale à laquelle l'homme doit obéir, et la fin à laquelle il est destiné.

Résumé.

I. Question posée au sujet de la nature des phénomènes psychologiques. — Simplicité de l'âme. — Son identité durable. — Son activité. — L'âme est une force simple, identique, active, intelligente et libre.

II. L'âme est distincte du corps. — Elle est distincte du cerveau, elle est immatérielle. — Réponse à certaines objections. — Union intime de l'âme et du corps. — Influence du physique sur le moral et du moral sur le physique. — L'union de l'âme et du corps est incompréhensible.

III. Les trois vies de l'homme. — Vie végétative. — Vie sensitive. — Vie rationnelle et morale. — Supériorité de cette dernière vie. — Nécessité de réprimer et de discipliner les vies inférieures. — Mesure à garder dans cette tâche.

LIVRE II.

MORALE THÉORIQUE.

1re PARTIE.

La loi morale en elle-même. — Son principe. — Son auteur. — Sa sanction.

CHAPITRE Ier.

FAIT EXPÉRIMENTAL DU SENTIMENT DE L'OBLIGATION MORALE. — UNIVERSALITÉ DE CE FAIT. — DISTINCTION DU DEVOIR ET DE L'INTÉRÊT. — IDÉE DE LA SANCTION MÉRITÉE ET PRÉVUE.

I.

L'obligation morale.

Toute la morale repose sur un fait fondamental et primordial.

Ce fait consiste en ce que les hommes se sentent *obligés* à faire certaines actions et à en omettre d'autres, bien que cependant ils ne soient pas *contraints*, et qu'ils aient la puissance de faire, s'ils le veulent, ce qui leur est défendu, ou d'omettre ce qui leur est prescrit.

Il faut faire le bien ; il ne faut pas faire le mal.

Il y a un bien qu'il faut faire qui est obligatoire.

Le mal ne doit pas être fait ; il est prohibé.

Le bien qu'il faut faire, le bien obligatoire s'appelle le **devoir,** parce qu'on *doit* le faire.

Tel est le témoignage de la conscience de tous les hommes sans exception.

Si l'on effaçait cette vérité de la conscience, toute la morale s'écroulerait.

Ce fait fondamental mérite une étude approfondie ; nous devons chercher quelles sont les idées qu'il contient et qu'il implique. Toute la morale doit en sortir.

Observons d'abord la différence fondamentale qui existe entre l'obligation et la contrainte.

Au premier abord, ces deux notions se ressemblent. Toutes deux indiquent un lien, une direction dans un certain sens, un obstacle à marcher dans un autre sens. Toutes deux s'expriment par une même métaphore matérielle ; être lié, être traîné, tiré dans un sens, retenu dans un autre.

Néanmoins il y a une profonde différence. L'être contraint ne peut absolument agir en sens opposé à la contrainte. L'être obligé peut le faire, mais ne le doit pas.

Attachez un homme à un arbre avec une chaîne qu'il ne puisse pas rompre, et qui ne lui permette de s'en éloigner que de trois pas ; quelques efforts qu'il fasse il ne pourra pas s'éloigner de l'arbre.

Laissez l'homme libre ; tracez un cercle autour de l'arbre, persuadez-lui qu'il doit rester près de l'arbre, qu'il y est obligé, que c'est son devoir. L'homme pourra franchir le cercle ; il en aura la capacité physique. Néanmoins il ne pourra le faire qu'en manquant à son devoir, il sera retenu par un lien moral.

Un vieux vers latin proverbial exprime cette ressemblance entre les lois qui lient la liberté et les liens physiques :

Nos præcepta ligant, taurorum cornua funes,

« nous sommes liés par les préceptes, comme les cornes des taureaux sont liées par des cordes. »

La contrainte détruit la liberté physique d'agir ; l'obligation la laisse subsister.

Mais en revanche la contrainte n'agit pas sur la volonté ; elle n'empêche pas l'homme attaché de vouloir s'éloigner.

L'obligation s'adresse au contraire à la volonté, et lui prescrit ce qu'elle doit vouloir ; néanmoins elle ne la force pas.

Après avoir distingué l'obligation morale de la contrainte, il importe de la bien distinguer de l'*attrait du plaisir*, de la *crainte* et de l'*intérêt*.

Considérons encore un homme placé, cette fois, non plus auprès d'un arbre, mais auprès d'un foyer et supposons que la température soit cruellement froide. Cet homme est retenu auprès du foyer par l'*attrait de la chaleur*. Il n'est pas *contraint physiquement* ; il est retenu par un *attrait intérieur*. Mais est-il

4

obligé moralement? Nullement, il pourrait s'écarter d'auprès du feu sans commettre de faute. Dans certaines circonstances même il devra le faire : il sera obligé à s'écarter, tandis qu'il sera retenu par l'attrait de la chaleur.

La même analogie peut s'appliquer au cas où il s'agirait de la crainte d'un danger. Qu'un homme sache qu'au delà de telle limite il sera exposé à l'attaque d'un animal furieux, ou qu'il pourra être atteint par des projectiles, il ne dépassera pas la limite. Mais c'est alors la *crainte*, ce n'est pas le *devoir* qui le retient. Ce qui le prouve c'est que, dans certains cas, c'est le devoir même qui oblige à braver le danger.

Ainsi, outre le lien physique de la contrainte, il y a encore deux liens d'espèce distincte qui agissent sur l'homme : l'un, celui du plaisir ou de la crainte ; l'autre, celui de l'obligation morale ou du devoir.

L'obligation morale est donc un fait spécial, un fait *sui generis*, distinct des autres faits psychologiques, distinct de la crainte, de l'attrait du plaisir et de l'intérêt.

C'est un fait d'un autre ordre, qui n'a pas de proportion avec les autres. Le devoir est absolu : il doit être accompli à tout prix, au prix même de notre vie. Il serait absurde de sacrifier sa vie pour un plaisir ou pour un intérêt personnel ; car en perdant la vie, on perdrait en même temps le bien auquel on la sacrifie.

Il est au contraire raisonnable de sacrifier sa vie pour le devoir.

II.

La sanction méritée.

L'idée de l'obligation ne va pas seule. Elle entraîne nécessairement d'autres idées à sa suite.

Celui qui fait son devoir *mérite* par là deux choses, l'estime des hommes et une récompense.

Celui qui manque à son devoir est digne de mépris et mérite un châtiment.

Ces idées sont encore universelles et primitives. De même que tous les hommes ont l'idée du bien qu'il faut faire et du mal qu'il ne faut pas faire, tous ont l'idée qu'il est *juste* que le bien soit récompensé et le mal puni.

Les idées de **mérite** et de **démérite** accompagnent partout celles de bien ou de mal moral.

Observons en quoi cette nouvelle idée consiste.

Elle établit entre le bien et la récompense, entre le mal et le châtiment un lien *de droit*, un lien *de justice*, un lien analogue à celui de l'obligation morale elle-même.

De même que l'homme *doit* faire le bien et éviter le mal, de même le bien *doit* être récompensé et le mal *doit* être puni.

L'un et l'autre lien subsistent lors même que les faits leur seraient contraires. Bien qu'en fait l'homme puisse faire et fasse souvent le mal, il *doit* toujours faire le bien. L'obligation peut être violée, elle ne s'affaiblit pas.

De même l'homme qui a fait le bien peut n'être pas récompensé ; il peut souffrir et être méprisé, il n'en a pas moins *droit* à être récompensé.

L'homme qui a fait le mal peut éviter le châtiment ; il peut être heureux sur la terre ; il n'en est pas moins *juste* qu'il soit puni ; il *doit* toujours être puni, bien qu'il ne le soit pas.

Comme ce lien est absolu, il est universel ; toutes les bonnes actions *doivent* être récompensées ; toutes les mauvaises actions *doivent* être punies.

Cette observation prouve que cette idée de la sanction méritée ne vient pas de l'expérience. L'expérience, en effet, nous montre très souvent le fait contraire au droit, la vertu privée de sa récompense, le vice évitant le châtiment.

Ce n'est donc pas au dehors, c'est au dedans de nous-même, dans notre conscience que nous trouvons cette conviction indestructible : le bien doit être récompensé, le mal doit être puni.

III.

Sanction prévue.

Mais ce n'est pas tout, et si nous continuons à interroger le cœur humain, nous y trouverons encore une autre conviction profondément gravée, et qui subsiste malgré des expériences nombreuses qui sembleraient la démentir.

Cette récompense méritée par la vertu, ce châtiment encouru par le vice, nous croyons qu'ils seront réalisés.

L'homme vertueux ne sait pas seulement qu'il a droit à une récompense; il attend, il espère cette récompense.

Si le bonheur lui arrive, il voit dans ce bonheur l'effet de ses bonnes actions. S'il reste malheureux, il sait que le bonheur lui est dû; il attend le moment où la justice s'accomplira, où il possédera ce à quoi il a droit.

Non seulement il se dit : la récompense *doit* arriver, en ce sens qu'il est juste qu'elle arrive; il se dit encore : elle *doit* arriver, en ce sens qu'elle arrivera un jour. La langue française ici atteste par le sens équivoque du terme *devoir* l'union de ces idées.

De même celui qui a fait le mal ne sait pas seulement qu'il a mérité le châtiment; il sait que le châtiment viendra; il le craint, il l'attend avec terreur; s'il jouit du bonheur, il sent que ce bonheur ne lui est pas dû et il voit venir le jour de la vengeance. S'il est frappé par le malheur, il reconnaît dans les maux qui lui arrivent, non seulement la conséquence juste, en droit, mais la conséquence effective de sa faute.

Comment, maintenant, doit s'accomplir cette sanction? Qui est chargé de récompenser et de punir? Où et quand la justice exercera-t-elle tous ses droits?

Ce sont des questions ultérieures qui résultent du fait moral que nous examinons. Nous trouverons les hommes plus divisés sur les conséquences que sur le fait lui-même, et nous discuterons leurs opinions.

Mais le fait subsiste. De quelque manière, en quelque lieu, sous quelque forme, par quelques mains que la sanction doive être accomplie, la conscience prévoit et annonce qu'elle le sera. Elle sait que la récompense est promise, que le châtiment est annoncé par la même autorité qui impose de faire le bien et d'éviter le mal. C'est la même justice que nous sommes tenus d'observer, qui est tenue de nous récompenser, et chargée de nous punir. L'obligation qui s'impose à nous, qui règle notre activité, la sanction que nous devons recevoir ou subir sont comme les deux côtés d'une même règle, les deux tranchants d'un même glaive. Dans l'une comme dans l'autre, c'est la justice, source du droit et du devoir, qui se manifeste à notre conscience.

IV.

Caractère désintéressé du devoir.

Le motif du devoir, quand on le considère en lui-même, et abstraction faite de la sanction qui en est la conséquence, est éminemment désintéressé.

Faire son devoir, c'est faire le bien, le bien absolu en soi, et non chercher son propre bien.

Fais ce que dois, advienne que pourra, telle est la maxime du devoir.

Il semble que l'idée de la sanction modifie ce caractère du devoir. Il semble, au premier abord, que du moment que le bien mérite une récompense et doit l'obtenir, et que le mal doit être et sera puni, le bien ne soit plus fait pour lui-même, mais pour la récompense et que le mal ne soit évité qu'à cause du châtiment.

Mais un examen plus attentif de l'idée de la sanction montre qu'il n'en est rien. Bien loin d'affaiblir le caractère désintéressé du bien, l'idée de la sanction l'implique en elle-même et ne saurait en être séparée.

Qu'est-ce, en effet, que la sanction? C'est la récompense ou le *bonheur mérité*. C'est le châtiment ou le malheur *justement encouru*.

Mais comment le bonheur peut-il être mérité, si ce n'est par celui qui a fait *le bien*? Avant d'avoir droit à la récompense, il faut avoir été vertueux.

Comment le malheur peut-il être juste, si ce n'est parce que celui qui l'encourt a fait *le mal*? Avant d'être exposé au châtiment, il faut avoir été coupable.

Faire le bien et faire le mal, être vertueux ou être coupable, sont donc des faits antérieurs logiquement à l'idée de récompense et de châtiment, et par conséquent indépendants de cette idée.

Poursuivre une récompense, c'est se dire : je vais d'abord faire le bien, et je serai récompensé.

Craindre un châtiment, c'est se dire : cette action est mauvaise, et ensuite, si je la fais, je serai puni.

Éclaircissons ces idées par des exemples : Un homme voit un

4.

de ses semblables qui est près de se noyer; il se jette à l'eau pour le sauver. Il peut faire cet acte sans penser aux conséquences, d'une manière purement désintéressée. Mais il peut aussi se dire : Je le sauverai et j'aurai pour récompense l'estime de mes semblables. Son acte sera peut-être moins purement désintéressé, cependant, par le fait qu'il cherche une récompense, il cherche d'abord à faire un acte vertueux. Le bonheur qu'il espère est uni au bien moral dont il doit être la conséquence.

Voici, au contraire, un homme qui ne pense qu'à acquérir des richesses par tous les moyens. Il se jette également à la nage, mais pour s'emparer d'un objet précieux placé sur l'autre rive du fleuve, sans s'informer si cet objet a un propriétaire, s'il lui est permis de l'acquérir.

Que cherche cet homme? Une récompense? Nullement, il cherche simplement une richesse, un bonheur temporel, sans aucun rapport avec le bien.

Son acte est-il semblable à celui du premier? Nullement. Celui qui s'est jeté à l'eau pour sauver un homme cherchait un bonheur, mais un bonheur mérité par une action *bonne*; l'autre cherche un bonheur quelconque.

Et où se trouve la différence entre l'un et l'autre? Précisément dans cette idée du bien absolu, du bien en soi, de l'action qui est un devoir, idée que le premier poursuit et à laquelle le second est étranger.

La *récompense* diffère donc du *profit*, du *gain*, du simple *bonheur*, en ce qu'elle est méritée par le bien, c'est-à-dire en ce que, même en la poursuivant, l'homme qui la cherche a l'idée désintéressée du bien.

Voici maintenant un homme armé qui, rencontrant un autre homme au coin d'un bois, se dit : Si je le tue, je ferai mal et je serai puni. Il évite l'action mauvaise par crainte du châtiment.

Un autre homme se trouvant à la guerre, en face des ennemis de sa patrie, se cache en se disant : Si je me montre, je serai tué.

Comparons les actions de ces deux hommes.

Tous deux craignent un mal et évitent de faire une action par cette crainte.

Mais le premier craint un châtiment, le second ne craint

qu'un malheur. Le premier évite une action, parce qu'étant mauvaise elle sera punie; le second omet une action noble et généreuse, parce qu'elle l'expose à une souffrance.

Le premier, évidemment, affirme l'idée du bien et du devoir; le second n'en tient pas compte. Le premier agit par conscience; le second ne fait qu'un acte de prudence.

Ainsi l'idée du bien désintéressé est fait pour lui-même, et l'idée du bien récompensé, bien loin de se contredire et de s'exclure, sont au contraire étroitement unies entre elles. A quelque hauteur de désintéressement que l'on s'élève, il est impossible de faire disparaître l'idée que le bien mérite une récompense et qu'il doit la recevoir. En revanche, du moment qu'on cherche une récompense et non un profit, qu'on craint un châtiment juste et non un malheur on affirme l'idée du bien absolu, et on agit déjà par un sentiment en partie désintéressé.

Tel est le grand fait, constaté d'une manière universelle par la conscience de tous les hommes. On peut le résumer en quatre assertions.

L'homme se sent, par sa conscience, obligé, bien que non contraint, à faire certaines actions appelées bonnes et à en éviter d'autres appelées mauvaises.

Les bonnes actions méritent une récompense. Les mauvaises méritent un châtiment.

La récompense et le châtiment mérités par les bonnes et les mauvaises actions doivent être réalisés tôt ou tard.

Le bien peut être fait pour lui-même et d'une manière désintéressée. Quand il est fait pour la récompense, l'idée même de récompense contient un élément désintéressé. Il en est de même de la crainte du châtiment.

Résumé.

Fait expérimental du sentiment de l'obligation. — Tous les hommes se sentent obligés. — Le bien doit être fait, le mal doit être évité. — Distinction entre l'obligation morale et la contrainte physique, entre la même obligation et l'influence du plaisir et de la peine. — Caractère absolu du devoir. — Idée de la sanction. — La sanction est méritée. — Lien entre le bien et le bonheur, entre le mal et le malheur. — Ce lien est d'ordre moral comme le lien du devoir. — Sanction prévue. — Témoignage de la conscience. — L'obligation et la sanction sont les deux tranchants du glaive de la justice. — Caractère désintéressé du devoir. — L'idée de sanction ne détruit pas ce caractère : au contraire, elle l'implique. — Différence entre une récompense et un profit, entre un châtiment et un malheur.

CHAPITRE II.

NÉCESSITÉ D'UN PRINCIPE SUPÉRIEUR A L'HOMME POUR EXPLIQUER L'OBLIGATION MORALE. — TÉMOIGNAGE DE L'HUMANITÉ RELIGIEUSE.

I.

La loi morale exige un principe supérieur.

Tous les hommes se sentent obligés à faire le bien et à éviter le mal.

Tous les hommes croient mériter et espèrent une récompense quand ils font le bien, tous se sentent dignes d'un châtiment et le craignent quand ils font le mal.

Avant d'examiner si ces croyances sont bien fondées, nous allons chercher si elles se soutiennent par elles-mêmes d'une manière isolée, ou si, au contraire, elles ne contiennent pas et ne supposent pas d'autres croyances auxquelles elles sont liées.

Or, il suffit d'examiner attentivement le fait de sentiment de l'obligation pour reconnaître qu'il suppose la croyance à un être supérieur à l'homme.

Qu'est-ce, en effet, que l'obligation ? C'est un lien, c'est un obstacle à agir de telle ou telle manière, c'est une prescription ou une défense.

Or, un lien doit s'attacher à quelque chose, un obstacle suppose une réalité qui nous gêne, une prescription ou une défense supposent un être qui prescrit ou qui défend.

Il faut un fondement et une source à la loi morale.

Où maintenant trouverons-nous ce fondement ?

Est-ce dans l'homme lui-même ? Est-ce moi qui me pose une limite, qui m'oblige moi-même à bien faire ?

Évidemment non. Je subis l'obligation, je ne la crée pas; je la reconnais et je m'y soumets, je n'en suis pas l'auteur.

Cette obligation est contraire à beaucoup de mes désirs; elle est violée dans un grand nombre de mes actes. Comment pourrai-je à la fois la créer et la violer, l'établir et la détruire ?

Sont-ce les autres hommes qui m'imposent l'obligation de faire le bien et d'éviter le mal ?

Mais de quel droit imposeraient-ils leur volonté à ma conscience ?

Les hommes font des lois, sans doute, mais pour que ces lois m'obligent, il faut qu'ils aient une autorité déjà reconnue par ma conscience.

Comment pourraient-ils créer eux-mêmes cette autorité dont dépend celle qu'ils possèdent?

Les autres hommes, d'ailleurs, ne sont pas plus infaillibles ni impeccables que moi. Ils pourraient s'accorder tous à me demander une chose injuste : je ne devrais pas la faire, la conscience me le défendrait. Ma conscience ne dépend donc pas d'eux.

Seraient-ce les êtres inférieurs, le monde physique, la nature, les végétaux et les animaux qui m'imposeraient l'obligation de faire le bien et d'éviter le mal?

Mais ces êtres sont aveugles, ils ignorent le bien et le mal. Ils sont d'ailleurs mes inférieurs. Ils n'ont pas le droit de me commander.

Serait-ce, comme l'ont dit certains philosophes, *ma propre nature, la nature humaine* qui serait la source de l'obligation morale?

Mais que signifie ce terme *ma nature?* C'est un terme abstrait, il n'indique pas une autre réalité que moi-même ou mes semblables. Or, nous avons vu que ni moi ni mes semblables ne suffisons pour expliquer l'obligation morale.

Sans doute, c'est en moi, c'est dans ma conscience que se trouve le sentiment de l'obligation. Me sentir obligé fait partie de ma nature. Mais ce n'est pas ma nature qui est cause de l'obligation; nature d'un être libre et dépendant à la fois, ma *nature* est *obligée* elle-même. Elle porte la loi morale gravée en elle-même, mais elle ne crée pas cette loi; elle connaît et cherche le bien, mais elle n'est pas le bien même.

Comment, d'ailleurs, ma nature pourrait-elle être la source du bien moral, puisqu'elle est faillible et peccable? Comment pourrait-elle être le support réel d'une loi absolue, puisqu'elle est sujette à violer cette loi et à la contredire?

La loi morale nous apparaît comme éternelle et universelle. Le bien est toujours le bien, le mal est toujours le mal. Elle s'impose à tous les êtres libres qui peuvent exister. S'il y a dans quelque planète des êtres libres, ces êtres doivent être obligés à faire le bien et à éviter le mal.

Comment donc le fondement d'une loi éternelle et universelle serait-il dans la nature d'un être tel que l'homme qui n'existe que depuis quelques siècles, et qui pourrait disparaître?

Il faut donc monter plus haut que l'homme.

Le principe de l'obligation morale, l'être qui est la source du bien, celui envers qui nous sommes liés, c'est un être réel, supérieur à l'homme, un être unique, un être parfaitement juste, c'est Dieu.

Affirmer l'obligation morale, c'est implicitement affirmer son principe qui est Dieu.

Croire à l'obligation morale, c'est implicitement croire en Dieu.

Cette vérité deviendra plus évidente si nous considérons l'idée de la sanction si étroitement unie à celle de l'obligation.

Nous avons besoin d'un principe supérieur pour nous lier, pour nous imposer le devoir. Ce principe est nécessaire également, sinon davantage, pour constituer notre droit à la récompense, et pour unir le châtiment au péché.

Que signifierait, en effet, ce droit à une récompense, s'il n'y avait personne à qui incombât la charge de récompenser? Que signifierait ce châtiment attaché au mal, s'il n'y avait personne qui fût chargé de punir?

De même que l'obligation porterait en l'air s'il n'y avait pas de principe dont l'homme dépendît, de même la sanction serait illusoire et chimérique si elle ne se rapportait pas à un rémunérateur du bien et à un vengeur du mal.

Les idées de mérite et de démérite, de châtiment et de récompense seraient en ce cas des idées illusoires, des notions contradictoires; ces mots seraient vides de sens.

En déclarant que le bien mérite une récompense et le mal un châtiment, nous disons implicitement que la justice existe, qu'elle est réelle. Nous affirmons implicitement le Dieu qui nous juge.

Mais ce n'est pas tout, et la conscience va plus loin. Non seulement l'idée de Dieu, étant contenue dans la notion de l'obligation morale et de la sanction, se trouve affirmée implicitement avec ces notions, mais elle l'est d'une manière plus claire et plus explicite encore par la conscience elle-même, lorsque la conscience prévoit et attend une sanction réelle.

Si j'ai fait le bien, non seulement j'ai droit à une récompense, mais j'aurai cette récompense. Je l'attends, elle ne me manquera pas.

Tel est le témoignage de la conscience. Mais dire cela, c'est dire que la justice existe réellement, ou en d'autres termes qu'il y a un être suprême juste. D'où viendrait, en effet, cette récompense, sinon d'une justice vivante existant quelque part?

Non seulement, si je fais mal je mérite d'être puni, mais je serai puni; la justice pourra être lente, mais elle m'atteindra.

Tel est le cri de la conscience de l'assassin, du voleur; telle est la voix que l'on cherche vainement à étouffer, qui poursuit au milieu même des honneurs, de la richesse et de l'estime mal acquise des hommes, celui qui a violé la loi morale.

Or, cette grande voix de la conscience, cette voix de l'humanité, cette force indestructible du remords, que signifient-elles? Elles ne signifient qu'une chose, c'est que le juge existe, c'est qu'il y a un œil qui a vu les crimes les plus cachés, et une main qui saura les atteindre. Cette crainte dernière et suprême, sans laquelle toute société humaine s'écroulerait, qu'est-elle, sinon une croyance au Dieu vengeur du crime?

Et, chose singulière, lorsqu'on cherche à détruire dans les cœurs cette crainte salutaire, la nature humaine proteste et témoigne d'une autre manière de sa dépendance envers l'Être juste qui parle dans son cœur. Au témoignage de la crainte succède celui de la haine et de la révolte. Elle a beau essayer de se moquer de Dieu et de sa justice; elle n'en parle pas de sang-froid. Elle ne se rassure contre Dieu qu'en blasphémant contre lui.

Il peut y avoir, nous le verrons plus loin, des hommes vertueux, chez qui la croyance en Dieu est ébranlée. Mais l'athée coupable, l'athée blasphémateur n'est qu'un esclave révolté. Il voudrait détruire le nom et le culte de Dieu, parce que ce nom et ce culte l'importunent.

Ainsi, la vertu par son espérance et sa confiance en la récompense, le crime par ses terreurs, le crime endurci par sa révolte et ses blasphèmes, tout en un mot dans la nature morale de l'homme rend témoignage à ce principe suprême du bien, d'où découlent à la fois le droit et le devoir, la récompense et le châtiment.

II.

Croyance de l'humanité à un principe supérieur de la morale.

L'idée que l'obligation morale et la sanction dépendent d'un principe supérieur à l'homme se trouve dans la croyance de tous les peuples.

Partout la morale a été considérée comme unie à la religion. Le Dieu suprême ou les dieux sont considérés comme chargés de récompenser la vertu et de punir le crime. Le bien, c'est ce que Dieu veut et commande; le mal, c'est ce qu'il réprouve.

Chez certains peuples, à la place d'un Dieu personnel, c'est une espèce de loi suprême, mais une loi supérieure à l'homme, clairvoyante, puissante et efficace, qui sert de fondement à l'ordre moral. Telle est l'idée de fatalité vengeresse de la tragédie grecque; telle est, dans certains livres chinois, l'idée du ciel, qui commande le bien et défend le mal, qui récompense et punit. Dans la doctrine boudhiste, celle où l'idée d'un Dieu suprême est le plus complètement écartée, il existe une loi physico-morale, éternelle, d'après laquelle les fautes sont nécessairement punies et les bonnes œuvres récompensées. Cette loi est supérieure à l'humanité, elle gouverne le monde selon une justice inexorable.

Partout, au milieu des plus graves erreurs et des conceptions les plus diverses sur la divinité, se retrouve cette idée que la morale vient d'en haut, d'au-dessus de l'homme, que la loi de la conscience est imposée à l'homme par quelque chose qui lui est supérieur, et que la récompense et le châtiment viennent également d'une puissance céleste.

A ce témoignage si imposant de toutes les religions, preuve manifeste des instincts profonds du cœur humain, on a fait une objection.

On a dit que cette idée des rapports étroits entre la morale et la religion provenait uniquement des religions positives, que ce n'était pas au nom de la conscience, mais au nom d'une révélation extérieure que la défense de faire le mal était attribuée aux dieux et considérée comme l'expression de leur volonté.

Comme d'ailleurs, ces religions positives se contredisent sur certains points, on en a conclu que ce qu'il y a d'universel dans la morale provient, non des idées religieuses, mais uniquement de la conscience humaine, sans rapport avec Dieu.

Il est facile de répondre à ces objections.

Sans doute, les religions positives admettent une révélation extérieure de certaines vérités morales, mais elles ne nient pas qu'il n'existe une autre manifestation de ces vérités dans la conscience des hommes. Tout au contraire, on trouve, dans les livres sacrés de ces religions, l'idée que l'homme converse intérieurement avec Dieu, qu'il est éclairé par la lumière divine dans son cœur. Ce commerce personnel avec la divinité n'est nullement opposé à l'idée d'une révélation extérieure. Il faut, au contraire, qu'il y ait une révélation de Dieu dans la conscience, pour que la révélation extérieure ait une véritable autorité morale. S'il n'y avait qu'une voix extérieure qui ne correspondît à aucun sentiment intime du bien et du mal, du juste et de l'injuste, la divinité serait considérée comme une simple puissance douée de force et capable d'inspirer la terreur; on lui obéirait par crainte, on ne se croirait pas réellement obligé de la servir.

Or, cette conception d'un pouvoir surnaturel, arbitraire et tyrannique, sans rapport avec la morale, ne se rencontre que dans quelques cultes grossiers. Dans toutes les grandes religions de l'antiquité, l'idée d'une Providence morale, commandant le bien et défendant le mal, est très manifestement exposée. Cette même idée se retrouve chez la plupart des peuples simples et barbares. Les hommes ont donc partout uni l'idée du bien et du mal, tels qu'ils sont gravés dans la conscience, à l'idée de la divinité.

Quant à la seconde forme de l'objection, celle qui se fonde sur la diversité des religions positives et leurs contradictions partielles, elle est également sans valeur.

Si, en effet, les diverses religions se contredisent sur certains points, elles ont, en revanche, des traits communs. C'est dans ces traits communs que l'on doit trouver ce qu'il y a de vraiment universel, de vraiment propre à la nature humaine dans les diverses croyances.

Or, la croyance que la morale se rattache à l'idée de la divinité est précisément un de ces traits communs de toutes les grandes religions.

Que si, de plus, on insistait sur ce fait que les religions contiennent l'idée d'une révélation extérieure des vérités morales, comme cette révélation extérieure n'exclut nullement la révélation intérieure par la conscience, notre argument ne serait nullement ébranlé. La seule conclusion légitime que l'on pourrait tirer de ce fait serait que Dieu, tout en manifestant sa loi dans la conscience, l'aurait à l'origine promulguée extérieurement et communiquée aux premiers hommes pour être transmise à leurs descendants. Cette conséquence ne ferait que rendre plus étroit le rapport entre la morale et la religion.

Nous pouvons donc conclure que l'idée d'une morale indépendante de Dieu et purement humaine est une idée nouvelle et contraire au témoignage universel de l'humanité. Nous aurons à examiner plus loin si cette idée n'est pas une pure contradiction et si une morale indépendante de Dieu n'est pas une morale indépendante du principe même de la morale, et par conséquent, vaine et illusoire.

Résumé.

I. L'obligation suppose un principe. Ce principe ne peut être ni l'homme, obligé lui-même, ni les autres hommes, ni la nature humaine abstraite, ni aucun être inférieur à l'homme. Ce principe, c'est un être juste, supérieur à l'homme.

La sanction méritée suppose un principe supérieur chargé de rémunérer et de punir. La prévision de la sanction est l'affirmation de l'existence de cet être.

II. Le témoignage de tous les peuples s'accorde en faveur d'un principe supérieur et céleste de la morale. — Cette doctrine provient de la conscience et non pas seulement de la révélation extérieure. Si même elle provenait d'une révélation extérieure, l'universalité de la croyance à ce principe divin de la morale prouverait que cette révélation est primitive dans l'humanité.

CHAPITRE III.

DE LA PERFECTION MORALE. — DU BIEN MORAL NON OBLIGATOIRE. — DE L'IDÉAL MORAL. — LA MORALE, CONSIDÉRÉE AU POINT DE VUE DE LA PERFECTION, DÉPEND DE DIEU.

Le bien moral ne se présente pas toujours à notre conscience sous l'aspect d'une obligation rigoureuse et d'une loi que l'on ne peut violer sans être coupable.

Il est des actions que nous déclarons bonnes, méritoires,

dignes de louanges, et qui cependant ne sont pas obligatoires.

Tels sont un grand nombre d'actes de dévouement. Tels sont les actes de ceux qui renoncent à leurs propres droits et se sacrifient pour le bien de leurs semblables malheureux ou de l'humanité en général.

Personne n'hésite à qualifier ces actions de *bonnes*. Et cependant elles ne sont pas l'opposé d'actions mauvaises. Ce sont des actions meilleures que d'autres ; omettre de telles actions n'est pas un mal, c'est un moindre bien.

Nous donnons souvent à ces actions un autre nom.

Nous les appelons de *belles actions*.

La beauté, dans l'ordre moral, est attribuée aux actes plus élevés et plus dignes d'éloges que ceux qui sont conformes à la moralité ordinaire.

Il arrive cependant que des actions qui sont obligatoires sont qualifiées de belles, parce qu'elles sont d'un ordre exceptionnel et supérieur, et exigent une force spéciale de volonté. L'acte héroïque de d'Assas pourrait être considéré comme un acte de devoir ; mais pour accomplir une telle obligation au péril de sa vie, il faut un grand courage. Aussi cette action est-elle appelée belle ; on l'appelle aussi une action *héroïque*.

On voit, par ce qui précède, que la conformité à une loi obligatoire n'est pas le seul caractère du bien moral. Il y a une idée du bien plus large et plus compréhensive, qui comprend à la fois le bien rigoureusement obligatoire et le bien qui dépasse l'obligation.

Si nous cherchons quels sont les traits communs de toutes ces actions bonnes, nous pouvons indiquer les deux suivants :

1° En elles-mêmes, elles sont conformes à un type idéal de perfection. Nous avons l'idée de ce que l'homme devrait être, non seulement pour ne pas être coupable, mais pour être parfait. Cette idée de l'homme parfait, sans défauts, sans tache, agissant toujours du mieux possible, n'est pas réalisée ici-bas ; tous les hommes que nous connaissons sont imparfaits. Mais l'idée de perfection est en nous, nous l'entrevoyons.

Elle couronne comme une auréole les meilleurs hommes que nous connaissons, bien que nous nous apercevions bientôt qu'ils ne sont pas conformes au type que nous avions imaginé ; que, par quelque côté, ils s'en écartent et restent au-dessous de ce qu'ils devraient être. C'est la conformité plus ou moins grande à ce type idéal que notre raison conçoit qui est la vraie mesure de la bonté et de la beauté des actions.

2° Comme les actions obligatoires, les actions belles et bonnes non obligatoires ont droit à une récompense. Néanmoins, l'idée de la récompense n'étant plus, dans le cas actuel, opposée à celle du châtiment si l'action est omise, est moins frappante pour la conscience. Mais, en revanche, une idée analogue se manifeste avec éclat. Les actions bonnes sont essentiellement dignes d'éloges. L'approbation leur revient. Une action *bonne* et une action *louable* sont des termes presque synonymes. Il y a néanmoins une distinction entre ces termes. L'action est *bonne* en elle-même, *intrinsèquement*, sans rapport avec autre chose que le type idéal de la beauté. Elle est, en outre, et par conséquent, digne d'être approuvée, digne d'être louée par ceux qui la connaissent.

Tels sont les caractères du bien non obligatoire. En les examinant avec soin, nous trouvons qu'ils contiennent, aussi bien que l'obligation morale proprement dite, l'idée d'un Être supérieur à l'homme.

D'où viendrait en effet cette idée de perfection, ce type idéal de bonté que notre raison conçoit. Est-ce de nous-même? Mais nous sommes imparfaits, nous sommes beaucoup au-dessous de ce type. Ce n'est pas non plus de ceux qui nous entourent, ils sont aussi au-dessous de ce qu'ils doivent être.

Pour que cette idée soit dans notre esprit, pour qu'elle nous soit ainsi intimement présente, de telle sorte que nous lui comparions les êtres et les actions que nous voyons ou que nous sentons, ne faut-il pas qu'elle soit réalisée quelque part? Comment l'idéal parfait sortirait-il d'une nature imparfaite? Comment cette nature produirait-elle ce qu'elle ne contient pas?

L'Être parfait existe donc, et c'est un reflet et une image de sa beauté qui est répandu dans notre âme. C'est d'en haut que vient dans notre raison et dans notre conscience ce type de perfection auquel nous essayons vainement de nous conformer. C'est au-dessus de nous, c'est dans un Être qui nous domine d'une hauteur infinie, que se trouve le pôle de cette attraction vers le bien et le beau, qui nous élève au-dessus de nous-même. S'il n'y avait rien au-dessus de l'homme, ce serait la moralité purement humaine, avec ses imperfections et ses défaillances, qui serait pour nous la règle suprême du bien. Qui ne voit combien cette règle serait défectueuse ? Qui ne voit combien l'horizon moral serait abaissé ?

Si le dévouement, le sacrifice et l'héroïsme subsistaient en fait avec une pareille morale, ce seraient des sentiments et des actes sans principe ; on pourrait presque les qualifier de folie.

Nous arrivons à la même conclusion si nous examinons le second caractère des actions bonnes, celui d'être dignes d'éloges et d'approbation.

Ce caractère essentiel des actions bonnes, se confondant presque avec leur bonté, ne suppose-t-il pas qu'il y a un Être dont la mission est d'approuver et de louer toutes ces actions ? Or, à qui appartient cette fonction ? Est-ce aux autres hommes ?

Évidemment non. Leur approbation effective, variable et incertaine, ne saurait être un caractère essentiel et inséparable des bonnes actions. Le juste est souvent méprisé et calomnié, sans cesser pour cela d'être juste. Un grand nombre d'actions, et des meilleures, restent cachées et par conséquent ne sont pas susceptibles d'être louées et approuvées par les hommes.

Prendre pour règle de conduite de rechercher uniquement l'estime des hommes, ce serait une morale imparfaite, grossière et souvent hypocrite.

Est-ce notre propre approbation, celle de notre conscience, qui confère à nos actions bonnes ce caractère d'actions approuvées, d'actions dignes d'éloges ?

Sans doute c'est notre conscience qui nous fait discerner, par son blâme et son approbation, les actions mauvaises et les actions bonnes ; mais ce témoignage de la conscience est-il suffisant pour donner au bien son caractère absolu et universel ? Lorsque nous nous trompons, lorsque notre conscience faillible est dans l'erreur, nous pouvons blâmer ce qui est bon, approuver ce qui est mal. Ce qui est bon cesse-t-il pour cela d'être louable ? ce qui est mal d'être méprisable ?

Concluons que ce n'est ni dans les éloges ou le blâme des autres, ni seulement dans le témoignage de la conscience individuelle que se trouve le fondement de ce caractère des bonnes actions qui fait qu'elles sont louables.

Il faut remonter plus haut. Si les bonnes actions sont louables par essence, c'est qu'il existe un *témoin* qui les voit toutes, et qui leur confère le degré d'approbation qu'elles méritent. Ce *témoin* universel est en même temps un *témoin* parfaitement juste; c'est Dieu. Les actions bonnes sont approuvées par Dieu, elles plaisent à Dieu. Celui qui fait ces actions, à cause de leur bonté intrinsèque, les fait implicitement pour être agréable à ce témoin invisible et incorruptible.

Ainsi tout dans la morale nous ramène à la pensée de l'Être suprême. Le bien tout entier, le bien obligatoire, comme celui qui n'entraîne pas d'obligation, est suspendu au principe de tout bien, à la source de toute perfection, au type idéal de toute beauté. Sans Être suprême juste, point d'obligation qui soit fondée, point de sanction qui ne soit illusoire; sans Être parfait, point d'idéal, point de tendance à la perfection; sans témoin invisible, point d'approbation qui corresponde à ce qu'exige la nature même du bien.

C'est donc à Dieu que conduit, c'est vers Dieu que remonte toute la morale.

Examinons maintenant comment l'existence de cet Être suprême peut être prouvée, et quelle est sa nature.

Résumé.

Outre le bien obligatoire, il y a une autre espèce de bien. — Il y a un bien opposé au moindre bien, et non au mal. — Les bonnes et belles actions sont conformes à un type idéal et parfait que notre raison conçoit. — Elles sont essentiellement dignes d'approbation et d'éloge. — Le type idéal, c'est un être parfait qui se manifeste à notre esprit. — L'approbation essentielle suppose un témoin invisible et perpétuel, qui n'est autre que Dieu.

CHAPITRE IV.

PREUVE DE L'EXISTENCE D'UNE CAUSE PREMIÈRE JUSTE ET BONNE.

Le témoignage de la conscience que nous avons analysé nous a conduit à admettre un principe juste et parfait, supérieur à l'homme, d'où doivent découler à la fois l'obligation morale, la sanction, l'aspiration à l'idéal, l'approbation due aux belles actions.

Ce principe supérieur ne se manifeste pas seulement de cette manière. Fondement de l'ordre moral, il est aussi la cause de l'ordre qui règne dans l'univers visible. Il est la seule explication de l'existence du monde et de l'homme.

Il est utile, il est nécessaire même d'étudier ces preuves de l'existence de Dieu. Elles ne sont pas plus certaines que celles qui résultent de la conscience morale, mais elles sont plus claires et plus frappantes : en tout cas, elles les confirment. Elles nous permettent de considérer sous divers aspects cet Être suprême qui nous a créés et de mieux comprendre les devoirs que nous devons lui rendre. Ces preuves donnent une certitude plus grande à l'ordre moral tout entier. Si Dieu n'était connu que par la conscience, on pourrait se demander s'il n'est pas une création de notre esprit et de notre cœur. En rencontrant au dehors les marques de son existence et de sa puissance, nous sommes garantis contre tout doute de ce genre.

I.

Principe de causalité.

Dieu n'est pas visible. Il ne tombe pas sous nos sens.

Son existence n'est pas non plus une vérité immédiatement évidente par la raison.

Dieu est connu par ses œuvres, qui sont les marques et les signes de son existence et de sa puissance.

Pour s'élever des œuvres de Dieu jusqu'à leur auteur, il faut se servir d'un principe, que l'on nomme **principe de causalité**. Voici l'énoncé de ce principe :

Tout ce qui commence d'exister, tout ce qui survient, tout ce qui arrive est produit par une cause.

Ce principe est tellement évident qu'il est impossible de le contester.

Mais notre raison va plus loin. Non seulement elle déclare qu'il faut une cause à chaque effet, mais elle dit qu'il faut que cette cause soit *proportionnée* à l'effet, qu'elle ait la *puissance suffisante* pour le produire.

Jamais on n'admettra qu'un léger souffle renverse une pyramide d'Égypte. Jamais on n'attribuera à un sauvage un tableau de Raphaël.

Il y a entre l'effet et la cause un rapport nécessaire, tant au point de vue de la grandeur de l'effet que de sa perfection.

Si nous cherchons avec plus de soin en quoi ce rapport consiste, nous voyons que l'**effet** ne saurait être **plus puissant ni plus parfait que sa cause,** ou, en d'autres termes, que le **moins ne saurait produire le plus.**

On peut faire, il est vrai, contre ce principe de bon sens, une objection fondée sur certaines apparences.

Il arrive souvent qu'un grand effet semble produit par une petite cause. Ainsi, une explosion qui renverse une muraille semble produite par le choc d'une capsule. Un chêne sort d'un gland semé dans la terre. En poussant un bouton, on fait apparaître un majestueux phénomène de lumière électrique.

Mais il est facile de répondre à cette objection.

L'événement précédent qui détermine dans ces cas l'apparition du phénomène n'en est pas la *vraie cause*, il n'en est que l'*occasion* ou la *circonstance déterminante*, ou, tout au plus, la *cause partielle*.

Le choc de la capsule a pour effet de mettre en branle la vraie cause de l'explosion, c'est-à-dire les gaz qui se dégagent de la poudre ou de la dynamite et dont la force élastique suffit à produire l'explosion.

Même explication pour la lumière électrique. La pression du bouton, en rapprochant les pôles de la pile, provoque le développement de la force invisible et cachée qui était accumulée dans les éléments. C'est cette puissance, et non le mouvement du bouton qui produit le phénomène lumineux.

Le gland jeté dans la terre est sans doute la cause partielle de la croissance du chêne. Mais le chêne ne croîtrait pas s'il n'y avait d'autres éléments propres à s'assimiler à l'individu végétal qui se développe. Ce n'est donc pas le gland seul, c'est le gland avec son principe interne de vie d'une part, et d'autre part l'ensemble des substances qui nourrissent l'arbre qui sont la cause de sa croissance.

Il n'y a donc rien dans la nature qui contredise réellement le principe évident que tout effet exige une cause suffisante, et que la perfection et la puissance de l'effet ne peuvent dépasser celles de la cause.

Il faut néanmoins observer que ce n'est pas sur l'expérience qu'est fondé ce principe. Un grand nombre de causes réelles sont invisibles et ne peuvent être connues que par leurs effets. Il arrive souvent que les causes apparentes sont plus faibles que les effets. Il est facile de confondre les circonstances déterminantes avec les causes efficientes véritables. Souvent même ces circonstances sont appelées causes en langage vulgaire. Néanmoins la raison affirme avec certitude ce principe fondamental : un grand effet peut naître à l'*occasion d'une petite cause*, mais il ne peut être *produit* par une *petite cause*.

II.

Application du principe.

Appliquons maintenant à l'univers le principe de la proportion entre les causes et leurs effets.

Et d'abord, si nous considérons l'univers dans son ensemble, nous devons reconnaître qu'il est l'œuvre d'une **cause unique.**

Les mêmes lois régissent en effet l'univers tout entier. Les corps les plus différents les uns des autres, les astres qui se trouvent à des milliards de lieues de notre globe, obéissent aux mêmes lois de mécanique et de physique.

Le polythéisme, ou l'idée que l'univers provient d'une multitude de causes et de dieux distincts, est anéanti par les découvertes scientifiques modernes.

En second lieu, cette cause unique est **intelligente.**

Nous voyons, en effet, dans l'univers la marque de l'intelligence, c'est-à-dire l'*ordre*, la *disposition* des *moyens* pour une *fin*.

Considérons le corps humain tel qu'il est décrit par les anatomistes. N'est-ce pas une machine admirablement disposée pour produire certains effets? Le cœur est une véritable pompe aspirante et foulante qui envoie le sang jusqu'aux extrémités du corps; le cœur est associé dans les poumons à l'appareil respiratoire. L'appareil digestif, également composé d'organes qui tendent tous à un même but, l'assimilation des aliments, est également en communication avec l'appareil circulatoire et l'appareil respiratoire. Les jonctions des muscles avec les os, les articulations qui relient ceux-ci entre eux, sont des prodiges de mécanique. Le sytème nerveux est un véritable réseau télégraphique correspondant avec l'encéphale et la moelle.

Cette admirable machine croît et grandit sans s'altérer; elle répare elle-même les désordres que certains accidents pourraient accomplir en elle.

Mais cette machine n'est pas isolée. Elle est, d'une part, dans un rapport étroit et mystérieux avec l'âme, lui communiquant des sensations qui l'avertissent de ce qui se passe au dehors et recevant les ordres de sa volonté.

Elle est en rapport avec le monde extérieur. L'œil, cette admirable lunette vivante, est disposé pour recevoir l'impression des vibrations lumineuses. L'éther invisible reçoit ces vibrations des corps lumineux et les transporte jusqu'à l'œil.

L'oreille, instrument de musique à plus de 2,000 fibres vibrantes, est adapté aux vibrations de l'air. L'air reçoit ces vibrations des corps sonores et les transporte jusqu'à l'oreille. De là, elles se propagent le long du nerf acoustique pour arriver au cerveau et à l'âme.

L'estomac est fait pour digérer des aliments. Ces aliments se trouvent dans la nature; la terre produit le blé et les fruits qui servent à nourrir l'homme. L'oxygène nécessaire pour transformer le sang veineux en sang artériel se rencontre dans l'air, dans la proportion voulue.

La nature a également disposé autour de l'homme tout ce qui lui est nécessaire, les animaux qui lui servent d'auxiliaires, le bois et les métaux qui servent à ses constructions, etc., etc.

Nous n'avons considéré cet ordre du monde que par le côté où il touche à l'homme et aux animaux qui ressemblent à l'homme. C'est, en effet, le côté, que nous connaissons le mieux. Dans le reste de l'univers, nous voyons des lois régulières, mais il ne nous est pas toujours aussi facile de saisir un plan. Cela n'a rien d'étonnant, puisque nous sommes placés dans un coin du monde, il est tout naturel que nous apercevions la pensée de Dieu dans ce qui nous entoure et que le plan de l'ensemble nous échappe.

Maintenant, comment expliquer cette adaptation si merveilleuse, si ce n'est par une cause intelligente qui a créé le corps de l'homme, son âme et l'univers qui nous entoure, et qui les a ainsi disposés d'une manière si harmonieuse.

Supposer que cet accord se soit fait par hasard, c'est une véritable absurdité. Supposer qu'un être aveugle et sans intelligence ait ainsi disposé différents éléments pour en former un tout, c'est comme si l'on supposait qu'un animal ou une machine aveugle a construit par ses propres forces une cathédrale et disposé, chacune à leur place, les pierres d'une voûte majestueuse.

Rappelons-nous le principe que la cause doit être proportionnée à l'effet, et nous reconnaîtrons qu'une cause aveugle est impuissante pour réaliser l'ordre; si elle le faisait, ce serait *le moins produisant le plus*. Il est donc prouvé que le monde est produit par une cause première intelligente.

Mais ce n'est pas tout, et le même principe de causalité peut nous faire connaître d'autres attributs de la cause du monde.

En effet, l'homme est l'œuvre de cette cause. Tout ce qu'il y a de perfection dans l'homme doit donc se trouver dans la cause qui l'a produit. L'homme a conscience de lui-même et de ses actes. C'est une de ses perfections. Il est supérieur aux êtres qui ne se connaissent pas. Dieu, cause de l'homme, doit se connaître et avoir conscience de lui-même. L'homme est doué d'un cœur aimant. Dieu doit être plein d'amour.

L'homme connaît et aime le bien et la justice. Dieu doit être bon et juste.

L'homme conçoit l'idée d'une perfection absolue sans imperfections. Cette idée ne saurait venir d'une nature imparfaite si elle ne lui était révélée par un être parfait. Donc Dieu doit être parfait, sans cela, le moins produirait le plus; l'être faillible et imparfait inventerait l'idéal et la perfection absolus.

On le voit donc avec clarté, étant donné le principe, la conséquence s'ensuit nécessairement. Étant donné que la cause ne peut être inférieure à l'effet, le monde et l'homme qui connaît le monde ne peuvent être que l'œuvre d'un être intelligent, juste et parfait.

Le Dieu que la loi morale demande comme fondement, est donc un Dieu réel et vivant. La conscience nous attestait directement son existence puisqu'elle est sa voix intime dans notre âme. La raison vient à l'appui de ce témoignage, et se fondant sur le principe évident que le moins ne saurait produire le plus, elle nous déclare qu'il serait absurde qu'il pût exister des hommes bons et justes dans le monde si le principe de l'univers n'était pas bon et juste lui-même.

III.

Du système de l'évolution.

En présence de ce double témoignage, nous pouvons nous demander comment il peut exister des athées. Il en existe cependant, et ils emploient, pour échapper à cette évidence d'un Être parfait, principe de l'univers, diverses hypothèses chimériques. Nous n'en examinerons qu'une, la plus populaire de nos jours, celle qui prétend s'appuyer sur la science et porte le nom de *système de l'évolution.*

Suivant ce système, il n'y aurait eu au commencement qu'une matière sans vie. Dans cette matière se seraient formés spontanément des êtres vivants. Puis ces êtres se seraient perfectionnés graduellement de la manière suivante : certains êtres se seraient trouvés plus forts que d'autres et mieux adaptés à vivre dans un certain milieu. Ces êtres plus forts auraient exterminé les autres, et, transmettant leur force par hérédité à leurs descendants, ils auraient produit une race supérieure. Suivant la nature des milieux, diverses races se seraient développées, avec des organes adaptés à ces milieux, parce que les races ainsi organisées auraient eu l'avantage sur les autres. C'est ainsi que se seraient formées les espèces animales, et l'homme serait le dernier terme de cette évolution.

Nous n'avons pas à discuter ce système au point de vue scientifique. La science a condamné la génération spontanée et prouvé que les êtres vivants sortent toujours d'un germe vivant. C'est le résultat incontesté des admirables travaux de M. Pasteur. La question de savoir s'il se produit de nouvelles espèces est discutée par les savants. Rien ne prouve que l'homme ait été produit de cette manière.

Mais nous pouvons dire que, lors même que toute la théorie de l'évolution serait vraie, il faudrait toujours admettre un Dieu.

En effet, tout dans ce système résulterait du développement d'une matière première sans vie. Mais une telle matière est par elle-même incapable de devenir vivante. La vie est le plus ; l'absence de vie est le moins ; le plus ne saurait sortir du moins.

Si la matière inorganique se transformait en matière vivante, ce ne pourrait être que par l'action d'un être vivant, c'est-à-dire de Dieu.

Les espèces ne pourraient se perfectionner qu'en vertu d'une puissance qu'elles auraient reçue d'un être plus parfait que la plus parfaite d'entre elles.

Pour que les divers organes fussent produits par l'action des milieux, il faudrait, outre la puissance productive des êtres vivants, une série de milieux disposés avec ordre, de manière à donner l'avantage aux races pourvues de certains organes.

Mais qui peut avoir disposé ces milieux, sinon une cause intelligente qui a prévu leur effet?

Enfin, du moment que l'homme serait le dernier terme de l'évolution, il faudrait que cette évolution elle-même fût l'effet d'un principe supérieur à l'homme, c'est-à-dire d'un principe intelligent, juste et bon.

Quand nous voyons une nappe d'eau sortir du sol, nous pouvons croire qu'elle sort actuellement d'une région inférieure, mais nous savons que primitivement elle doit descendre d'un réservoir plus élevé que le niveau où elle parvient.

De même, quand il serait vrai (et cela n'est nullement prouvé) que l'homme proviendrait immédiatement de la transformation et du développement de certains animaux inférieurs à lui, il n'en serait pas moins certain qu'à l'origine la cause première des animaux et de l'homme doit contenir et surpasser toutes les perfections de l'humanité (1).

Le système de l'évolution peut être considéré sous deux aspects. On peut supposer que l'évolution est dirigée par un créateur intelligent qui a créé les éléments matériels et dirigé leur développement. Dans ce cas, ce système est une hypothèse plus ou moins bien fondée, mais qui ne dispense pas de la nécessité de croire en Dieu.

On peut supposer que l'évolution se fasse spontanément et aveuglément; alors l'hypothèse devient absurde : c'est le moins produisant le plus, c'est le hasard produisant l'ordre.

Donc, encore une fois, s'il est vrai, et cela est évident, que tout effet suppose une cause qui lui soit proportionnée, l'existence de l'univers suppose une cause intelligente, juste, bonne et parfaite, supérieure au monde visible, à l'homme et aux pensées les plus élevées de l'homme.

Cette cause, c'est le Dieu que notre conscience avait déjà révélé et qui se manifeste ainsi dans l'univers.

(1) Le récit inspiré de la Genèse ne permet pas de croire que l'homme ait été formé par évolution; il a été directement produit par Dieu, son corps ayant été formé du limon de la terre, et son âme tirée du néant par une création de Dieu.

Résumé.

I. Le principe de l'ordre moral est aussi le principe de l'ordre physique. — Dieu est invisible et n'est connu que par un raisonnement fondé sur le principe de causalité. — Tout effet est produit par une cause proportionnée. — Le moins ne saurait produire le plus. — Réponse à l'objection tirée des causes apparentes plus faibles que l'effet. — Ce ne sont pas les causes totales des phénomènes.
II. Application du principe à l'univers. — Le monde a une cause unique. — Cette cause est intelligente. — L'ordre et la finalité existent dans la nature. — Exemples tirés du corps humain et des objets nécessaires à l'homme. — La finalité suppose l'intelligence. — Le Créateur de l'homme doit être plus parfait que l'homme. Il doit se connaître lui-même, être juste et bon.
III. Hypothèse de l'évolution. — Cette hypothèse ne dispense pas d'avoir recours à Dieu. — L'évolution spontanée et aveugle est absurde.

CHAPITRE V.

ATTRIBUTS DE DIEU. — DIEU CRÉATEUR ET SOUVERAIN SEIGNEUR.

I.

Attributs de Dieu.

Nous avons reconnu qu'il existe un Dieu, auteur de l'ordre physique et de l'ordre moral.

Que savons-nous maintenant de cet être, et comment pouvons-nous en déterminer les attributs?

Nous avons pour cela deux principes sûrs :

En premier lieu, Dieu est la *cause universelle* du monde et des êtres que le monde contient.

Par conséquent, Dieu doit posséder d'une manière éminente *toutes les perfections* de ces êtres, *tout ce qui, dans ces êtres, est tel qu'il vaille mieux le posséder qu'en être privé.*

Sans cela, il y aurait dans l'effet ce qu'il n'y a pas dans la cause; le moins produirait le plus.

En second lieu, Dieu est le *premier* des êtres; il est la cause *première*, il n'est *produit* ni *causé* par un autre être.

Par conséquent, on ne doit admettre en Dieu aucune propriété qui suppose qu'il soit produit par une cause supérieure.

Au moyen du premier principe, nous avons déjà reconnu que Dieu possède les propriétés de l'âme humaine, l'intelligence, la conscience de soi, l'amour, la bonté, la justice.

En effet, s'il ne possédait pas ces propriétés, il serait inférieur à l'homme.

Au moyen du second principe nous voyons d'abord que Dieu n'a pas de corps, qu'il est *un pur* esprit; un *être simple*.

En effet, s'il avait un corps, il serait composé d'éléments distincts liés ensemble. De plus, comme il lui faudrait une âme, puisqu'il possède l'intelligence et l'amour, propriétés de l'âme, il faudrait que son âme fût unie à son corps.

Mais alors il faudrait qu'une cause supérieure eût réuni et assemblé les éléments qui composeraient le corps de Dieu, qu'elle eût joint le corps et l'âme de Dieu ensemble.

Dieu ne serait donc plus le *premier* être. Il y aurait un Être supérieur qui ne pourrait plus avoir de corps, et qui serait le seul vrai Dieu.

Dieu est donc un être simple, un pur esprit.

Par un raisonnement semblable en partant de ce que Dieu est le premier être, nous découvrons d'autres attributs. Dieu doit être éternel, sans commencement ni fin. Il doit être infiniment parfait, car s'il n'avait qu'une perfection limitée, la limite aurait dû être posée par un être supérieur qui serait le vrai Dieu. Il doit être immuable, car tout changement est une imperfection.

Nous pouvons donc définir ainsi Dieu considéré en lui-même :

Dieu est un pur esprit, éternel, immuable, infiniment parfait, doué d'intelligence et d'amour.

II.

Dieu créateur du monde.

Dieu est évidemment le principe de l'ordre qui existe dans le monde.

L'ordre ne peut être que l'œuvre d'une intelligence.

Mais Dieu est-il le principe du monde lui-même? comment le produit-il?

Les réponses à cette question sont très diverses parmi les philosophes. Elle est cependant facile à résoudre d'après les principes que nous avons posés.

Il y a quatre principales opinions au sujet de ces rapports entre Dieu et le monde.

Selon la première opinion, Dieu ne serait que le *principe* de l'*ordre*; la *substance* du monde ne serait pas l'œuvre de Dieu, elle serait éternelle. Dieu serait, comme les ouvriers humains, obligé de chercher en dehors de lui une matière première de son œuvre.

Selon la seconde, Dieu serait le *monde même*. Dieu serait le grand Tout comprenant tous les êtres. Cette doctrine s'appelle le panthéisme.

Selon la troisième, le monde sortirait de Dieu par *émanation*; Dieu tirerait le monde de lui-même, comme l'araignée fait sa toile.

Selon la quatrième enfin, Dieu créerait le monde de rien, par sa seule volonté.

La première opinion n'est plus soutenue de nos jours. On ne comprend pas, en effet, ce que serait cette matière première du monde, en laquelle il ne pourrait pas y avoir d'ordre, ni de lois, puisque l'ordre vient de Dieu. Quelque loin que la science pénètre dans l'intérieur des corps, elle trouve partout l'ordre, le nombre, la mesure; les atomes chimiques se combinent dans des proportions arithmétiques; les molécules élémentaires ont des formes géométriques.

D'un autre côté, comment cette matière première imparfaite serait-elle éternelle? Dieu est éternel, mais il est en même temps parfait et immuable; c'est un mystère qui est au-dessus de notre raison. Mais une matière imparfaite, destinée à être organisée, ne peut pas être éternelle; ce serait une absurdité.

La seconde opinion, ou le panthéisme, est enseignée de nos jours par beaucoup de philosophes. C'est cependant une doctrine contraire à la raison et même au bon sens.

Dire que Dieu est la même chose que le monde, c'est dire qu'un pur esprit, infiniment parfait, intelligent, juste et bon, est la même chose qu'un monde composé de matière, plein d'imperfections, et qu'une nature aveugle et inconsciente, qui ne connaît ni le bien ni le mal.

C'est une contradiction absolue. Selon cette doctrine encore, nous serions une partie de Dieu, nous serions Dieu; quelle absurdité?

Enfin, si Dieu était tout, Dieu serait aussi bien le criminel que l'homme vertueux; ce serait Dieu qui commettrait les crimes.

Observons que Dieu, tel que le conçoivent les panthéistes,

n'a aucun rapport avec le principe moral que notre conscience atteste et réclame. Ce que la conscience demande, cet Être en qui elle croit, c'est un être *supérieur* à l'homme, par conséquent au monde entier ; c'est un *législateur* et un *juge*. C'est parce que le principe de la loi morale et sa sanction ne se trouvent ni dans l'homme ni dans le monde que la conscience demande un Être supérieur. Lui dire que cet Être n'est autre que le monde même, c'est se moquer.

Dire que Dieu est le monde, c'est dire qu'il n'y a pas de véritable Dieu. Le panthéisme est un athéisme déguisé.

La troisième opinion n'est pas plus admissible. Comment, si Dieu est un esprit pur, le monde pourrait-il émaner de la substance de Dieu ?

L'émanation suppose une division de la substance, qui n'est possible que quand il s'agit d'une substance matérielle. L'araignée produit sa toile de la substance de son corps qui est divisible. Il est absurde de supposer que Dieu tire le monde de sa substance qui est spirituelle, simple et sans parties.

Reste la dernière opinion, la seule conforme à la raison.

Elle consiste à dire que Dieu a créé le monde par sa seule volonté.

Sans doute nous ne comprenons pas comment il a pu le faire. Sans doute Dieu, en créant l'univers par sa volonté seule, a fait une œuvre que nous ne pouvons pas accomplir.

L'homme et tous les êtres inférieurs ne peuvent que transformer une matière déjà existante.

Dieu seul peut créer, comme Dieu seul est éternel, comme Dieu seul est parfait.

Dieu est un être supérieur à tous les autres, différent de tous les autres, un être transcendant. Il ne faut pas lui appliquer les règles qui résultent de l'expérience appliquée aux êtres inférieurs.

Les autres êtres sont imparfaits, ils ont une puissance limitée. Dieu est tout puissant. Les autres êtres sont causes partielles ; ils ont reçu le pouvoir d'exercer leur action sur une certaine portion de la matière.

Dieu leur a tracé leur tâche, et leur fournit la matière nécessaire.

Dieu, cause universelle, cause première, crée l'univers entier ; il lui donne à la fois sa matière, sa forme, sa substance et son organisation. Il fait cela, et il peut le faire seul, parce qu'il est l'Être éternel, le Tout-Puissant, l'Être suprême.

III.

Dieu souverain maître.

Si Dieu est le créateur de l'univers, il s'ensuit qu'il en est le maître et le Seigneur souverain. La justice gravée dans notre conscience, qui est l'image de la justice éternelle, déclare que l'œuvre appartient à l'ouvrier qui l'a faite. Ce principe, fondement de la propriété limitée de l'homme sur certaines parties de l'univers, est le fondement de l'absolue et universelle souveraineté de Dieu.

Le monde a donc un maître souverain. L'homme, l'être le plus haut placé dans la hiérarchie des créatures qui nous soient connues, a également un maître auquel il doit obéir et qu'il doit respecter. L'autorité suprême de ce maître est éternelle et indestructible.

Cette vérité, conséquence dernière du raisonnement appliqué à l'ordre moral et à l'ordre physique, est l'explication des opinions diverses qui règnent parmi les hommes sur l'origine du monde.

En vertu du principe de causalité gravé dans la raison de l'homme, en vertu du principe que le moins ne saurait produire le plus, l'intelligence remonte jusqu'à une cause universelle et suprême, jusqu'au Dieu parfait et créateur.

Mais la conséquence directe de cette démonstration étant que l'homme est obligé de reconnaître un maître, l'orgueil humain regimbe et résiste. Un grand nombre d'hommes veulent être leurs propres maîtres, ou n'avoir au-dessus d'eux que des maîtres qu'ils méprisent ou qu'ils peuvent changer ou renverser. Ils s'efforcent alors, par des sophismes, d'ébranler la grande vérité que proclament à la fois la raison et la conscience. Ils ne veulent pas de Dieu, parce qu'ils ne veulent pas de maître.

Mais la conscience droite, interrogée de bonne foi, répond que nous avons au-dessus de nous un maître et un juge, contre lequel nous pouvons nous révolter par l'abus de notre liberté, mais auquel nous ne pouvons pas échapper.

Résumé.

I. Principes pour découvrir les attributs de Dieu. — La cause doit contenir les perfections de l'effet. — Dieu est le premier être non produit par une cause. — Par le premier principe nous reconnaissons que Dieu est un être intelligent, juste et bon. — Par le second principe, nous voyons qu'il est spirituel, incorporel, éternel et infiniment parfait.

II. Rapport de Dieu et du monde. — Il faut rejeter le dualisme, le panthéisme et l'émanatisme. — Le système vrai est celui de la création.

III. Dieu étant créateur est souverain maître de l'univers. — L'orgueil et l'esprit de révolte, sources de l'athéisme.

CHAPITRE VI.

PROVIDENCE DIVINE.

I.

Dogme de la Providence.

Dieu est le *créateur* de l'univers. Mais après avoir créé son œuvre, il ne l'*abandonne* pas et il *veille* sur elle.

Infiniment parfait, Être tout puissant, il sait tout, il *voit* tout, il *prévoit* tout ce qui doit arriver.

Infiniment *juste* et *bon*, il *aime* ses créatures, il *veille* sur elles.

Il gouverne par des lois générales l'ensemble de l'univers. C'est ce que l'on nomme sa **Providence générale.**

Il s'occupe de chacune de ses créatures, et rien ne leur arrive sans qu'il le sache et qu'il l'ait voulu. C'est sa **Providence spéciale**.

Ici encore, il faut que nous nous élevions, pour connaître Dieu, au-dessus de nos idées habituelles.

Une créature ayant une puissance finie ne peut s'occuper que d'une portion de l'univers. Plus son action devient générale, moins elle s'occupe des individus.

Dieu, dont la puissance et la science sont infinies, peut s'occuper de tous les êtres dans le plus grand détail, sans pour cela éprouver de fatigue.

La Providence de Dieu, et surtout sa Providence spéciale, est la croyance la plus douce et la plus consolante qui puisse exister dans le cœur humain. C'est un immense adoucissement aux peines et aux inquiétudes de la vie de nous sentir entre les mains d'un Père qui nous aime et que nous pouvons invoquer. Rien n'est plus désespérant, au contraire, que de douter de la Providence et de se croire entre les mains d'une destinée cruelle et fatale que nous ne pouvons pas fléchir.

Néanmoins, ce dogme de la Providence est sujet à des objections qui ont une apparence plausible.

Nous pouvons nous demander pourquoi, le monde étant créé et gouverné par un Dieu bon et juste, le mal s'y rencontre; pourquoi les souffrances de l'humanité sont si grandes, pourquoi il y a tant d'injustices apparentes dans la marche des événements, pourquoi les bons sont si souvent dans le malheur, pourquoi les méchants semblent si souvent échapper au châtiment qui leur est dû.

II.

Réponse aux objections.

Pour répondre à ces objections, il faut avant tout faire une observation de la plus haute importance.

C'est que nous sommes très mal placés pour connaître ou comprendre dans leur ensemble les desseins de Dieu. Nous n'habitons qu'un petit coin de l'univers; notre science est extrêmement bornée. Notre vie est courte et nous ne savons pas ce que nous devenons après la mort, ni quelle pourrait être notre condition dans une autre existence.

Dans une telle situation, il serait souverainement imprudent de juger les desseins de la Providence.

Cette réflexion étant faite, nous pouvons cependant examiner les conditions du problème.

Et d'abord, quant au mal moral, son origine est facile à deviner. L'homme est libre; il peut choisir entre le bien et le mal. Ce choix est l'épreuve même qui lui est imposée.

Le mal moral peut donc être attribué à l'abus de la liberté des créatures.

La liberté est un bien et une perfection, mais c'est un bien dont le mal peut sortir.

La seconde espèce de maux est le mal de la souffrance. Ce mal est appelé souvent par les philosophes mal physique, mais l'expression est impropre, car il y a des souffrances morales ou souffrances du cœur, qui équivalent aux souffrances physiques si elles ne les dépassent pas.

Le mal de la souffrance peut avoir diverses origines.

Il peut être la conséquence directe ou le châtiment du mal moral ou du péché.

Il peut être la conséquence indirecte du péché, par l'effet de la solidarité qui réunit en un seul corps et fait participer à une même destinée les familles, les nations, l'humanité entière.

Cette solidarité, tout étrange qu'elle soit, n'est pas contraire aux instincts de la nature humaine. Sans doute il serait injuste que le péché d'un homme fût imputé à un autre homme comme s'il l'avait commis lui-même, et puni avec la même rigueur. Mais la conscience admet que l'homme supporte dans une certaine mesure la peine des fautes de ses parents ou de ses compatriotes. Cette solidarité, pour le bien comme pour le mal, est un des liens qui rattachent les hommes entre eux.

Une troisième cause de souffrances consiste dans les lois générales qui gouvernent les événements de ce monde.

Bien que Dieu, étant l'auteur des lois du monde, puisse leur apporter des exceptions, il n'est évidemment pas tenu de le faire toujours, et les malheurs individuels peuvent être ainsi le résultat de l'effet des lois générales.

Enfin, on peut admettre que la souffrance est envoyée à l'homme comme épreuve, qu'il peut en profiter pour devenir meilleur et qu'il en sera récompensé plus tard.

Cette dernière explication n'a de valeur réelle qu'autant que l'on admet une vie future. Dans la vie présente, en effet, cette compensation des maux supportés par le juste n'a évidemment pas lieu d'une manière complète.

Mais, du moment qu'on admet une vie future, l'explication est suffisante. Si notre destinée se prolonge au delà de la tombe, Dieu a l'éternité pour réparer tous les maux et manifester sa justice.

III.

Foi dans la Providence.

Le dogme de la Providence est donc prouvé, parce qu'il résulte des attributs de Dieu, et on peut répondre aux objections tirées de l'existence du mal.

Néanmoins, on comprend que ces objections aient une apparence plausible, surtout quand elles se manifestent sous la forme de souffrances réelles. Il y a des gens qui éprouvent dans leur vie les effets de la protection de Dieu. Il y en a qui ne les sentent pas. Ces derniers ont de la peine à conserver leur confiance en la Providence. Le raisonnement qui en démontre l'existence, bien qu'exact, ne leur suffit pas.

Mais, en ce cas, il est permis, il peut même être nécessaire d'avoir recours à d'autres facultés de l'homme. Nous avons dit que, parmi les sentiments les plus puissants du cœur humain, se trouve le sentiment religieux. Ce sentiment, profondément gravé dans notre nature, contient en lui-même, à côté de certaines impressions de respect et de crainte, une confiance naturelle et instinctive dans la protection d'un Être bon et juste. L'homme opprimé tourne naturellement ses regards vers le ciel pour chercher un vengeur et un défenseur. Lorsque la croyance en un Dieu bon est détruite, l'âme ne se sent plus dans l'ordre. Elle peut croire que la Providence n'existe pas; elle sent toujours qu'elle devrait exister.

Ces sentiments si puissants du cœur humain peuvent en ce cas venir en aide à la raison, l'appuyer dans sa faiblesse; ainsi se produit un sentiment d'une espèce particulière, la **foi en la Providence.** L'homme espère et se confie, bien qu'il puisse ne pas apercevoir clairement les preuves qui démontrent qu'il doit le faire.

La volonté libre se trouve alors placée entre les obscurités des objections et les aspirations puissantes du cœur. Elle peut alors choisir et se porter vers l'espérance et la confiance. En agissant ainsi, elle fait un acte raisonnable, car au milieu de toutes les obscurités, l'idée que la justice et la bonté sont réelles, qu'elles sont plus puissantes que le mal, se manifeste au fond même de notre âme. La volonté, en adhérant ainsi à la croyance de la Providence malgré les objections, fait encore un acte moral, que la conscience approuve. L'homme, en effet, soutenu par cette croyance, a plus de force pour faire le bien et accomplir son devoir. Sa nature toute entière s'améliore et se perfectionne par la confiance qu'elle a dans le bien suprême. Privée de cette croyance, au contraire, la nature humaine est troublée dans l'harmonie de ses facultés, elle sent le désordre en elle-même, et sa puissance pour le bien s'amoindrit.

Ainsi, au raisonnement qui démontre la Providence, vient se joindre, par l'effet du cœur et de la conscience, un acte d'adhésion libre, raisonnable et moral, un véritable acte de foi.

Remarquons ici que nous nous sommes appuyé sur le sentiment religieux, tel qu'il existe chez tous les hommes, à quelque religion positive qu'ils appartiennent.

Mais s'il existe une religion positive qui, appuyée sur des preuves solides, parlant, elle aussi, à la raison et au cœur de l'homme, vienne apporter un nouveau témoignage pour confirmer celui de la raison, de la conscience et du cœur, en faveur de la Providence, ne comprend-on pas combien cette foi à la protection divine deviendra plus facile? Si ce Dieu auquel nous arrivons à la fois par le raisonnement, par la conscience et par les instincts du cœur, daignait parler lui-même aux hommes d'une autre manière, leur révéler quelque peu de ses desseins mystérieux, confirmer par une parole et une promesse extérieure cette parole intérieure qu'il prononce dans le cœur, qui ne comprend qu'un tel bienfait devrait être reçu avec reconnaissance, et que l'homme, éclairé et soutenu de cette manière, marcherait plus courageusement dans la route du devoir?

Nous touchons ici à l'un des points de contact entre la religion naturelle et la religion révélée. C'est la religion naturelle seule que nous enseignons dans ce livre, mais nous devons constater que, bien loin d'avoir le droit de rejeter le secours d'une autre lumière, l'humanité en sent le besoin, et que l'âme de bonne foi, qui croit en Dieu de son mieux par sa lumière naturelle, doit appeler et non repousser un enseignement plus clair, plus complet et plus certain sur les perfections divines et sur l'amour de Dieu pour les hommes.

Résumé.

I. Le dogme de la Providence résulte des attributs de Dieu. — Providence générale et Providence spéciale.

II. Objections au dogme de la Providence. — Origine du mal. — Le mal moral expliqué par la liberté. — Le mal physique, par l'idée du châtiment, par la solidarité entre les hommes, par l'effet des lois générales, par l'idée d'une épreuve. — Difficulté de comprendre les desseins de Dieu.

III. Le sentiment religieux vient en aide à la raison. — La foi en la Providence est un acte raisonnable et moral. — Sur ce point, la religion révélée est d'un grand secours pour fortifier et compléter la religion naturelle.

CHAPITRE VII.

DES SANCTIONS DE LA LOI MORALE. — SANCTIONS TERRESTRES DE LA LOI MORALE. — LEUR INSUFFISANCE. — SANCTION DE LA VIE FUTURE.

Toutes les questions s'enchaînent en morale. La loi du devoir nous a conduit à Dieu son auteur. La loi morale d'une part, et d'autre part les attributs de Dieu nous conduisent à l'idée de la vie future. Sans la vie future, la sanction que la conscience annonce ne s'accomplirait pas d'une manière complète. Sans la vie future, les desseins de Dieu seraient inintelligibles, et sa justice et sa bonté seraient démenties.

Au sujet de la vie future on peut se poser quatre questions : Est-elle possible? Est-elle probable? Est-elle certaine? En quoi consiste-t-elle?

I.

Possibilité de la vie future.

La *possibilité* de la vie future résulte de cette vérité que nous avons établie plus haut, que l'âme est *distincte* du *corps*.

Si les phénomènes de sensation, de pensée et de volonté pouvaient avoir pour sujet le corps composé d'organes multiples, composés eux-mêmes de molécules, la vie future serait impossible, parce que la décomposition du corps en ses éléments après la mort ne laisserait subsister aucun individu réel pouvant continuer à vivre.

Mais nous avons vu qu'il n'en est pas ainsi. Si l'étude du corps nous montre qu'il est multiple, la conscience nous affirme que nous sommes une personne, un sujet unique.

Donc, le corps se dissolvant, l'âme subsiste.

On a comparé le corps à un instrument de musique; l'âme est le musicien. Brisez le piano, le musicien reste vivant, prêt à jouer d'un autre instrument ou à faire tout autre travail.

Il est vrai que nous ne savons pas comment l'âme pourra opérer sans l'aide des sens, parce que, dans cette vie, toutes ses opérations se font avec le concours du corps.

Mais du moment que l'âme existe à titre de *substance réelle*,

elle peut survivre au corps, et Dieu peut modifier ses facultés de manière à ce qu'elles puissent agir indépendamment des organes. Ce qui rend cette hypothèse plus admissible, c'est que beaucoup des opérations de l'âme humaine ne sont liées que d'une manière indirecte aux organes. Le cerveau est, il est vrai, la condition de la pensée, mais cette pensée peut se porter sur des objets immatériels, invisibles, intangibles, qui ne se rapportent pas à nos sens.

Quoi qu'il en soit, du moment qu'il y a une âme, il est possible qu'elle survive au corps.

II.

Probabilité de la vie future.

La vie future est *possible* d'après ce que nous avons dit. Mais est-il *probable* qu'elle existe?

Oui, par les raisons suivantes :

1° L'homme a dans son cœur un désir très vif de l'*immortalité*. Il cherche à se survivre autant qu'il le peut. Il désire que son nom soit connu des hommes qui vivront après lui. Il se dévoue pour sa famille et la postérité. Il s'occupe en toutes choses d'un avenir qu'il ne verra pas.

2° L'homme a des aspirations vers un *bonheur infini* qu'il ne peut pas trouver ici-bas.

3° L'homme a des pensées dont l'*objet* est *éternel* : *Dieu*, le *devoir*, le *beau*, le *bien*. Est-il croyable que lui-même soit un être passager?

4° L'homme peut *sacrifier* sa *vie* pour la vertu, ou pour le bien de l'humanité. Est-il croyable qu'il doive périr tout entier et ne jamais jouir du fruit de ses efforts et de ses souffrances?

Toutes ces raisons portent à considérer comme probable l'existence d'une vie future, et même celle d'une vie éternelle, c'est-à-dire l'immortalité de l'âme.

III.

Certitude de la rétribution future.

La *certitude* d'une vie future s'appuie sur le *témoignage* de la conscience, et sur l'idée de la *justice de Dieu*.

La conscience affirme qu'il y aura une sanction, que le mal sera puni et le bien récompensé.

Dieu, principe et soutien de l'ordre moral, est juste ; il doit donc punir le mal et récompenser le bien.

Or, cette sanction n'existe pas d'une manière suffisante dans la vie présente.

Il nous sera facile de nous en assurer en parcourant les diverses sanctions qui peuvent exister sur cette terre.

On peut distinguer quatre espèces de sanctions de la loi morale qui s'accomplissent ici-bas.

Ce sont :

La sanction *naturelle* consistant dans l'effet naturel des actions humaines.

La sanction *pénale* consistant dans les peines infligées par la société.

La *sanction* de l'*opinion publique*, l'estime ou le blâme.

Enfin, la *sanction* de la *conscience*, remords et approbation morale.

1° La sanction naturelle se compose des conséquences naturelles des actions.

Elle comprend, entre autres effets, les *maladies*, suite de l'intempérance ; la *pauvreté*, résultat de la paresse, etc.

Bien que cette sanction soit réelle, son insuffisance est évidente. S'il est, en effet, certains vices et certaines mauvaises actions qui entraînent ces conséquences naturelles, il en est d'autres qui ne produisent pas cet effet. Le paresseux deviendra pauvre ; mais l'homme sans probité pourra s'enrichir. Celui qui se livrera à la débauche sans retenue deviendra malade ; mais celui qui saura se donner des satisfactions coupables avec prudence échappera à ce danger. L'homme passionné souffrira de vives peines morales ; l'égoïste qui ne pense qu'à lui-même les évitera.

2° La sanction *pénale*, qui consiste dans les peines infligées par les hommes.

Elle est encore tout à fait insuffisante. Les lois civiles ne punissent que certains actes, ceux qui sont découverts par les magistrats et qui nuisent à la société.

Les fautes secrètes, les fautes de pensée, échappent à l'action de la justice humaine.

Beaucoup d'actions que la conscience réprouve ne sont pas punies par les Codes des sociétés les plus civilisées.

Les lois civiles punissent, mais elles ne récompensent pas.

3° La troisième sanction est celle de l'*opinion publique*. Elle consiste dans l'*estime* que méritent et obtiennent les gens de bien et dans le *mépris* qui atteint les coupables.

Cette sanction atteint, il est vrai, un plus grand nombre d'actions que la sanction pénale.

Elle peut faire ce que les lois civiles ne peuvent pas, récompenser le bien par l'estime. Cependant elle n'atteint pas toutes les actions. Il y a des fautes secrètes qu'elle ne peut punir. Souvent les hypocrites trompent tous ceux avec qui ils sont en rapport. Quelquefois aussi l'opinion publique est injuste, excuse des fautes véritables, se laisse tromper par la calomnie, ou se montre inique envers la vertu.

4° Reste la sanction de la *conscience*. Celle-ci au premier abord se montre plus exacte et plus complète. Elle s'étend à toutes les actions. Néanmoins sa puissance dépend de la délicatesse de la conscience. Ceux chez lesquels la conscience est peu délicate ou même engourdie n'éprouvent que peu de remords après les plus mauvaises actions. Ceux au contraire dont la conscience est très scrupuleuse, c'est-à-dire les meilleurs, se condamnent eux-mêmes lors même qu'ils font le bien, et ne jouissent pas pleinement de la satisfaction d'avoir agi d'une manière vertueuse.

Cette sanction est donc encore très incomplète. Elle le serait encore plus si l'idée d'une vie future était effacée du cœur. Il y a, en effet, dans les remords, outre la douleur causée par le sentiment d'une faute, la crainte d'un châtiment. Si cette crainte était ôtée, le remords deviendrait très faible, surtout chez ceux qui sont habitués au crime.

Enseignez aux hommes d'une manière pratique et efficace que tout finit à la mort, et vous verrez bientôt chez la plupart d'entre eux tout remords disparaître, si ce n'est au sujet de quelques crimes particulièrement repoussants.

Ainsi les quatre sanctions qui s'accomplissent en cette vie sont insuffisantes pour le rétablissement de l'ordre moral en ce monde.

L'insuffisance de ces sanctions se manifeste d'ailleurs avec plus d'évidence dans les exemples particuliers.

N'y a-t-il pas des hommes parvenus à la richesse et aux honneurs par des moyens illicites, qui arrivent à la fin de leur vie sans être découverts, qui étouffent les remords en eux par une vie de dissipation et de plaisir. Ces hommes, bien qu'ils n'aient qu'un bonheur très imparfait et très troublé, ne sont-ils pas plus heureux qu'ils ne le méritent?

Et d'un autre côté, ne voyons-nous pas des hommes vertueux être accablés de souffrances toute leur vie, pauvres, calomniés, quelquefois enfermés et maltraités ou même mis à mort pour la vérité et la justice? La vertu de ces hommes n'exige-t-elle pas d'une manière absolue une récompense dans une autre vie?

Écoutons, sur ce témoignage de la conscience, la parole éloquente de Rousseau :

« Plus je rentre en moi, plus je me consulte, et plus je lis ces mots écrits dans mon âme : Sois juste, et tu seras heureux. Il n'en est rien pourtant, à considérer l'état des choses; le méchant prospère, et le juste reste opprimé. Voyez aussi quelle indignation s'allume en nous quand cette attente est frustrée! La conscience s'élève et murmure contre son auteur, elle lui crie en gémissant : Tu m'as trompé!

« Je t'ai trompé, téméraire! et qui te l'a dit? Ton âme est-elle anéantie? As-tu cessé d'exister? O Brutus! ô mon fils! ne souille pas ta noble vie en la finissant; ne laisse point ton espoir et ta gloire avec ton corps aux champs de Philippes. Pourquoi dis-tu: la vertu n'est rien, quand tu vas jouir du prix de la tienne? Tu vas mourir, penses-tu? non, tu vas vivre, et c'est alors que je tiendrai tout ce que je t'ai promis.

« Si l'âme est immatérielle, elle peut survivre au corps; et si elle lui survit, la Providence est justifiée. Quand je n'aurais d'autre preuve de l'immatérialité de l'âme que le triomphe du méchant et l'oppression du juste en ce monde, cela seul m'empêcherait d'en douter. Une contradiction si manifeste, une si choquante dissonance dans l'harmonie universelle me ferait chercher à la résoudre. Je me dirais : Tout ne finit pas pour nous avec la vie, tout rentre dans l'ordre à la mort. »

La rétribution du bien et du mal ne se faisant pas ici-bas, il faut donc qu'elle se fasse dans une autre vie.

L'existence de cette autre vie est donc certaine, aussi certaine que la loi morale gravée dans notre âme, aussi certaine que la justice de Dieu.

IV.

Destinée de l'homme après la mort.

Quels seront maintenant le sort et la destinée de l'homme après la mort.

Cette question, différente de la précédente, n'est pas susceptible d'être résolue d'une manière aussi certaine.

On peut, en effet, tout en admettant une rétribution du bien et du mal après cette vie, faire sur la destinée de l'homme après la mort diverses hypothèses.

On peut d'abord se demander si le sort de l'homme est arrêté d'une manière définitive par la mort, ou si, au contraire, après l'épreuve de cette vie, il n'y aurait pas des épreuves ultérieures.

Il ne semble pas que cette question puisse être tranchée d'une manière absolue par la raison seule.

Voici néanmoins ce que l'on peut dire à ce sujet.

Il existe une opinion selon laquelle l'âme ne quitterait un corps que pour passer dans un autre. La nouvelle existence qu'elle commencerait serait la récompense ou le châtiment de l'existence antérieure. L'âme serait, dans cette existence, glorieuse ou humiliée, heureuse ou malheureuse, en proportion des mérites antérieurement acquis.

Nous pouvons dire au sujet de ce système :

1° Que c'est une hypothèse sans fondement ;
2° Que les conséquences de cette doctrine sont funestes pour la moralité humaine.

Et d'abord cette hypothèse est sans fondement.

Aucune raison tirée de l'expérience ne porte à croire qu'au moment qu'un individu meurt, un autre naisse, et que l'âme du premier passe dans le second. Quand un homme meurt, les éléments du corps rentrent dans la circulation générale de la matière ; mais rien n'indique que son âme trouvera immédiatement un nouvel organisme auquel elle s'unirait en repassant ainsi subitement de la vieillesse à l'enfance.

La métempsycose ne pourrait donc pas avoir lieu en vertu d'une loi naturelle et physique. Il faudrait supposer une intervention de Dieu qui donnerait à chaque âme un nouveau corps. Mais cette manière d'agir ne paraît pas conforme à la sagesse de Dieu.

En effet :

6.

1° Pourquoi soumettre à une nouvelle épreuve une âme qui a déjà eu le temps de choisir entre le bien et le mal? La justice exige qu'elle soit récompensée ou châtiée; elle ne demande pas autre chose.

2° Dans ce système, l'âme aurait oublié les fautes dont elle subit la punition, et la vertu dont elle subit la récompense. Ne serait-ce pas une manière bien étrange de récompenser et de punir? Une âme qui, en commençant une vie nouvelle, a oublié entièrement l'ancienne, est-elle bien la même personne, responsable de ses actes passés?

3° Est-ce une récompense suffisante, qu'une vie nouvelle dans laquelle on est exposé à perdre son bonheur en retombant dans le mal?

Ce système est donc une hypothèse sans fondement. Mais de plus cette doctrine est très dangereuse pour la morale. En effet :

1° Les bons seraient découragés par la perspective d'épreuves indéfinies accompagnées de la possibilité constante de retourner au mal et à la souffrance. Nous pouvons voir un effet de ce découragement produit par la pensée de cette série indéfinie d'existences, dans la doctrine de Boudha qui offre aux hommes, comme suprême bonheur et récompense de la vertu, l'anéantissement, qu'il considère comme le seul moyen d'échapper au cercle funeste des existences successives.

2° Les méchants ne seraient plus retenus par le frein de la crainte de Dieu. Ils pourraient toujours se dire : Pendant l'existence actuelle je vais me livrer à mes passions. Dans une autre, je me repentirai.

3° Les souffrances et les infirmités des hommes étant considérées comme des châtiments des fautes passées, les gens malheureux sur la terre seraient dignes de mépris, et les prospérités actuelles étant regardées comme une récompense deviendraient un sujet légitime d'orgueil. Dans l'Inde où régnait la doctrine de la métempsycose, les brahmanes en firent sortir la division en castes; ils considéraient les parias comme des hommes qui, dans une vie antérieure, avaient mérité d'être leurs esclaves.

Ces conséquences funestes tendent à prouver que la doctrine de la métempsycose est fausse, car Dieu n'aurait pas pu établir un système du monde conduisant à des conséquences immorales.

Nous devons donc considérer comme plus probable, au point de vue de la raison, l'opinion opposée, à savoir, que la vie actuelle est un temps d'épreuves qui se termine à la mort, et qu'à partir de la mort le sort définitif de l'âme est irrévocablement fixé. Cette opinion est d'ailleurs confirmée par la tradition la plus ancienne de tous les peuples du monde.

Quelle sera maintenant cette destinée?

Le bon sens nous porte à distinguer trois classes d'hommes.

1° Celle des hommes vertueux, qui ont mérité une récompense;

2° Celle des imparfaits, qui ont hésité entre le bien et le mal, ont commis des fautes et cherché à les réparer;

3° Celle des hommes qui se sont jetés du côté du mal avec obstination et perversité.

Les premiers ont droit à une récompense, et on peut espérer que leur bonheur sera éternel, sans cependant que cela soit certain, car la conscience n'exige qu'une rétribution proportionnée aux mérites et rien ne prouve que l'éternité soit nécessaire pour cette proportion.

Les seconds auront une expiation à subir, mais après leur peine subie, on peut croire qu'ils parviendront à un bonheur éternel.

Quant aux hommes de la troisième classe, leur épreuve étant finie, il n'y a pas lieu de penser qu'ils pourront se repentir et revenir au bien. Leur état est donc un état de malheur irrévocable et irréparable. Mais les peines qu'ils subiront seront-elles éternelles ou finiront-ils par être anéantis?

Sur ce dernier point, la raison ne peut pas se prononcer, parce que nous ignorons le rapport fixé par la justice entre les fautes et les peines, la nature de l'existence future et l'influence de la durée sur la gravité des châtiments. On peut observer que l'idée des peines éternelles se rencontre dans la tradition d'un grand nombre de peuples, ce qui ne permet pas de croire qu'elle soit, comme certaines personnes le disent de nos jours, contraire à la raison et à la conscience humaine.

En résumé, nous ne pouvons pas nous prononcer avec certitude, par la raison seule, sur ce qui doit arriver à l'homme après la mort. La seule chose que nous puissions savoir, c'est que la rétribution du bien et du mal qui ne s'accomplit pas sur cette terre s'accomplira dans une autre existence; c'est le point essentiel en ce qui concerne la morale. Les autres questions, quelque intéressantes qu'elles soient, sont moins importantes.

Néanmoins on comprend que l'homme doit désirer avoir de cet avenir mystérieux une connaissance plus précise, et qu'une révélation divine enseignant à l'humanité d'une manière plus complète ce qu'il doit espérer ou craindre après la mort, est un immense bienfait.

Résumé.

Lien entre l'idée de Dieu et celle de la vie future.
I. La possibilité de la vie future est prouvée par le fait que l'âme est une substance.
II. Raisons probables en faveur de l'immortalité de l'âme.
III. Certitude d'une rétribution après la vie. — Valeur et insuffisance des sanctions terrestres. — Sanction naturelle. — Sanction pénale. — Sanction de l'opinion. — Sanction de la conscience.
IV. Question de l'avenir de l'homme après la mort. — Système des épreuves successives. — Réfutation de ce système. — Sort des justes. — Est-il éternel? — Épreuve purificatoire des imparfaits. — Sort définitif des méchants. — La raison ne repousse pas les peines éternelles. — Incertitudes de la raison. — Utilité d'une révélation sur le sort de l'homme après la mort.

CHAPITRE VIII.

DE LA FIN DE L'HOMME. — RAPPORT DE LA RELIGION ET DE LA MORALE.

I.

De la fin de l'homme.

Nous avons vu que la loi morale gravée dans le cœur de l'homme exige impérieusement, d'une part un auteur, un législateur, un principe suprême du bien; d'autre part, une vie future dans laquelle la rétribution juste due aux actions bonnes ou mauvaises, rétribution qui n'a pas lieu ici-bas, puisse être accomplie.

Ces grandes et essentielles vérités peuvent être prouvées d'une autre manière; nous pouvons nous placer à un autre point de vue, qui nous permettra d'embrasser dans son ensemble la morale spiritualiste que nous venons d'exposer.

Nous pouvons nous demander quelle est la **fin** de l'homme, c'est-à-dire à quoi il est destiné, pourquoi il est sur la terre et quel but il doit poursuivre en usant des facultés qu'il possède.

Nous sommes portés à nous poser cette question à l'égard de tous les êtres qui existent dans l'univers. Les traces d'un plan selon lequel les êtres seraient créés de manière à être en rapport les uns avec les autres se manifestent avec évidence. Il y a certainement un rapport prévu entre le corps humain et les substances qui concourent à sa nutrition et à son développement. Il est difficile de ne pas voir, dans les animaux que l'homme s'est appropriés, des auxiliaires à peu près nécessaires au développement de la civilisation, qui ont dû être placés auprès de l'homme par une disposition providentielle.

Sans doute, il faut une grande prudence dans l'assignation des fins particulières de certains êtres. Sans doute, encore, l'idée de la finalité ne s'impose pas à nous avec un caractère aussi absolu et aussi universel que celle de la causalité. Il faut à chaque fait une cause; on conçoit, au contraire, qu'il puisse exister dans la nature des accidents, des phénomènes produits par une rencontre fortuite de diverses causes.

Néanmoins, quand il s'agit de l'homme, le roi de la création terrestre, le seul être visible qui soit doué d'intelligence, de conscience et de personnalité, il serait bien étrange qu'un tel être ne fût pas destiné à une fin déterminée, qu'il n'eût pas son rôle à jouer dans l'ordre de l'univers. Il serait étrange que cet être doué de liberté, c'est-à-dire capable de se diriger lui-même, fût privé d'une fin à poursuivre dans tous ses actes.

Choisir des moyens pour obtenir une fin, c'est l'œuvre habituelle de l'homme sur cette terre. L'architecte dispose des matériaux pour construire une maison suivant le plan qu'il a choisi. Le général dispose ses troupes et ses batteries pour obtenir sa fin, qui est la victoire. Préoccupé de sa fin qui est d'acquérir la richesse, le commerçant détermine et choisit les opérations, les échanges, les combinaisons financières qui servent à la réaliser.

Mais toutes ces fins sont spéciales, particulières; elles ne regardent que certains hommes pendant une certaine partie de leur vie.

Et l'homme? L'homme tout entier, pendant sa vie entière, n'aurait pas de fin à poursuivre? Il devrait travailler sans but?

La loi morale, qui s'impose à sa conscience d'une manière si rigoureuse, ne ferait que lui défendre certaines actions, et ne serait pas appelée à le conduire à une fin, à lui assigner une destinée?

Il vivrait sur la terre sans savoir où il va, ce qu'il doit faire et à quoi il est destiné?

N'est-ce pas une idée bien peu admissible, et ne sommes-nous pas poussés par la nature même à chercher quelle est notre fin?

Or, si nous écartons l'idée de Dieu et de la vie future, nous ne trouvons pas d'explication de la vie et de la destinée de l'homme. Nous ne voyons pas vers quel but il doit tendre.

Quel serait, en effet, le but de la vie humaine?

Serait-ce le *bonheur* de l'homme? Mais, outre que ce but est égoïste, et ne répond pas aux aspirations les plus élevées de l'homme, n'est-il pas évident qu'il n'est pas réalisable? Combien petit est le nombre des hommes qui peuvent réellement se dire heureux! Pour ceux-là même comme pour les autres, le bonheur est passager, il ne dure qu'un temps bien court. La mort détruit tous les projets de l'homme et le dépouille de tous les biens dont il jouit.

Nous ne pouvons donc pas dire que la fin de l'homme est son bonheur ici-bas.

Cette fin serait-elle la *pratique de la vertu?* Mais l'idée de vertu implique le droit à une récompense. Comment l'homme aurait-il pour fin de mériter une récompense qu'il ne pourra pas obtenir ou qu'il n'obtiendra que d'une manière imparfaite?

La véritable fin de l'homme ici-bas, si elle était réalisable, ce serait la *vertu récompensée par le bonheur*, le bonheur acquis par la vertu. Encore, pour qu'elle fût complète, faudrait-il que toutes les facultés de l'homme, l'intelligence, le cœur, fussent satisfaites par un objet digne d'elles. Il faudrait enfin que cet objet fût durable et ne disparût pas avec la vie si courte de l'homme.

Or, évidemment, sans Dieu et sans vie future, une telle fin n'existe pas pour l'homme.

Rétablissons, au contraire, ces deux grandes idées, et la notion de la fin de l'homme nous apparaîtra.

L'homme est la créature de Dieu; il ne s'est pas fait lui-même; il ne s'appartient pas à lui-même; il n'existe pas pour lui-même.

Avant tout, sa fin c'est de remplir dans l'univers le rôle que Dieu lui a donné; c'est d'*obéir à Dieu*.

D'un autre côté, Dieu étant non seulement son créateur, mais son père, Dieu l'ayant créé par amour et le protégeant par sa Providence, l'homme doit *aimer Dieu*.

Pour croire en Dieu et pour l'aimer, il faut une condition préalable, c'est de le *connaître*.

La fin de l'homme sur la terre est donc de *connaître Dieu*, *d'aimer Dieu* et *d'obéir à Dieu*.

Cette fin est, comme on le voit aisément, le plein et complet exercice des principales facultés de la nature humaine, l'intelligence, la sensibilité morale, la volonté libre.

Jusqu'ici, cette fin est pleinement désintéressée; ce n'est pas pour lui-même ni pour son propre bonheur que l'homme agit. C'est par devoir, en tant que créature, c'est par reconnaissance et par amour, en tant qu'il est l'objet de l'amour paternel de Dieu.

Mais il est impossible que l'homme accomplisse ainsi son devoir envers son créateur, sans devenir heureux. Le simple développement des facultés d'une nature, quand il se fait d'une manière harmonieuse et complète, produit la paix et une jouissance pure.

Joignons maintenant à l'idée de Dieu celle de la vie future. Ouvrons à l'homme les portes d'une autre existence destinée, non plus à l'épreuve, mais à la récompense. Montrons-lui une patrie où les maux de cette terre sont passés, et où la connaissance, l'amour de l'Être infini, commencés ici-bas et comme en germe, arrivent à leur plein et complet développement.

N'est-il pas évident qu'avec une telle conception de la destinée, l'homme arrivera à la fin complète de son être? Il aura accompli la tâche qui lui était imposée; il aura joué son rôle dans l'univers; ses facultés auront accompli leur œuvre et se seront perfectionnées par l'exercice en s'attachant à un objet digne d'elles, et le résultat de ce plein épanouissement de l'être humain, résultat permanent et qui ne doit pas finir, ne sera autre chose que le souverain bien, la béatitude elle-même.

Considérée à ce nouveau point de vue, la loi morale prend

un aspect nouveau. Ce n'est plus une simple barrière qui refrène les appétits; ce n'est plus simplement une voix qui prononce des injonctions sans en expliquer la cause, c'est la règle divine qui doit diriger les actions de l'homme de manière à le conduire à son terme suprême, à sa fin dernière, à la béatitude. La raison et le cœur s'unissent ainsi à la conscience, et l'homme vertueux sait qu'en faisant le bien il fait un acte souverainement raisonnable, en même temps qu'il agit sous l'impulsion de l'amour le plus élevé qui puisse exister.

II.

Lien entre la morale et la religion.

Telle est la *morale spiritualiste*, morale qui se retrouve, plus ou moins combinée avec des erreurs, chez tous les peuples de l'univers, mais qui apparaît avec tout son éclat dans la religion juive et dans la religion chrétienne.

Cette morale peut à juste titre être appelée **morale religieuse.** Elle ne dépend pour cela d'aucune religion particulière, pas même de la religion chrétienne, mais elle se rattache aux croyances et aux sentiments religieux qui se trouvent chez tous les hommes et dont la religion chrétienne est la plus parfaite expression.

La **religion** peut être définie : la *croyance à un ordre supérieur de réalités, parmi lesquelles se trouvent le premier principe et la dernière fin de la vie humaine, ainsi que l'objet suprême des aspirations de notre nature.*

Il ne suffit pas, pour être religieux, de croire simplement à des réalités invisibles. Le superstitieux, l'homme adonné à la magie, celui qui croit pouvoir évoquer des morts, croient à des réalités invisibles. Mais l'homme religieux croit que c'est dans ces réalités invisibles que se trouve le principe et la fin de son être, l'idéal qu'il doit poursuivre. Or, nous avons vu que le *principe* de la morale, c'est Dieu, être invisible, et que la *sanction*, c'est la vie future, c'est-à-dire une existence qui échappe à notre expérience actuelle. C'est donc dans le monde invisible, objet de la croyance religieuse, que se trouvent le *principe* et la *sanction* de la morale. Il résulte de là que toute morale rationnelle et dont les principes sont bien élucidés, toute morale qui montre à l'homme la fin à laquelle il doit tendre et non pas seulement la barrière qu'il ne doit pas franchir, est essentiellement une morale religieuse.

Nous allons vérifier cette proposition en étudiant les systèmes qui ont été imaginés pour rendre la morale absolument indépendante de la religion.

Résumé.

I. Idée d'une fin dans la nature. — Tous les êtres ont une fin. — L'homme doit avoir une fin. — La fin de l'homme n'est pas son bonheur personnel. — Elle n'est pas la pratique de la vertu sans récompense. — La fin de l'homme, c'est de connaître, d'aimer et de servir Dieu pendant cette vie et de le posséder pendant l'éternité.

II. La vraie morale est essentiellement religieuse. — La religion en général, c'est la croyance à un monde supérieur et invisible où se trouvent le principe, la fin et l'idéal de la vie humaine. — Le principe, la sanction et l'idéal de morale, n'étant pas sur la terre, doivent se trouver dans le monde supérieur, objet de la croyance religieuse.

CHAPITRE IX.

DES FAUX SYSTÈMES DE MORALE. — INSUFFISANCE DE L'INTÉRÊT PERSONNEL COMME BASE DE LA MORALE. — INSUFFISANCE DU SENTIMENT COMME PRINCIPE UNIQUE DE LA MORALE. — INSUFFISANCE DE LA MORALE ÉVOLUTIONISTE.

A la place de la vraie morale, celle qui, partant de la conscience, s'élève jusqu'à Dieu et à la vie future, et se rattache à la religion, on a imaginé divers systèmes de morale. Nous étudierons parmi ces systèmes, les cinq principaux qui ont été soutenus de nos jours : la morale du *devoir pur*, la morale de l'*intérêt bien entendu*, la morale du *sentiment*, la morale de l'honneur et de l'approbation publique et enfin la morale que nous pouvons appeler *évolutioniste*, parce qu'elle se rattache au système de l'évolution, si populaire à notre époque.

I.

Morale du devoir pur.

Nous entendons par morale du devoir pur celle qui prend pour principe l'obligation morale sans la rattacher à Dieu et sans admettre la sanction de la vie future.

Les partisans de cette morale partent du même principe qui nous a servi de point de départ, c'est-à-dire du sentiment de l'obligation morale.

L'homme, disent-ils, se sent obligé à faire le bien et à éviter le mal. Il sent qu'il doit être honnête.

Cette règle unique lui suffit pour se conduire. Il n'a pas besoin de savoir sur quoi se fonde le devoir, ni s'il y a un principe supérieur qui commande de le faire. La conscience commande et cela suffit.

Quant à la sanction, elle est également inutile. On doit faire le devoir parce que c'est le devoir, et non pour une récompense, ni par la crainte d'un châtiment.

Bien plus, disent ces philosophes, l'idée de la sanction telle qu'elle est énoncée dans la morale religieuse nuirait à l'idée du devoir et l'affaiblirait. L'homme qui croit en Dieu et à la vie future ferait le bien pour gagner le ciel et éviter l'enfer, il agirait d'une manière intéressée. Au contraire, l'homme qui n'a pas ces croyances fait le bien par pur sentiment du devoir, sans intérêt. Il sait qu'il n'a ni récompense à espérer ni châtiment à craindre, il n'en fait pas moins son devoir. Cette manière d'agir est donc plus noble et plus généreuse que la première.

Il y a dans ce système une certaine grandeur; il y a aussi une vérité partielle. Néanmoins, il suffit de l'examiner pour reconnaître qu'il est insuffisant, souvent illusoire et toujours dangereux.

Et d'abord, il importe de bien distinguer en quoi ce système du devoir pur diffère de la morale spiritualiste que nous avons exposée.

Lorsque les moralistes qui admettent le devoir sans sanction disent que le devoir oblige par lui-même, ils ont raison. La loi est gravée dans notre conscience et ne cesse pas d'obliger parce que nous ignorons le législateur. Ce n'est pas pour produire l'obligation, c'est pour l'expliquer qu'un principe supérieur est nécessaire.

Un homme qui serait sincèrement athée ne serait pas pour cela dispensé de faire son devoir.

Quelle est donc, au point de vue de l'obligation, la différence entre les moralistes que nous combattons et ceux qui soutiennent la morale religieuse? Les uns et les autres sentent en eux-mêmes l'obligation du devoir; les uns et les autres la reconnaissent, la respectent et veulent s'y soumettre; mais les uns, ceux qui croient en Dieu, comprennent *pourquoi cette obligation leur est imposée*. Cette obligation se rattache dans leur intelligence d'une manière logique à la condition de l'homme, créature qui doit obéir à son créateur et tendre vers la fin qui lui est assignée. Pour les autres, ceux qui croient au devoir en étant athées, cette obligation qu'ils sentent, et qu'ils acceptent, est *inexplicable*; le sentiment du devoir qui est en eux, au lieu de s'unir harmonieusement à une conception rationnelle du monde qui lui soit conforme est un sentiment aveugle et un instinct dont la source est inconnue. Aussi quelques-uns de ceux qui soutiennent cette doctrine ont-ils dit que l'honnêteté est une espèce de folie, une folie noble et généreuse. Nous n'irons pas jusque-là, mais nous dirons que le sentiment du devoir, séparé de l'idée de Dieu, est une notion incomplète et tronquée qui s'impose à la conscience sans satisfaire la raison.

Au point de vue de la sanction, l'opposition est plus complète entre la morale du devoir pur et la morale religieuse. Le partisan du devoir pur ne croit pas à la sanction; il y renonce et prétend s'en passer. L'homme religieux croit à la sanction, l'espère et se fait même un devoir de l'espérer.

S'ensuit-il que la morale religieuse puisse être qualifiée de morale intéressée et réprouvée à ce titre comme une morale basse et sans générosité?

S'ensuit-il que la morale du devoir séparée de l'idée de la sanction soit réellement plus noble et plus élevée que la morale spiritualiste?

Il va nous être facile de répondre à ces deux questions.

La réponse à la première résulte de ce que nous avons dit plus haut en expliquant la nature de l'obligation et de la sanction.

L'homme qui fait le bien et évite le mal, en pensant à la récompense et au châtiment, n'agit pas exclusivement ni principalement pour obtenir une jouissance ou éviter une souffrance. Il agit principalement et d'abord en vue du devoir, en vue du bien absolu, puis, conséquemment, accessoirement, il croit que la bonne action sera récompensée et la mauvaise action punie.

Supposons un homme qui ne veuille pas commettre un vol, parce qu'il sait que le vol est une faute et sera puni. Si cet homme était disposé de telle sorte qu'il fut prêt à commettre ce vol, dans le cas où cette action devrait lui procurer une jouissance et non un châtiment, cet homme agirait d'une manière purement intéressée, il ne ferait pas un acte moral.

Mais si sa résolution principale est de ne pas commettre le vol parce que le vol est un mal, et qu'il se serve de la crainte du châtiment pour fortifier sa résolution, pour détester davantage le mal et résister à l'attrait de la cupidité, il fait alors un acte moral, mais il fait aussi un acte désintéressé, puisque son intention principale porte sur le devoir.

Observons, en second lieu, que bien que le spiritualiste ne renonce pas à la récompense parce qu'elle est la conséquence naturelle du bien, il n'est pas nécessaire qu'il y pense toujours. Il agira souvent par la seule vue du devoir, par pur dévouement, en s'oubliant lui-même. Néanmoins, quand il réfléchira aux conséquences de son acte, il sentira qu'il a droit à la récompense et quand son attention se portera sur le désir inné de bonheur qui est dans notre nature, il sentira que ce bonheur peut légitimement être mérité par la vertu.

Ainsi la morale spiritualiste n'est nullement une morale basse; elle n'est une morale intéressée que dans la mesure où cela est nécessaire, par l'effet de l'amour naturel de l'homme pour lui-même et du désir de bonheur qui est dans le fond de notre être.

Elle place les motifs désintéressés à la première place, et le mobile intéressé ne vient qu'après et n'est que secondaire.

Ajoutons que la morale spiritualiste nous représente le principe du bien, l'auteur de la loi, comme une personne, comme un père qui nous aime.

De cette idée naissent des sentiments de reconnaissance et d'amour qui élèvent l'âme au-dessus de l'intérêt personnel. L'homme religieux, sans doute, désire être uni au Dieu qu'il aime, mais il veut aussi se dévouer pour Dieu; la récompense ou l'union avec l'être aimé se confond avec l'amour même.

Les basses idées d'un calcul ou d'un salaire disparaissent devant ces sentiments élevés.

Que dirons-nous maintenant de la morale du devoir pur, sans Dieu et sans vie future?

Est-elle réellement, à cause de sa prétention au désintéressement absolu, supérieure à la morale religieuse?

Non, elle est simplement une morale *irrationnelle* et *contre nature*.

Que demande-t-elle en effet?

Que l'homme qui a l'instinct inné de chercher son propre bonheur renonce à cette recherche et accepte d'être absolument malheureux;

Que l'homme fasse de bonnes actions, en renonçant à attribuer à ces actions leur caractère méritoire, qu'il fasse des actions essentiellement dignes de récompense et ne croie pas à l'existence de cette récompense;

Que l'homme soit parfaitement juste, qu'il le soit jusqu'au sacrifice, et que cependant il croie vivre dans un monde où la justice ne règne pas, où le mal peut triompher et le bien être vaincu; qu'il se sacrifie pour l'ordre universel, sachant que cet ordre est injuste à son égard; qu'il rende à chacun ce qui lui est dû, sachant qu'à lui-même justice ne sera pas rendue.

Sans doute, un homme qui est convaincu qu'il n'y a pas de Dieu ni de vie future, est obligé de se réfugier dans cette morale du devoir pur; il doit obéir à cette loi si étrange qui lui impose la justice et ne la lui rend pas.

Mais cet état est un désordre et un malheur, et non un état moral supérieur.

Nous pouvons expliquer notre pensée par une comparaison.

Deux hommes ont chacun un poids égal à transporter d'un endroit à un autre. L'un a l'usage de ses deux jambes; l'autre est boiteux et s'appuie sur une béquille. Le second fera en transportant son poids une œuvre plus difficile, peut-être même plus méritoire que le premier. Mais, néanmoins, l'état du premier est préférable à celui du second.

De même, dans l'accomplissement du devoir, celui qui ne s'appuie que sur l'obligation et ne connaît pas la sanction a plus de peine à remplir son devoir. Mais celui qui, obéissant à sa nature, poursuit à la fois le devoir et la récompense, le bien général d'abord et son propre bien comme conséquence, est évidemment dans un état plus sain, plus harmonieux, plus normal que le premier.

Ajoutons une dernière considération. Si l'homme qui croit à la vie future est exposé à s'attacher trop à la récompense, l'homme qui n'y croit pas est exposé au péril de faire reposer sa vertu sur *l'orgueil*. Ne reconnaissant pas Dieu, ne croyant pas à une rétribution, c'est en lui-même seul qu'il trouve le type et la règle de la justice. C'est sa propre dignité, sa propre excellence qu'il poursuit en restant vertueux. Lorsqu'il est juste, il se sent supérieur à l'ordre du monde où l'injustice règne, puisque, selon sa croyance, tout finit à la mort. Or, l'orgueil est une forme de l'égoïsme; être vertueux par orgueil, c'est tout aussi bien être égoïste que de l'être par amour de la récompense.

Ne demandons pas à l'homme plus que sa nature ne le veut et ne le permet. Qu'il connaisse et cherche d'abord le devoir, c'est-à-dire le bien en soi, le bien désintéressé. Qu'il ne cherche le bonheur que comme récompense, c'est-à-dire comme conséquence du devoir accompli, mais qu'il puisse aimer et chercher le bonheur de cette manière, qu'il ait le droit et le devoir d'espérer qu'il l'obtiendra par la justice de Dieu. Qu'il soit juste lui-même, mais qu'en même temps il croie à la justice universelle. Une telle morale, mieux adaptée aux besoins de l'humanité, praticable pour tous les hommes, est supérieure à la morale exagérée des stoïciens, qui poursuivent le devoir sans vouloir être récompensés.

II.

Morale de l'intérêt ou morale utilitaire.

La morale de l'intérêt est diamétralement opposée à celle du devoir pur. L'une exclut tout mobile intéressé, l'autre au contraire prétend que ce qu'on appelle vulgairement devoir n'est que l'intérêt bien entendu.

Nous pouvons considérer comme un signe évident de la vérité de la morale religieuse ce fait, que ceux qui s'en écartent se contredisent ainsi nécessairement, chacune des deux opinions choisissant pour seul principe l'un des deux mobiles qui sont harmonieusement unis dans la vraie morale.

La prétention des moralistes utilitaires (dont le plus connu est l'Anglais Bentham) est d'identifier *en fait et en principe le devoir et l'intérêt.*

En fait, ils prétendent que les actes qui sont ordonnés ou prescrits par la loi morale sont tous des actes utiles ou nuisibles. Ils disent qu'en cherchant avec prudence et sagesse leur propre intérêt, les hommes arriveraient à suivre les mêmes règles de conduite qui sont, dans l'opinion vulgaire, pratiquées au nom du devoir.

En *principe*, ils prétendent identifier le *devoir* même avec l'*intérêt bien entendu*. Au lieu de dire, comme la morale vulgaire, que les actions honnêtes sont *utiles parce qu'elles sont honnêtes*, c'est-à-dire que Dieu les récompensera, ils disent que les actions utiles sont *honnêtes parce qu'elles sont utiles,* que c'est leur utilité qui fait leur bonté et leur mérite.

Les utilitaires peuvent être convaincus d'erreur en fait et en principe.

En fait, il n'est nullement vrai que l'homme doive être conduit par son intérêt bien entendu à faire ou à omettre les actions qui lui sont prescrites ou défendues par la loi du devoir. Si l'on n'admet pas de vie future, il arrive très souvent que l'intérêt, même bien entendu, d'un homme est contraire à son devoir. Il arrive quelquefois que l'homme qui fait une mauvaise action peut raisonnablement espérer qu'elle ne sera pas punie ici-bas. Les exemples sont nombreux de gens parvenus à la richesse par des voies illicites, qui ont joui jusqu'à leur mort du bien mal acquis. Aussi nombreux peut-être sont ceux des hommes qui, ayant fait leur devoir, n'ont pas été récompensés, ou qui, après s'être dévoués, n'ont rencontré que l'ingratitude de leurs semblables. Nier ces faits palpables, prétendre que l'ordre social est tellement juste qu'il y ait toujours accord entre le devoir et l'intérêt, c'est soutenir une thèse chimérique.

Le seul moyen de remettre dans ce cas l'accord entre le devoir et l'intérêt serait de dire que le méchant est rendu malheureux par le remords et que l'homme de bien jouit par le témoignage de sa conscience.

Mais le remords et la satisfaction de conscience sont très faibles quand ils sont séparés de l'idée d'un juge et d'une rétribution.

De plus, ces sentiments sont contraires au principe de la morale de l'intérêt. D'après cette doctrine, une action est honnête parce qu'elle est utile. L'homme qui a réussi à s'enrichir par le vol a donc fait une action utile, par conséquent une action honnête; il n'a donc pas à s'en repentir. Celui qui est dans la misère pour avoir voulu faire du bien aux autres a fait un mauvais calcul; il n'a pas suivi son intérêt, donc, selon la doctrine, il n'a pas fait son devoir; c'est lui qui doit se repentir.

Le remords et la joie de la conscience appartiennent à la doctrine du devoir, et non à celle de l'intérêt. Un utilitaire conséquent doit les considérer comme des préjugés que la science doit dissiper.

A défaut de cette ressource, les utilitaires ont eu recours, pour soutenir leur système, à une autre idée.

Ils se sont appuyés sur le sentiment de sympathie qui existe entre les hommes. Chaque homme, disent-ils, jouit de voir les autres hommes heureux, et souffre de voir souffrir son prochain.

Dès lors, les hommes sont intéressés à se faire du bien les uns aux autres. En rendant les autres heureux, ils travaillent à leur propre bonheur.

L'erreur de ce raisonnement consiste à croire que le sentiment de sympathie est l'unique sentiment du cœur humain ou même le sentiment prédominant.

Il y en a d'autres : l'intérêt privé, le désir égoïste de sa propre jouissance, qui agissent puissamment sur le cœur de l'homme. Il y a souvent, en outre, des sentiments contraires, des haines, des rancunes, des antipathies.

Pour juger de la valeur de l'argument des utilitaires, plaçons-nous dans un cas particulier.

Proposez à un voleur qui va dépouiller un passant de s'arrêter parce qu'il va perdre ce sentiment de plaisir sympathique qu'il pourrait éprouver en pensant que ce passant a de l'argent dans sa bourse. Proposez à un homme qui poursuit sa vengeance le sentiment naturel de sympathie qui doit l'unir à son ennemi comme motif pour ne pas lui faire de mal.

Évidemment ce seraient des motifs impuissants et chimériques.

C'est donc aller contre l'évidence que de prétendre qu'il y ait en fait un accord universel entre l'intérêt bien entendu et le devoir. Cet accord existe dans un grand nombre de cas; en principe général, il est avantageux d'être honnête. Mais le nombre des exceptions est si grand, l'écart entre l'idéal social et la réalité est si considérable que la morale de l'intérêt serait sans aucune efficacité contre le véritable mal moral.

Une autre considération, qui montre combien la morale de l'intérêt serait insuffisante, se tire des passions qui émeuvent le cœur humain.

Considérez un homme animé d'une passion qui le porte à désirer ou à haïr un certain objet. Pendant que la passion dure, son objet devient prédominant dans l'imagination; tout autre objet disparaît à côté. Allez dire à cet homme que son intérêt bien entendu est de renoncer à l'objet de sa passion, il ne vous écoutera même pas. Il n'a d'autre intérêt, d'autre fin, d'autre but que d'assouvir sa passion.

Parlez-lui, au contraire, au nom du devoir, dites-lui que son acte est coupable; parlez-lui de Dieu qui le jugera; montrez-lui non pas des inconvénients ou des souffrances passagères, mais le danger de perdre sa fin absolue et éternelle, et vous pourrez agir sur son âme.

Ainsi, *en fait*, la morale de l'intérêt est *illusoire* et *inefficace*. *En principe*, elle est *fausse*; elle est même immorale.

Elle supprime le dévouement, le désintéressement, la générosité. Toutes ces grandes idées sont ramenées à des calculs égoïstes, ou sont déclarées de nobles folies.

Elle fait plus encore. Elle supprime le devoir même; elle en anéantit le caractère obligatoire.

Vainement, en effet, m'aurez-vous montré que mon intérêt bien entendu est de ne pas voler, ou de faire la charité. Est-ce ue je suis obligé de suivre mon intérêt? Si je vais contre la règle que vous me posez, que ferais-je? un faux calcul; je préférerai un bien actuel à un bien futur plus grand. Mais faire un faux calcul ne rend pas coupable. J'aurai été imprudent, j'aurai été maladroit; je n'aurai pas pour cela été criminel.

Il n'y a rien dans l'utilité pure qui contienne l'idée de l'obligation. La source de cette idée doit être cherchée ailleurs et plus haut.

C'est un fait bien singulier, qu'un grand nombre de philosophes et de moralistes, qui sont des esprits distingués, qui ont voulu enseigner une morale pure, qui se sont efforcés de revenir par divers artifices aux idées de la morale vulgaire, aient soutenu une morale aussi évidemment fausse, et, malgré tous les efforts de ses défenseurs pour la rendre élevée, aussi basse et aussi grossière dans son principe.

La seule explication de cette aberration d'esprit nous paraît celle-ci : Ces moralistes ont voulu écarter l'idée de Dieu et de la vie future de la morale; la conséquence a été de rendre la notion du devoir si peu rationnelle, si étrange et si contraire aux instincts de l'humanité, qu'ils ont été forcés de chercher dans l'intérêt bien entendu un autre principe de moralité qui ne se rattachât pas comme le devoir aux régions supérieures de Dieu et de l'immortalité.

7.

III.

Morale du sentiment.

Une autre solution adoptée par certains moralistes consiste à substituer à l'obligation, aperçue et constatée par la raison, certains *sentiments* du cœur humain.

Selon cette doctrine, les actes bons sont ceux qui sont inspirés par de *bons sentiments*; les actes mauvais, ceux qui sont l'expression de *mauvais sentiments*.

Immédiatement se pose cette question : Comment et à quel signe distinguera-t-on les sentiments bons des mauvais sentiments?

Sur ce point, les partisans de la morale du sentiment ont émis diverses opinions qu'il serait trop long d'exposer et de réfuter.

Nous nous arrêterons à celle qui est la plus plausible et qui a été soutenue par le plus grand nombre d'entre eux.

Elle consiste à dire que les mauvais sentiments sont les sentiments *égoïstes* qui se rapportent à notre bonheur personnel, et que les bons sentiments sont les *affections bienveillantes* qui nous portent à faire du bien aux autres. Certains auteurs ont appelé ces sentiments, sentiments *altruistes*, par opposition aux sentiments égoïstes.

Faire le bien, ce serait donc agir conformément aux affections bienveillantes et contrairement à l'intérêt personnel, ce serait faire prédominer l'altruisme sur l'égoïsme.

On remarquera que cette formule est directement opposée à celle du système que nous avons étudié, celui de l'intérêt bien entendu.

Cette formule a sans doute une vérité partielle. Dans un grand nombre de cas, la règle de se sacrifier pour autrui et de préférer le bien des autres au sien propre serait une règle salutaire.

Mais il est facile de voir que cette règle ne suffit pas pour constituer un code complet et exact de morale.

Les sentiments égoïstes sont dangereux par leurs excès, mais ils sont bons dans une certaine mesure. Bien des vertus, par exemple la tempérance, l'économie, la prudence, ont pour principe un amour bien entendu de soi-même.

Au contraire, les affections bienveillantes peuvent inspirer des actes coupables; la bonté peut dégénérer en complaisance pour le mal et en faiblesse.

La société a besoin, sans doute, de personnes qui se dévouent, mais elle a aussi besoin que les hommes veillent à leurs propres intérêts : l'intérêt privé est un des moteurs de la machine sociale, et il serait impossible de pourvoir aux besoins du commerce et de l'industrie par le seul dévouement, à moins que la mesure de dévouement qui existe dans le cœur humain ne fût beaucoup augmentée.

La morale du sentiment a un autre défaut : elle supprime l'idée de l'obligation. Sans doute il est *beau* de se dévouer, mais cela est-il *obligatoire*? Pourquoi serions-nous obligés de sacrifier notre propre bonheur à celui des autres? Pourquoi, parmi les sentiments que la nature a gravés dans notre cœur, devons-nous suivre les uns et réprimer les autres? Est-ce en vertu d'une loi gravée dans la conscience? Nous revenons alors à la morale du devoir.

Est-ce parce que nous serons plus heureux en nous dévouant? C'est alors un retour à la morale de l'intérêt. En nous dévouant, nous travaillons pour nous-même.

Il resterait de plus à prouver que les hommes sont toujours plus heureux en se dévouant. Or, cette thèse (en écartant l'idée de la récompense future) est encore mal fondée. Tous les hommes ne sont pas sensibles aux joies pures du dévouement. Il y en a qui ne les comprennent pas. Bien des hommes, en se dévouant, rencontreront l'ingratitude et seront affligés au point d'être tentés de regretter ce qu'ils ont fait. D'autres seront frappés par la mort avant d'avoir pu jouir du fruit de leurs efforts.

La morale du sentiment est donc incapable de rendre compte de l'idée de devoir. Elle est de plus souverainement inefficace en présence des passions. La passion prédomine sur tout autre sentiment altruiste ou égoïste. Elle ne peut être combattue que par la raison et la conscience. Le devoir peut lutter contre la passion, parce que c'est un motif d'un autre ordre. Mais, sentiments contre sentiments, la passion sera toujours la plus forte.

Ainsi la morale fondée sur le sentiment pur est aussi incomplète et aussi inefficace que la morale de l'intérêt.

IV.

Morale fondée sur l'approbation publique.

La formule de cette morale est celle-ci : Agis de manière à obtenir et à mériter l'estime de tes semblables.

On cherche à obtenir l'estime parce qu'elle est utile et agréable, et que le contraire, le mépris des hommes est pénible. On cherche en même temps à mériter l'estime parce que l'hypocrisie, qui porterait à chercher une réputation non méritée, est contraire à la dignité de l'homme.

Cette morale est plus efficace que les précédentes. Le mobile de l'honneur et celui de la honte agissent vivement sur le cœur humain.

Mais sa base est fausse. Cette base c'est uniquement l'opinion publique, opinion variable et différente suivant le temps et les lieux. Il y a des vices que l'opinion permet, qu'elle loue même. Elle est en revanche d'une sévérité outrée pour certaines fautes.

D'ailleurs l'opinion publique est la somme des opinions des individus, et ces opinions individuelles, à leur tour, sont le produit des enseignements reçus. Il faut donc à cette opinion une base qui soit un enseignement moral vrai. Cette base se trouve dans la morale religieuse; aussi, chez les peuples chrétiens, l'opinion se conforme plus ou moins à l'enseignement moral de la religion. Chez un peuple sans religion ou ayant une religion fausse, l'opinion peut devenir tout à fait arbitraire et avoir une influence contraire à la vraie morale. Les usages barbares et révoltants de certaines nations païennes ou de certains peuples sauvages en sont la preuve.

V.

Morale évolutioniste.

La morale que nous avons appelée évolutioniste est un système mieux raisonné et plus ingénieux, mais en réalité tout à fait aussi insuffisant que les précédents pour gouverner la vie humaine.

Elle part de deux principes. L'un qui est une pure hypothèse : c'est que l'homme n'est qu'un animal perfectionné, arrivé à la possession de la raison, du langage, de l'idée du bien et du mal, à la suite d'une longue évolution.

Le second, qui est vrai, c'est que l'homme est un être social, dont l'éducation intellectuelle et morale est faite en partie par la société.

Cela posé, soit que l'état social ait existé déjà avant que l'homme eût acquis sa conformation actuelle et sa raison, soit qu'il n'ait existé qu'après l'invention du langage, nos philosophes supposent que la société a existé avant qu'on eût inventé les idées du bien et du mal, ni l'idée de Dieu.

Voici maintenant comment, selon eux, cette invention se serait faite.

Les hommes (si tant est qu'on puisse appeler hommes des êtres dépourvus encore de conscience et de religion), les hommes, dis-je, auraient observé que certains actes sont *utiles*, d'autres *nuisibles à la société*. Naturellement ils auraient *loué* les premiers, et dans certains cas les auraient *récompensés*. Ils auraient blâmé les seconds et les auraient *réprimés* par des châtiments.

Ces récompenses et ces châtiments, il faut bien l'observer, n'auraient point encore eu le caractère moral que nous leur donnons. Ces idées n'auraient pas correspondu encore à une idée de justice et de mérite, elles auraient été de simples moyens de pousser les hommes à faire certaines actions et à en éviter d'autres, à peu près comme les récompenses et les châtiments dont nous nous servons à l'égard des animaux.

Mais graduellement les idées auraient changé. Les actions *louées* et *récompensées* seraient devenues dans l'esprit des hommes, par l'effet d'une longue habitude, des actions *louables* et *dignes de récompense*; les actions *blâmées* et *châtiées* seraient devenues des actions *blâmables* et *punissables*.

Ainsi se serait formée dans l'esprit l'opposition entre des actions *bonnes* et des actions *mauvaises*. Relatives d'abord et rattachées à la louange et au blâme des hommes, ces notions auraient fini par sembler absolues. Après avoir dit : Cette action sera récompensée, on aurait dit plus tard : Elle est digne de récompense ; plus tard encore : C'est une bonne action.

Mais ce n'est pas tout, et nous ne sommes pas arrivé au terme de cette évolution intellectuelle.

Les hommes primitifs, par une disposition naturelle dont nous n'avons pas à rendre compte, étaient disposés à imaginer des êtres invisibles semblables aux êtres visibles, mais plus puissants, en un mot des dieux.

Ayant formé d'une part l'idée d'actions dignes de récompense et de châtiment, et d'autre part l'idée des dieux; ces hommes ont réuni ces idées et ont attribué aux dieux le rôle de rémunérateurs et de vengeurs, imparfaitement rempli par la société humaine.

De là l'idée d'une récompense et d'un châtiment plus grave et plus sûr attaché aux actions méritoires ou punissables.

Puis, ayant conçu l'idée d'une prolongation mystérieuse de la vie humaine au delà du tombeau, sentant d'ailleurs que les récompenses et les châtiments ne correspondent pas ici-bas à ce que les actions semblent mériter, nos premiers aïeux auraient transporté dans la vie future cette sanction suprême des actions bonnes et mauvaises, c'est-à-dire utiles ou nuisibles à la société. Ainsi se serait formée la morale spiritualiste.

Avant d'aller plus loin, remarquons que ce système est purement hypothétique. Non seulement rien ne prouve que l'homme soit sorti de l'animal, mais cet état social, sans moralité ou pendant lequel la moralité serait en voie de formation, est absolument inconnu de la science historique et même de la science préhistorique. Aussi haut qu'on remonte dans la littérature de tous les peuples, on trouve les idées de bien et de mal telles que nous les concevons; on trouve le principe et la sanction du bien et du mal placés dans des êtres supérieurs à l'homme.

Il faut donc pour trouver la place de l'hypothèse, ou, si nous voulons être exact, du roman évolutioniste, placer la formation de la morale bien des siècles avant la composition des Védas de l'Inde, des Kings de l'empire chinois, des papyrus des anciennes tombes de l'Égypte, des plus vieilles briques gravées de la Babylonie. Il faut se placer, en un mot, à une époque assez reculée pour qu'on en puisse dire tout ce qu'on veut, parce que tout est inconnu. Il faut se placer dans la nuit même des temps, car l'aurore de l'histoire nous montre déjà la divinité régnant dans le ciel et maintenant la justice dans l'univers.

Que vaut maintenant cette ingénieuse hypothèse?

Au point de vue moral, elle est la destruction même de la morale. Les évolutionistes, en effet, disent que Dieu et la vie future sont des chimères, des imaginations.

Mais si cela est, qu'est-ce donc que la distinction du bien et du mal qui s'est produite de la même manière? Ce n'est encore qu'une illusion, un préjugé.

Ce qui est vrai, c'est qu'il y a des actions qui ont semblé utiles ou nuisibles à la société et qui, à cause de cela, ont été louées ou blâmées. Mais qu'elles soient intrinsèquement louables ou blâmables, bonnes ou mauvaises, cela n'est pas plus vrai, selon la doctrine évolutioniste, qu'il ne l'est que ces actions seront récompensées et punies par un être imaginaire.

Donc, il n'y a ni bien ni mal en soi, il n'y a que l'intérêt social, se manifestant à la société elle-même.

Veut-on maintenant voir quelles sont les conséquences de cette morale? Il n'y a qu'à suivre jusqu'au bout la doctrine évolutioniste.

Les docteurs de cette école disent que l'idée de Dieu et de la vie future sont en train de disparaître; à l'ancienne morale fondée sur ces idées chimériques doit être substituée la nouvelle morale, la *morale scientifique*.

Que dira cette morale?

Elle dira simplement : Telle action doit être faite parce qu'elle est utile à la société. Telle autre doit être évitée parce qu'elle lui est nuisible.

Fort bien, mais pourquoi serais-je obligé de faire un acte utile à la société? S'il me plaît de faire le contraire, à mes risques et périls, qui m'en empêchera? La société me punira; mais je m'arrangerai pour échapper à ses châtiments. Elle me blâmera, mais que m'importe, je puis me passer de ses éloges.

Que répondront nos moralistes à ceux qui soutiennent que la société elle-même est un mal, ou qu'elle est organisée d'une manière si injuste, que l'intérêt du plus grand nombre est de la détruire par tous les moyens? Avant d'oser dire que le vol, le pillage, l'assassinat, l'incendie, la destruction par la dynamite sont coupables, il leur faudra prouver, par de longs raisonnements, que la société est bien organisée, que ce qu'elle approuve est louable, que ce qu'elle blâme est coupable. Cette démonstration est d'ailleurs impossible. En effet, pour qu'une telle morale fût sérieuse, il faudrait ou bien prouver que les hommes sont obligés de faire ce qui est utile à la société, et pour cela revenir à l'idée du *devoir*, que nos philosophes ont rejetée, ou bien prouver que ce sera *leur plaisir* ou *leur intérêt*, et revenir alors, à la morale de la sympathie, ou à celle de l'intérêt bien entendu, dont nous avons reconnu l'insuffisance.

Il ne reste donc rien de toute cette construction si ingénieuse, rien, sinon une preuve de plus que la notion d'obligation est liée à la notion de Dieu, et qu'en enlevant l'une on laisse l'autre sans base solide.

Nous pourrions ajouter bien d'autres raisons, qui portent à rejeter ces définitions.

Une action bonne est une action utile à la société.

Une action mauvaise est une action nuisible à la société.

Ces définitions ne sont autres que la fameuse maxime du salut public : *Salus populi suprema lex esto* (le salut du peuple est la loi suprême), qui a servi à justifier toutes les tyrannies.

Dans l'antiquité, l'esclavage était considéré comme une institution nécessaire à la société; donc l'esclavage était bon.

A Sparte, on ne conservait que les enfants forts et on tuait les autres dans l'intérêt de la société. Selon les principes évolutionistes, cela était juste.

On voit à quelles conséquences monstrueuses on arriverait en appliquant rigoureusement ce principe.

VI.

Conclusion.

Arêtons-nous ici et concluons.

Les cinq systèmes de morale que nous venons d'exposer contiennent chacun une part de vérité. Il est vrai que le devoir oblige par lui-même, et qu'on devrait l'observer même s'il n'y avait pas de récompense à attendre.

Il est vrai que l'intérêt bien entendu s'accorde en fait avec le devoir, pourvu que, parmi les motifs de cet intérêt bien entendu, on place la sanction de la vie future. Il est vrai que les bonnes actions proviennent le plus souvent des bons sentiments, et que l'homme peut et doit se servir de son cœur et même de ses passions nobles et généreuses pour pratiquer la vertu avec plus d'énergie et de persévérance. Il est vrai que le désir d'obtenir et de mériter l'estime des hommes peut pousser à faire le bien et à éviter certaines fautes. Il est vrai enfin qu'il y a accord entre l'intérêt social et les devoirs individuels, chacun devant faire ce qui est utile à la société et, dans certains cas, se sacrifier au bien général. Mais tous ces systèmes sont faux, parce qu'ils prétendent faire le principe universel de la morale de ce qui n'en est qu'un des éléments.

A toutes ces théories morales, vaines, incomplètes et inefficaces, nous devons substituer la vraie morale spiritualiste, celle qui a pour fondement l'idée de devoir, qui a pour principe un Dieu suprême, juste et pour sanction la vie future. C'est dans cette morale seulement que tous les mobiles qui agissent sur la volonté, devoir, intérêt privé, sentiment, opinion publique, intérêt social, sont mis en accord, subordonnés suivant leur valeur et harmonieusement unis pour conduire l'homme à la fin suprême. C'est la morale de tous les peuples et de tous les temps. Les efforts faits pour la remplacer ne font que montrer plus clairement qu'elle est la seule et unique morale digne d'être enseignée aux hommes et de devenir la règle de leur vie.

VII.

Note historique relative à quelques systèmes de morale.

DOCTRINE DE L'ÉCOLE CYRÉNAÏQUE. — Aristippe, disciple de Socrate, fondateur de cette école, enseigna que la fin de l'homme est la recherche du plaisir. Suivant ce philosophe, tous les plaisirs sont bons; le plaisir actuel est le meilleur, parce qu'il est le plus sûr.

Cette doctrine ne mérite pas d'être réfutée. Elle est la négation même des principes de l'obligation morale. Elle réduit l'homme à l'état des animaux. Elle détruit la société, car, chacun cherchant ses plaisirs, il y aurait nécessairement des luttes et des conflits incessants.

DOCTRINE D'ÉPICURE. — Épicure a modifié la doctrine d'Aristippe mais sans en changer le principe. L'homme a toujours pour fin la recherche du plaisir. Mais le plaisir ne doit pas être cherché dans la jouissance actuelle. Les plaisirs vifs et passagers sont suivis de peines plus grandes. Il faut chercher dans l'avenir la plus grande somme de jouissances, et pour cela s'imposer des sacrifices actuels. Il n'y a d'autre vertu que la prudence. De cette idée générale Épicure déduisait des principes analogues à la morale vulgaire, et lui-même a mené une vie sobre et frugale, disant qu'une telle vie lui semblait plus heureuse que le désordre et la débauche.

Cette doctrine a, quant aux principes, les mêmes défauts que celle d'Aristippe, bien qu'elle n'ait pas des conséquences immédiates aussi brutales. Les principes d'Épicure ne fournissent aucun argument pour convaincre celui qui, entraîné par la passion, préfère la satisfaction actuelle à la tranquillité dans l'avenir. Aussi les épicuriens ont-ils été considérés comme des moralistes peu estimables, et l'épicurien Horace a condamné cette doctrine en se disant lui-même *un pourceau du troupeau d'Épicure*.

DOCTRINE D'HUTCHESON. — Hutcheson, philosophe anglais du dix-huitième siècle, a enseigné que les actions bonnes sont celles qui sont produites par les sentiments bienveillants. Hutcheson est le fondateur de la morale du sentiment, adoptée en notre siècle par la plupart des positivistes anglais.

DOCTRINE D'ADAM SMITH. — Adam Smith, philosophe et économiste anglais du dix-huitième siècle a exposé sur la morale une théorie spéciale.

Selon lui ce n'est pas en examinant nos propres actions que nous sommes frappés de la distinction entre le bien et le mal, c'est en examinant les actions des autres. Certaines actions nous inspirent de la sympathie ; nous les nommons bonnes ; d'autres nous inspirent de l'antipathie, nous les nommons mauvaises.

La règle morale consiste donc à agir de manière à ce que nos actions inspirent de la sympathie aux autres hommes.

Cette doctrine fait dépendre la morale de l'impression produite sur les autres hommes, c'est-à-dire de quelque chose de très variable, qui n'est pas en proportion avec l'idée du devoir et son caractère absolu. Sans doute les actions bonnes sont louables ; elles doivent produire non pas précisément la sympathie, mais l'approbation. Seulement l'approbation est la conséquence et non la cause de la bonté des actions ; de plus, l'approbation véritablement essentielle à toutes les bonnes actions est celle de Dieu et non celle des hommes. Cette morale se rapproche de celle qui est fondée sur l'approbation publique et a les mêmes défauts.

DOCTRINE DE BENTHAM. — Bentham, philosophe anglais du dix-huitième siècle, a professé la doctrine de l'intérêt bien entendu. (Voir livre I, 1re partie, chapitre IX, p. 114-117.)

DOCTRINE D'HERBERT SPENCER. — Herbert Spencer, philosophe

anglais contemporain, a inventé la morale évolutioniste. (Voir livre II, 1re partie, chapitre ix, p. 120-124.)

DOCTRINE DE KANT. — Kant a enseigné la morale du devoir, mais sans exclure Dieu et la vie future. Sa doctrine se rapproche de la morale spiritualiste telle que nous l'avons exposée. Elle en diffère cependant en certains points importants.

Il pose comme principe absolu et *à priori* l'obligation morale, la loi du devoir. Il l'appelle *l'impératif catégorique*, ce qui veut dire un principe qui consiste essentiellement dans un commandement adressé à la volonté humaine.

Seulement il ne remonte pas directement à Dieu, et ne le considère pas comme le principe nécessaire sans lequel l'obligation serait vaine.

C'est par l'idée de la sanction seulement qu'il s'élève jusqu'à la notion d'un Dieu, d'une providence et de l'immortalité de l'âme. Il dit bien ensuite que l'on doit considérer les préceptes de la morale comme des commandements de Dieu, mais il veut qu'on puisse aussi les considérer comme existant par eux-mêmes sans s'appuyer sur Dieu.

La morale pratique de Kant repose principalement sur le droit des personnes. Il a donné comme préceptes généraux de cette morale : « Agis de façon que ton acte puisse être considéré comme une loi universelle. Agis de telle sorte que le libre usage de la volonté puisse subsister avec la liberté de tous. Agis de telle sorte que tu traites toujours l'humanité, soit dans ta personne, soit dans celle des autres, comme une fin et non comme un moyen. »

Ces formules sont ingénieuses et ont une vérité partielle, néanmoins elles ne contiennent pas toute la morale (voir p. 138).

Une autre erreur de Kant est de ne pas admettre de devoirs spéciaux envers Dieu ; il dit qu'il suffit, pour honorer Dieu, de donner aux devoirs naturels un caractère religieux.

On reproche encore à Kant de ne fonder la morale que sur la raison et d'en exclure entièrement le sentiment. C'est une exagération, car bien que le sentiment ne puisse être le principe de la morale, il est un utile auxiliaire pour la conscience. L'amour de Dieu, l'amour du bien, les affections légitimes sont des preuves morales efficaces qu'il ne faut pas négliger.

Résumé

DES FAUX SYSTÈMES DE MORALE.

I. Morale du devoir pur séparé de l'idée de Dieu et de la vie future. Cette morale a le même point de départ que la morale spiritualiste. — Mais elle est irrationnelle, l'obligation n'a pas de fondement. — La morale spiritualiste n'exclut pas le désintéressement. — La morale sans idée de sanction est contre nature et inefficace.

II. Morale utilitaire. — Elle consiste à confondre en fait et en principe le devoir avec l'intérêt bien entendu. — En fait, l'accord n'est pas universel entre le devoir et l'intérêt, si l'on écarte l'idée de la vie future. Insuffisance de la sympathie pour transformer d'une manière générale le bien d'autrui en bonheur personnel. — En principe, l'intérêt ne saurait expliquer l'obligation de conscience.

III. Morale du sentiment. Son principe est de déclarer bon ce qui est inspiré par l'amour d'autrui, et mauvais ce qui est inspiré par l'amour de soi. — Ce principe est exagéré et inexact. — Les sentiments intéressés sont nécessaires à la société. — Le sentiment ne saurait produire l'obligation.

IV. Morale fondée sur l'approbation publique. — Sa formule. Son insuffisance. — L'opinion publique est variable et doit, pour être utile à la morale, s'appuyer sur un enseignement fixe qui ne peut venir que de la religion.

V. Morale évolutioniste. — Ce serait la société qui aurait selon ce système, créé la distinction du bien et du mal en attribuant l'éloge aux actions utiles à la société et le blâme aux actions nuisibles. — Cette morale est sans fondement historique. — Son principe détruit l'obligation morale en en faisant une création de la société. — A moins d'un principe supérieur, l'homme ne saurait être obligé à faire ce qui est utile à la société.

VI. Conclusion. — La morale spiritualiste qui contient ce qui est bon dans toutes les autres, est la seule morale complète et efficace.

VII. Note historique relative à quelques systèmes de morale.

CHAPITRE X.

DE LA MORALITÉ PRATIQUE DE CEUX QUI NE CROIENT PAS A L'EXISTENCE DE DIEU ET A LA VIE FUTURE. — SA POSSIBILITÉ LIMITÉE, SON INSUFFISANCE POUR LES INDIVIDUS ET POUR LES SOCIÉTÉS.

Jusqu'ici nous nous sommes maintenu sur le terrain des principes et de la théorie pure. Nous avons reconnu que l'idée de Dieu et celle de la vie future sont nécessaires pour constituer une morale rationnelle et complète.

Doit-on conclure de cette proposition que les hommes qui ne croient pas à ces vérités sont nécessairement dépourvus de moralité? Certains philosophes l'ont soutenu.

Le poète Young a énoncé cette idée dans des vers anglais dont voici le sens :

« Comme l'enfant meurt avec sa mère mourante,

« La vertu expire avec l'immortalité.
« Quiconque me déclare qu'il n'a pas d'âme immortelle,
« En dépit de ses prétentions, me dit qu'il n'est qu'un fripon. »

La doctrine contenue dans ces vers est évidemment fausse; c'est une exagération démentie par les faits.

On rencontre, en effet, assez souvent chez ceux qui ne croient pas en Dieu et à la vie future la pratique de certaines vertus, principalement de celles qui concernent les rapports de l'homme avec ses semblables. Les exemples d'un accomplissement intégral des devoirs individuels, de la pratique de la tempérance, de la chasteté sont beaucoup plus rares; il y aurait cependant de l'exagération à dire qu'il ne s'en rencontre aucun.

Ce serait donc à tort que l'on tirerait de la vérité que nous avons exposée, c'est-à-dire du lien entre la morale et la religion, la conclusion que toute moralité disparaît immédiatement quand la religion est effacée du cœur de l'homme.

Il sera, je crois, intéressant d'examiner sur quels principes et dans quelle mesure la pratique de la vertu est possible sans l'idée d'un Dieu et d'une rémunération; nous pourrons, à la suite de cette étude, constater de nouveau que la morale purement humaine, bien qu'elle puisse exister dans une certaine mesure, est cependant insuffisante pour la conduite de la vie des hommes.

I.

Possibilité de la morale chez les athées.

Nous avons dit que le sentiment du devoir est universel dans l'humanité. Les athées sentent donc, comme les autres hommes, l'obligation qui pèse sur eux. Comme les autres hommes, ils ont devant eux l'idéal de la perfection morale.

Si cette loi et cet idéal ne sont pas explicables dans leur théorie, la notion de ces objets n'est pas pour cela détruite dans leur conscience. Le sentiment du devoir est un phénomène naturel; la nature subsiste et n'est pas détruite par la logique.

Ayant en eux le sentiment du devoir, apercevant l'obligation de faire le bien, ayant même l'attrait de la perfection, les athées peuvent, bien que plus difficilement que les croyants, suivre cette lumière de la conscience et faire de bonnes actions. Ils sont tenus de le faire, car leur ignorance de Dieu ne les dispense pas d'observer sa loi et l'ignorance de la sanction n'empêche pas l'obligation de s'imposer à eux.

Les athées ont donc, dans le seul sentiment du devoir, la base essentielle de la moralité.

Mais il n'est pas vrai qu'ils soient réduits à ce seul élément. Ils peuvent aussi trouver certains appuis pour les aider à accomplir le devoir et pour suppléer aux sanctions de la vie future.

Il y a d'abord leur intérêt. L'accord n'existe pas, il est vrai, d'une manière constante entre le bien moral et l'intérêt, mais il existe très souvent. La morale de l'intérêt bien entendu est partiellement vraie. Il arrivera souvent que l'intérêt soutiendra, dans la pratique de certaines vertus, des hommes qui seraient trop faibles pour les pratiquer par un pur sentiment de devoir. L'opinion publique, le désir de la louange, la crainte du déshonneur seront encore des mobiles assez puissants pour exciter à faire de bonnes actions.

Enfin, la morale du sentiment n'est pas non plus totalement impuissante. Insuffisante pour gouverner la vie tout entière, les affections bienveillantes, la sympathie pour les maux d'autrui peuvent exciter et produire beaucoup d'actions vertueuses.

Donc, il n'y a rien d'étonnant à ce que certaines vertus soient pratiquées, parfois à un haut degré, par des hommes qui ne croient ni à Dieu ni à la vie future.

II.

Limite de la moralité indépendante de Dieu.

Ce que nous disons en ce moment ne détruit pas ce que nous avons dit plus haut. Cette moralité indépendante de Dieu, bien qu'elle soit possible et réalisée quelquefois, reste néanmoins insuffisante pour l'humanité.

Observons d'abord qu'il ne s'agit jamais, quand nous parlons des athées, que d'une moitié de la morale. La suppression des devoirs envers Dieu fait disparaître un très grand nombre des obligations qui pèsent sur l'homme. Quand cette suppression est l'effet d'un choix libre, quand l'athéisme est une erreur plus ou moins coupable et volontaire, celui qui se dispense ainsi de ses obligations spéciales envers son créateur a beau remplir ses devoirs envers lui-même et ses semblables, il n'en reste pas moins gravement coupable, nous pouvons presque dire criminel. Dans les cas très rares où l'athéisme serait le résultat de causes où la volonté n'est pas mêlée, l'homme qui ne croit pas en Dieu se trouve, par l'effet de ses erreurs, libéré d'un grand nombre de devoirs; il a, par conséquent, moins à combattre contre sa nature pour accomplir les autres.

Mais cette moralité partielle dont nous avons reconnu la possibilité sera-t-elle souvent réalisée?

Pour résoudre cette question, remarquons quelles sont les conditions spéciales requises pour que la vertu soit possible sans l'idée de Dieu.

Il faut d'abord supposer certaines prédispositions dans celui qui accomplit ainsi de bonnes actions.

Tous les hommes ont une conscience, mais elle est plus ou moins sensible, plus ou moins éveillée; que ce soit l'effet de la nature ou de l'éducation, il y a des degrés divers dans la force et dans la délicatesse du sentiment du bien et du mal chez les différents individus.

Tous les hommes ont en eux le principe des affections bienveillantes, de la sympathie, de l'amour de l'humanité, mais ces sentiments sont aussi très inégalement développés. Ils semblent régner dans certaines âmes; dans d'autres, ils sont étouffés par les passions égoïstes.

Or, il est évident que la moralité indépendante de Dieu ne peut exister que chez les hommes qui ont, soit au point de vue de la conscience, soit au point de vue du dévouement, d'heureuses dispositions naturelles.

L'homme naturellement consciencieux sera préoccupé de suivre la lumière qu'il aperçoit en lui. L'homme naturellement dévoué saura se sacrifier pour ses frères.

Mais l'homme indifférent au bien et au mal, l'homme égoïste et animé de passions malveillantes ne trouvera rien, ni dans le sentiment du devoir qui est très faible en lui, ni dans la bienveillance qui est étouffée par l'égoïsme, qui le porte efficacement aux bonnes actions.

La morale indépendante de Dieu est donc capable, dans une certaine mesure, de soutenir des honnêtes gens; elle ne saurait réformer ni convertir, si ce n'est dans des cas très rares, les natures mauvaises et corrompues.

Il n'en est pas de même de la morale spiritualiste. Celle-là, quand elle est gravée dans le cœur, sous forme de croyances déterminées, a des arguments propres à convertir les plus pervers. A défaut de l'amour du bien, elle agira sur eux par la crainte du châtiment; elle tiendra par le remords leur conscience éveillée, elle les obligera à revenir au bien pour échapper aux reproches qu'ils se feront intérieurement. Elle arrêtera leur bras au moment où ils seront prêts à commettre un crime.

Elle ne sera pas non plus inefficace sur les natures meilleures. Ces honnêtes gens, ces hommes dévoués qui auraient pu rester tels sous le régime de la morale indépendante, la morale religieuse les transformera en héros et en saints; le dévouement pourra devenir chez eux une habitude, et l'amour du bien, au lieu d'être une lueur pâle et languissante, deviendra par la contemplation du bien suprême, vivant et personnel, une flamme qui dévorera l'âme tout entière.

C'est encore par cette puissance et cette efficacité plus grande que la morale religieuse pourra faire ce que ne fera que très difficilement et très rarement la morale humaine, c'est-à-dire soutenir la vertu des hommes dans les grandes tentations.

Être vertueux, être consciencieux, être dévoué est facile, quand la vie est disposée d'une manière favorable, quand la pratique du bien n'exige pas de grands sacrifices, quand le mal ne se présente pas avec des attraits exceptionnellement puissants. Mais quand il faut sacrifier l'objet adoré d'une passion violente, quand il faut supporter obscurément la misère, la faim, le froid pour faire son devoir; quand on ne peut rester fidèle à sa conscience sans subir des humiliations cruelles, quand l'honneur humain et la loi morale entrent en conflit, alors ce n'est pas trop, pour rester fidèle à la pratique du bien, de l'idée d'un Père, d'un témoin invisible et d'un Juge. L'idée même de la récompense ne suffit pas, et celle du châtiment, la crainte de perdre sa fin suprême sont souvent des appuis indispensables pour la vertu.

Là encore, dans ces épreuves spéciales, apparaît la supériorité de la morale religieuse et la faiblesse de la morale indépendante. Cette dernière est bonne pour la vie tranquille et les gens heureux; la première seule sait donner au juste la force de porter, sans fléchir, les suprêmes adversités.

III.

Influence de la morale religieuse sur la société, et conséquences qui résulteraient de la destruction de l'idée de Dieu.

Il est encore un ordre de considérations auxquelles il importe de s'arrêter si l'on veut juger équitablement de la valeur et de l'efficacité de la morale indépendante de Dieu.

Nous n'avons considéré jusqu'à présent les principes moraux qu'en tant qu'ils résident en chacun de nous et se manifestent à la conscience.

Mais ces mêmes principes ont un autre mode d'existence et un autre moyen d'agir sur les âmes.

Ils existent dans la société à l'état d'usages, de traditions, de préjugés.

L'homme considère comme mal non seulement ce qu'il sent être mal par un jugement de sa propre conscience, mais ce qui est réprouvé par les autres hommes.

Il n'est pas vrai, comme le veulent les évolutionistes, que la société ait créé la distinction des bonnes et des mauvaises actions, mais il est vrai que la société transmet cette distinction aux individus, que la qualification de beaucoup d'actions provient de l'opinion des hommes et que les jugements de la conscience se règlent en grande partie sur le milieu ambiant.

En général, un homme se fait sur certaines actions les mêmes idées que ses parents, ses amis, ceux qui l'entourent. Il y a sans doute des exceptions. On rencontre dans des milieux très corrompus des natures foncièrement honnêtes et pures qui, par la force native de leur conscience, s'élèvent au-dessus de la fange qui les enveloppe. On voit aussi des âmes se dépraver, par une sorte de perversité naturelle, au milieu des exemples des plus hautes vertus.

Mais, en général, les hommes ont une moralité proportionnée à celle qui existe autour d'eux, et leur conscience individuelle se règle sur la hauteur plus ou moins grande de la morale sociale du milieu où ils vivent.

Lors donc qu'on veut passer de la théorie à la pratique, il ne faut pas parler d'une conscience abstraite et idéale, mais de la conscience réelle, c'est-à-dire de celle qui résulte des principes reçus dès l'enfance, de l'éducation, de l'influence de l'opinion, et de celle des exemples de vice ou de vertu qui ont exercé leur action sur l'âme de chaque individu.

Maintenant, quelle est la morale qui existe ainsi, à l'état de tradition, de coutume, de préjugé, dans les sociétés humaines?

Nous pouvons répondre sans hésiter : C'est la morale religieuse, c'est la morale qui admet un principe supérieur du devoir et une sanction au delà de cette vie.

Cette morale a régné chez presque tous les peuples; elle règne certainement chez les peuples chrétiens. Son influence ne disparaît pas parce qu'une grande partie de la société abandonne les pratiques ou même les croyances religieuses. La portion religieuse de la société conserve, professe et maintient ses principes. Il est impossible à la portion non religieuse de ne pas entendre ce témoignage. Au contraire, un amour-propre naturel oblige ceux même qui combattent les idées religieuses à conserver, au moins en principe, une moralité qui ne soit pas au-dessous de celle de leurs adversaires.

De ce fait, nous pouvons tirer deux conséquences :

En premier lieu, cette action indirecte de la morale religieuse, sous forme de tradition et de préjugé, est une explication supplémentaire des exemples de moralité que nous pouvons rencontrer chez les gens qui ne croient pas en Dieu. Ces hommes ont beau ne pas admettre les principes de la morale spiritualiste, ils en sentent l'influence. Le devoir et le dévouement ne sont pas, à leurs yeux, réduits à la proportion de principes purement humains.

L'auréole religieuse subsiste autour de ces idées; une sorte de crainte vague d'un châtiment ou d'espoir non raisonné d'une récompense restent attachés aux bonnes et aux mauvaises actions; le préjugé conserve ce qui n'est plus soutenu par la croyance.

En second lieu, de cette influence si puissante de la moralité religieuse dans nos sociétés, nous pouvons conclure qu'il est impossible de savoir jusqu'à quel degré de dépravation morale elles descendraient si cette influence bienfaisante était totalement détruite. Si l'on parvenait non seulement à arracher aux hommes l'idée de Dieu et de la vie future, mais à détruire tout ce qui se rattache à cette idée, à faire disparaître toutes les traditions morales, tous les préjugés qui ont leur source dans ces croyances, on s'apercevrait combien est faible en pratique la morale purement humaine.

Si jamais on voit sur la terre, ce qui n'est jamais vu, une société uniquement composée d'athées et de matérialistes, dans laquelle les idées du bien et du mal seront dépourvues de tout caractère religieux, dans laquelle on n'espérera absolument aucune récompense au delà de cette vie, on s'apercevra combien faible est en pratique le motif du devoir quand il est isolé et combien vaines sont les théories de l'intérêt et de la sympathie qu'on essaye de lui substituer. La force seule pourrait maintenir l'ordre dans une société où les passions n'auraient pour les comprimer que des freins aussi faibles et aussi peu efficaces. On se serait débarrassé des terreurs de la vie future, mais le peu d'ordre extérieur qui subsisterait ne serait maintenu que par la crainte des châtiments terrestres. Resterait-il, au milieu d'une société ainsi privée de principes, des protestations individuelles de la vertu et de la conscience de certaines âmes d'élite, ou faut-il croire qu'il arriverait ce qui est figuré par la fable antique, que les dieux ayant quitté la terre, la justice elle-même les suivrait dans leur exil?

Nous ne pouvons nous prononcer sur ce point. Heureusement il s'agit d'une hypothèse chimérique. La religion ne peut pas plus disparaître de la terre que la morale. Indépendamment et en dehors des promesses spéciales faites à la religion chrétienne, nous avons pour garantie de sa perpétuité la nature humaine elle-même. L'homme est un être religieux par nature; l'homme croit naturellement à une puissance supérieure; il aspire invinciblement à une vie future. La morale spiritualiste, la seule rationnelle, la seule réellement efficace, est une morale éternelle; elle a toujours été et sera toujours, tant que l'homme subsistera, la règle divine de ses actions et l'explication de sa sublime destinée.

Résumé.

I. Une certaine moralité partielle est possible chez les athées. — Elle peut se fonder sur l'idée du devoir, sur l'intérêt, sur l'opinion publique et sur la sympathie, motifs insuffisants, mais réels.

II. Cette moralité est toujours incomplète, puisque les devoirs envers Dieu sont supprimés. — Elle n'est possible que grâce à certaines prédispositions heureuses. — La morale purement humaine n'a pas d'arguments efficaces pour convertir les mauvaises natures. — Elle n'en a pas non plus pour soutenir l'homme dans les grandes tentations.

III. Il faut tenir compte aussi des traditions de morale religieuse qui existent dans la société. Ce sont ces traditions qui soutiennent le niveau de la morale humaine. — Si elles étaient détruites, la dépravation deviendrait extrême. — Mais elles ne peuvent l'être entièrement, car l'homme est naturellement religieux.

MORALE THÉORIQUE.

2ᵉ PARTIE.

LA CONSCIENCE
ou
LA LOI MORALE DANS L'HOMME.

Nous avons étudié le fait fondamental du sentiment de l'obligation morale au point de vue de son principe divin et de sa sanction dans la vie future. Nous allons maintenant étudier cette obligation elle-même, en tant qu'elle se manifeste dans la conscience, et en examiner la nature, l'étendue et la portée.

L'*obligation* morale ou la **loi morale** est une *loi* qui règle les actions des hommes. Cette loi s'*impose* à la *volonté* de l'homme à la condition d'avoir été manifestée à son intelligence.

Nous avons donc à étudier en premier lieu la *loi* morale en elle-même, puis les *rapports divers entre cette loi* et les *actions* particulières que l'homme peut faire; en troisième lieu, les *conditions de la responsabilité* de l'homme qui dépendent de l'état de sa *volonté*, et en dernier lieu, la *manifestation* de la loi *morale dans la conscience* de chaque individu, et les conséquences qui résultent de la connaissance plus ou moins parfaite qu'il en possède.

CHAPITRE Iᵉʳ.

DE LA LOI NATURELLE ET DES LOIS POSITIVES.

I.

Loi naturelle. — Ses caractères.

La loi morale, qui s'impose à la conscience de tous les hommes, prend, par opposition avec les prescriptions établies par des législateurs, le nom de **loi naturelle**.

Elle consiste dans des prescriptions générales affirmatives ou négatives telles que celles-ci : Il faut honorer tes parents. Il ne faut pas tuer. Il ne faut pas mentir.

Son existence se manifeste de deux manières.

Lorsque ces préceptes généraux sont énoncés, ils apparaissent à la raison comme des vérités évidentes qu'on ne peut contester sans absurdité.

Dans le cours de la vie, lorsque nous agissons ou que nous voyons agir les autres, nous jugeons nos actions et les leurs en appliquant instinctivement ces mêmes principes. Quand nous voyons un fils honorer ses parents, nous disons : Cela est bien. Quand nous apprenons qu'un homme a volé, notre conscience nous dit qu'il a fait mal.

La loi naturelle présente certains caractères importants.

Elle est *universelle*. Ce qui est mal dans un pays est mal dans tout autre. La phrase célèbre de Pascal : vérité en deçà des Pyrénées, erreur au delà, n'est qu'un paradoxe. En réalité, la morale est la même partout, seulement elle peut être plus ou moins bien connue, et il peut exister des préjugés, c'est-à-dire des erreurs en morale, extrêmement répandus. Néanmoins, la conscience, interrogée de bonne foi, fait le plus souvent justice de ces erreurs.

La loi naturelle est *immuable*. Ce qui était bien autrefois est encore bien aujourd'hui, et le sera demain.

La loi naturelle est immuable parce qu'elle repose sur la nature humaine qui est toujours la même.

Dieu lui-même ne peut pas changer la loi naturelle, ou du moins il ne pourrait le faire qu'en changeant la nature de l'homme, en faisant de l'homme un autre être, ayant d'autres facultés et d'autres relations. Il y a même certains préceptes, tels que celui d'honorer Dieu, qui ne pourraient être changés dans aucune hypothèse.

La loi naturelle est l'expression de la volonté de Dieu, mais d'une volonté nécessaire et immuable elle-même.

Elle peut néanmoins être plus ou moins bien connue, et il est possible que le progrès de l'humanité fasse mieux comprendre le mal de certaines coutumes. C'est ainsi que la polygamie, bien que contraire à la loi naturelle et à la fin du mariage, a été autrefois généralement pratiquée par des gens qui n'en voyaient pas la culpabilité.

8.

Immuable en elle-même, la loi naturelle peut donc être *progressive* dans la conscience de l'humanité.

La loi naturelle est *absolue*. Ce qu'elle commande doit être accompli à tout prix, quoi qu'il en coûte.

Comme elle est fondée sur la nature humaine, elle ne comporte pas de dispense ni d'exceptions.

Il faut observer ici que c'est la loi naturelle dans son ensemble qui est ainsi absolue. Les formules spéciales des différents préceptes sont au contraire susceptibles de comporter des exceptions dans des cas déterminés. Ainsi le précepte de ne pas tuer comporte l'exception du cas de défense légitime et du cas où il s'agit d'un criminel justement condamné à mort.

Est-il possible de ramener à une seule formule primordiale tous les préceptes de la loi naturelle?

Certains philosophes l'ont cru. Kant a adopté successivement les deux formules suivantes :

Agis dans chaque circonstance de manière que ton action puisse devenir une règle universelle.

Agis de telle sorte que tu traites toujours l'humanité, soit dans ta personne, soit dans celle des autres, comme une fin et non comme un moyen.

D'autres philosophes ont dit que la loi morale consiste à être réellement homme, à développer toutes les facultés, et principalement les plus élevées de la nature humaine.

Ces formules générales sont très abstraites; il est douteux qu'elles contiennent réellement toutes les prescriptions de la loi naturelle.

Ces formules ont d'ailleurs peu d'utilité. La loi naturelle se manifeste dans notre conscience sous la forme d'une série de prescriptions déterminées et distinctes, qui toutes sont obligatoires par elles-mêmes. Sans doute si nous connaissions parfaitement la nature de l'homme, son rôle dans l'univers, sa destinée, il serait possible de découvrir le lien de chaque précepte avec la nature et la fin de l'humanité. Mais Dieu ne nous a pas révélé ses desseins sur nous d'une manière si complète. Au point de vue pratique, il est mieux de s'en tenir à des préceptes d'une moins grande généralité, à ces lois claires et certaines que nous trouvons dans notre conscience.

II.

Lois positives. — Fondement de leur obligation.

Parmi les préceptes de la loi naturelle, il en est un qui sert de fondement à une série particulière d'obligations très étendue et très vaste.

C'est le précepte d'*obéir à l'autorité des supérieurs*.

L'idée de *supérieur* ayant une *autorité* se manifeste à notre intelligence de bien des manières.

Dans la famille, il y a l'autorité paternelle et maternelle.

Dans la société civile, l'autorité des magistrats et des législateurs.

Lorsque, par la conscience et la raison, l'homme s'est élevé jusqu'à l'idée d'un *Dieu créateur*, ce *Dieu* est encore un supérieur revêtu de la plus haute des autorités.

Enfin, si ce Dieu a sur la terre des représentants auxquels il ait par un signe visible conféré une part de son pouvoir, là encore se trouvera une autorité incontestable.

Or, l'idée d'autorité existant, la loi naturelle prononce qu'il faut obéir à l'autorité.

Dès lors encore, si une personne revêtue de cette autorité promulgue une loi ou donne un ordre, cette loi et cet ordre deviennent obligatoires en conscience, comme la loi naturelle elle-même.

Les lois et les préceptes ainsi promulgués par les supérieurs se nomment : **lois positives**.

On voit par là que l'autorité des lois positives repose indirectement sur la loi naturelle.

L'obligation d'obéir est appuyée sur le raisonnement suivant :

Il faut obéir à l'autorité légitime.

Or, l'autorité prescrit telle chose.

Donc, il faut faire telle chose.

Le raisonnement serait le même s'il s'agissait de lois fondées sur la volonté du peuple et sur le suffrage de tous les habitants. Là encore, pour que la loi oblige la conscience, il faut remonter jusqu'à la loi naturelle et admettre que la loi naturelle veut que les citoyens d'un pays obéissent à la loi votée par la majorité ou, ce qui revient au même, que cette majorité possède l'autorité et le droit de commander.

Nous verrons, dans une autre partie de ce livre, sur quoi repose cette autorité de la majorité dans certaines sociétés.

Pour le moment, nous ne nous occupons que du principe.

Ce principe, c'est que toute loi positive, pour être obligatoire en conscience, suppose, dans celui qui l'établit, une autorité, et repose sur le principe général de l'obéissance due aux supérieurs contenu dans la loi naturelle.

III.

Caractères des lois positives.

Voyons maintenant quels sont les caractères des lois positives.

En premier lieu, elles ne sont pas, comme la loi naturelle, fondées sur la nature même de l'homme et sur ses relations essentielles avec les autres êtres.

Sans doute, si elles sont justes, elles doivent être conformes à la nature de l'homme, mais elles ne sont pas exigées par cette nature.

Leur fondement est la volonté du législateur, qui détermine lui-même ce qu'il croit le plus utile.

Aussi ces lois n'ont-elles pas nécessairement les caractères que nous avons reconnus à la loi naturelle. Elles ne *sont pas* nécessairement *universelles*. Les lois positives d'un pays peuvent différer de celles d'un autre. Elles ne sont pas *immuables*; elles sont créées et peuvent être abrogées par la volonté du législateur.

Elles peuvent *comporter des exceptions, des dispenses*. Le législateur lui-même peut vouloir qu'elles cessent d'obliger quand leur accomplissement serait trop difficile ou entraînerait de graves inconvénients.

Nous pouvons essayer de faire comprendre plus clairement en quoi la loi naturelle diffère des lois positives.

Quand un acte est défendu par la loi naturelle, cet acte est mauvais en lui-même; il est *défendu parce qu'il est mauvais*. Le vol est défendu parce qu'il est mal de voler.

Quand un acte est défendu par une loi positive seulement, cet acte n'est pas mauvais en lui-même, mais *il devient mauvais par l'effet de la loi*. Ainsi, la défense de chasser à certaines époques, résulte d'une loi positive : sans cette défense, la chasse serait permise; cet exercice n'est donc pas défendu parce qu'il est mauvais en soi; il devient mauvais parce qu'il est défendu.

IV.

Limite de l'obligation des lois positives humaines.

Les lois positives faites par les hommes ne peuvent être obligatoires en conscience qu'à plusieurs conditions. Il faut que l'autorité qui les promulgue soit revêtue du droit de commander, qu'elle soit compétente pour légiférer sur la matière sur laquelle porte la loi, et enfin que la loi ne soit pas contraire à la loi naturelle ni à une loi divine positive.

Faute des deux premières conditions, la loi est nulle et sans effet; les hommes restent libres de ne pas lui obéir. Néanmoins il subsiste toujours un devoir général de respecter l'autorité; il faut donc que le refus d'obéissance, s'il est licite, ne soit pas accompagné des formes du mépris.

Quand la troisième condition n'est pas remplie, la loi est injuste et ne doit pas être observée. Toute la force obligatoire des lois positives vient, en effet, de la loi naturelle, qui, elle-même, a Dieu pour principe; toute loi positive qui ordonne le contraire de ce que prescrit la loi naturelle ou de ce que Dieu a ordonné est donc nulle de plein droit; la loi naturelle ou divine prévaut sur les lois humaines. Quand les hommes ordonnent le contraire de ce que Dieu ordonne, il vaut mieux obéir à Dieu qu'aux hommes.

V.

Division des lois positives.

On divise les lois positives en lois positives divines et humaines.

Une loi positive divine est une loi établie par Dieu lui-même, et distincte de la loi naturelle.

Une telle loi ne peut être manifestée à l'humanité que par une révélation extérieure et sensible, parce que la loi révélée intérieurement est la loi naturelle elle-même.

Suivant la doctrine chrétienne, il y a eu trois lois de ce genre promulguées par Dieu : une loi primitive, puis la loi de Moïse, destinée spécialement au peuple juif, et enfin la loi chrétienne qui comprend les institutions positives de l'Évangile, dont les principales sont les dogmes qu'il faut croire et les sacrements qu'il faut pratiquer.

Ne parlant dans ce traité que de la morale naturelle, nous n'avons pas à démontrer l'existence ni à prouver l'autorité de la loi positive révélée. Mais nous pouvons et nous devons constater qu'une telle loi est possible, Dieu étant le maître des hommes et pouvant leur ordonner ce qui lui plaît. Nous devons reconnaître qu'une telle loi, si elle existe, est obligatoire et qu'elle doit prévaloir sur les lois humaines contraires.

Parmi les lois humaines, on distingue en premier lieu les lois ecclésiastiques. Ces lois, établies par l'Église, tirent leur force obligatoire de l'autorité de l'Église, laquelle s'appuie encore sur la révélation. Nous ne devons donc ici que les mentionner.

Viennent ensuite les lois civiles établies par l'autorité qui gouverne la société entière.

Enfin les préceptes des parents, qui ont l'autorité dans chaque famille.

VI.

Lois écrites et non écrites.

On oppose quelquefois la loi naturelle aux lois écrites. Il est utile de bien se rendre compte de ces expressions.

La loi naturelle, étant gravée dans le cœur de l'homme, n'a pas besoin d'être écrite extérieurement.

Les lois positives humaines sont en général écrites et réunies sous forme de codes.

On appelle donc quelquefois la loi naturelle : loi non écrite, par opposition aux lois humaines qui sont écrites.

Mais cette désignation n'est pas absolument exacte. La loi naturelle peut être mise par écrit. Le Décalogue de Moïse en contient le résumé. D'un autre côté, il existe des lois humaines transmises oralement sans être écrites; ce sont les coutumes ou traditions des différents peuples.

Résumé.

I. Définition de la loi naturelle. — Loi gravée dans la conscience. — Ses caractères. — Elle est universelle, immuable, absolue. — Peut-elle être exprimée par une formule générale ?
II. Lois positives. — Fondement de leur force obligatoire. — Elles s'appuient sur la loi naturelle.
III. Elles peuvent être variables, locales, susceptibles d'exception. — Différence exacte entre les choses défendues par la loi naturelle parcequ'elles sont mauvaises, et les choses indifférentes qui deviennent mauvaises parce qu'elles sont défendues par la loi positive.
IV. Limite de l'obligation des lois positives humaines.
V. Classifications des lois positives.
VI. Lois écrites et non écrites.

CHAPITRE II.

LE DEVOIR ET LE DROIT. — DIGNITÉ DE LA PERSONNE HUMAINE.

I.

Classification des devoirs.

Les obligations qui résultent de la loi morale portent le nom de *devoirs*.

Ces devoirs peuvent être divisés de diverses manières.

On peut les diviser selon les diverses relations que l'homme soutient avec les autres êtres. On distingue, sous ce rapport, les *devoirs envers Dieu*, les *devoirs envers le prochain* et les *devoirs envers soi-même*.

Cette classification n'est pas absolument exacte. D'une part, Dieu étant le principe de la morale, tous les devoirs sont, en un sens très vrai, des devoirs envers Dieu. D'autre part, l'expression de devoirs envers soi-même est peu exacte. L'homme ne saurait être obligé envers lui-même.

Cette classification représente cependant une idée vraie.

Ce qu'on appelle vulgairement devoirs envers Dieu, ce sont les devoirs relatifs aux rapports personnels de l'homme avec Dieu, considéré comme son maître et son créateur.

L'expression de devoirs envers le prochain est au contraire exacte parce que les hommes sont des personnes capables d'avoir des droits et envers lesquelles on peut avoir des devoirs.

Ce qu'on appelle devoirs envers soi-même serait mieux défini : devoirs individuels. Cette catégorie comprend tous les devoirs qui ne résultent pas des relations de l'homme avec d'autres personnes. Parmi ces devoirs, les principaux concernent la conservation et le développement de notre propre personne.

Les devoirs peuvent donc être divisés en **devoirs spéciaux envers Dieu, devoirs envers le prochain** et **devoirs individuels.**

Une autre classification des devoirs peut se tirer de l'espèce des lois auxquelles ils correspondent.

Sous ce rapport, on peut distinguer deux classes de devoirs ; *devoirs imposés par la loi naturelle, devoirs imposés par les lois positives.*

Les premiers sont universels et absolus comme la loi naturelle elle-même. Les seconds peuvent être différents, suivant les lieux et les pays.

Outre ces deux catégories, il en est une troisième, non moins importante.

Ce sont les *devoirs qui résultent des engagements que l'homme a contractés.* L'homme peut aliéner, dans une certaine mesure, sa liberté par certains engagements. De là résultent certains devoirs. L'engagement est comme une loi que l'homme s'est imposée à lui-même. Lorsque cet engagement est contracté à l'égard d'une autre personne, il peut, dans certains cas, conférer à cette personne un droit véritable. Dans ce cas, l'homme qui s'est engagé librement n'a pas le droit de se dégager ni de rompre le lien qu'il a noué lui-même. Il faut que ce soit celui envers qui il s'est engagé qui, en renonçant à son droit, le dégage de cette obligation.

Les devoirs résultant des engagements pris par l'homme reposent sur la loi naturelle. La loi naturelle contient, en effet, un précepte général : Il faut tenir ses engagements. C'est ce précepte général qui, s'appliquant à un engagement particulier, rend l'accomplissement de cet engagement obligatoire en conscience.

Classification générale des lois et des devoirs.

Loi morale embrassant tous les devoirs.
- 1 Loi naturelle, immuable, absolue.
- 2 Lois positives.
  - divines
    - primitive,
    - mosaïque,
    - chrétienne.
  - humaines
    - loi ecclésiastique,
    - loi civile,
    - préceptes des parents.
- 3 Devoirs résultant des engagements contractés.

Telle est la triple catégorie de devoirs qui s'impose à la conscience de l'homme.

L'accomplissement de tous ces devoirs est une tâche difficile. Ce n'est pas cependant le but le plus élevé qui soit proposé à la liberté humaine.

Comme nous l'avons déjà expliqué, au delà du *devoir rigoureux*, il y a la *perfection* ; au delà du *bien*, il y a le *mieux* ; au-dessus de la *loi*, il y a l'*idéal moral* ; au delà de ce qui est *commandé*, il y a ce qui doit être simplement *conseillé*.

C'est en joignant à la loi proprement dite du devoir cette règle plus élevée de la perfection que l'on peut diriger toutes les actions de la vie humaine, tous les mouvements libres du cœur, toutes les paroles de l'homme, suivant les inspirations de la conscience.

II.

Le droit corrélatif au devoir.

L'idée de *devoir* est celle d'un lien moral, d'une dépendance de la liberté humaine par rapport à une loi supérieure.

L'idée de **droit**, corrélative à celle de devoir, représente un pouvoir, une supériorité, une liberté dans l'ordre moral.

On peut définir le droit en général :

Pouvoir légitime de faire ou d'exiger certaines choses.

Le droit est un pouvoir de même espèce que le lien du devoir, c'est-à-dire un *pouvoir d'ordre moral*. De même que l'obligation morale est distincte de la contrainte physique, de même le droit, pouvoir moral, est distinct de la puissance physique d'accomplir l'acte que l'homme possède le droit de faire : le droit subsiste, lors même que son effet est empêché par la force.

On peut distinguer deux espèces principales de droits : le *droit individuel* ou *droit de propriété*, le *droit social* ou *droit d'autorité*.

Le *droit individuel* ou *droit de propriété* est celui qui appartient à toute personne humaine.

Ce droit consiste, en premier lieu, dans la faculté de faire à son gré tout ce qui n'est pas défendu par une loi. A ce point de vue, l'homme a le droit de faire tout ce qu'il n'a pas le devoir d'omettre, et le droit d'omettre tout ce qu'il n'a pas le devoir de faire. Le droit et le devoir se limitent l'un l'autre.

En second lieu, le droit individuel consiste à jouir de son travail, à user de sa propriété.

Nous devons ranger dans la même catégorie le droit à la récompense ou le mérite qui correspond aux bonnes actions. C'est sous un autre rapport, le droit de jouir de la conséquence du bien que l'on a fait.

Jusqu'ici, le droit individuel consiste dans la faculté de *faire certains actes* ou de *jouir de certains objets*.

Mais ce premier droit en entraîne un second, celui de *ne pas être troublé dans sa liberté* ni *dans sa propriété*. Par là, quiconque possède un droit impose par là même aux autres hommes un devoir, celui de respecter son droit.

C'est le principe fondamental de la justice : rendre à chacun ce qui lui appartient.

Tout à l'heure, nous voyions le devoir et le droit se limiter l'un l'autre dans la même personne. Maintenant nous voyons ce droit de l'un être cause du devoir de l'autre.

Le *droit social* ou *droit d'autorité* est celui qui appartient à tous les supérieurs, aux magistrats, aux parents. Ce droit leur est conféré pour le bien des inférieurs.

Le droit de commander chez les supérieurs correspond au devoir d'obéir chez les inférieurs. Ici encore le droit de l'un est la cause du devoir de l'autre.

On peut se demander maintenant si, de ces deux notions corrélatives, celle du droit et celle du devoir, l'une est la première selon l'ordre logique, si l'une est le fondement de l'autre, ou si elles sont toutes deux primitives.

Suivant certains philosophes modernes, le devoir serait le

fondement du droit. L'homme n'aurait de droits que parce qu'il a des devoirs, et son droit se réduirait à la liberté d'accomplir son devoir.

Cette opinion est erronée. L'homme a le droit de faire beaucoup de choses qu'il n'est pas obligé de faire : son droit s'étend plus loin que son devoir.

D'un autre côté, il n'a pas toujours le droit de faire ce qui serait son devoir. Dans le cas où la conscience est dans l'erreur, cas que nous examinerons plus loin, l'homme a le devoir d'obéir à sa conscience qui est dans l'erreur, et par conséquent de faire certaines actions qui en elles-mêmes sont mauvaises, et que les autres hommes ou la société ont le droit de réprimer.

Faut-il maintenant croire que tout devoir procède d'un droit? Le seul droit qui pourrait ainsi être la source de tous les devoirs serait le droit suprême de Dieu. Mais on peut se demander si ce serait une expression exacte de dire, en général, qu'obéir à la loi morale, c'est respecter le droit de Dieu, ou que violer la loi morale, c'est violer ce droit. Le droit est quelque chose de personnel. Or, ce n'est pas en tant que personne, c'est en tant que principe essentiel du bien, c'est en tant qu'il est la loi elle-même vivante, que Dieu est le fondement de la morale.

Nous dirons donc volontiers que Dieu a droit à l'hommage, au respect, à l'accomplissement de certains devoirs spéciaux qui le regardent en tant que personne; mais en ce qui concerne la loi morale en général, il nous semble plus exact de dire qu'elle consiste en des devoirs qui ne procèdent pas d'un droit antérieur.

Nous dirons donc que le droit et le devoir sont des notions corrélatives, mais dont aucune n'est antérieure à l'autre.

Toutes deux procèdent originairement de la nature divine.

Le *devoir* procède de Dieu en tant que *loi suprême* et *principe du bien*. Tous les êtres créés, soumis par leur nature à la loi morale qui est Dieu même, ont des devoirs envers elle.

Le *droit* procède de Dieu en tant que *souverain maître du monde*. Les droits que possèdent les êtres créés sont une participation au droit du créateur. L'homme a des droits parce qu'il est créé à l'image de Dieu, et qu'il exerce sur sa propre personne et sur sa propriété un domaine analogue à celui que Dieu exerce sur l'univers.

Aussi aucune créature ne peut avoir de droit qui soit contraire au droit suprême de Dieu. Aucune créature ne peut, par son droit propre, imposer un devoir à Dieu. Dieu ne peut être lié que par ses propres promesses. On peut considérer les prévisions de la sanction par la conscience comme une promesse implicite de Dieu.

On peut se demander ensuite si le *droit individuel* et le *droit d'autorité* sont de même origine, ou si l'un procède de l'autre.

Certains philosophes ont soutenu que le droit individuel était la source du droit de l'autorité qui commande dans la société. C'est la théorie du contrat social soutenue par J.-J. Rousseau. Les hommes auraient primitivement droit chacun à leur liberté et ne seraient obligés d'obéir à personne. Puis, en s'associant, ils auraient créé un pouvoir auquel ils auraient conféré l'autorité.

Cette théorie est fausse; elle néglige le fait que l'homme vit naturellement en société, et que le devoir d'obéir aux supérieurs, auquel correspond chez ceux-ci le droit de commander, est gravé dans la conscience.

Selon d'autres philosophes, ce serait l'autorité de la société qui serait la source de tous les droits. L'individu ne jouirait de sa liberté et de sa propriété que par une concession de l'État.

C'est une théorie tyrannique, comme la précédente est une théorie anarchique.

La vraie doctrine est celle-ci :

Le droit individuel et le droit social sont indépendants l'un de l'autre. Tous deux procèdent de Dieu. C'est Dieu qui, en créant l'homme, lui confère le droit de s'appartenir à lui-même, d'user de ses facultés, de jouir de fruit de son travail; c'est Dieu qui, en créant ce même homme *social*, a voulu qu'il existât des supérieurs et des inférieurs et a conféré aux premiers le droit de commander, en imposant aux seconds le devoir d'obéir.

Le droit des individus et le droit de l'autorité qui commande dans la société, bien que de même origine primordiale, sont donc indépendants l'un de l'autre. Ils se limitent mutuellement. C'est cette limitation mutuelle de deux droits différents qui produit l'ordre et la liberté dans les sociétés humaines.

III.

Dignité de la personne humaine.

L'homme est le seul des êtres que nous connaissons qui possède à la fois des droits et des devoirs.

Les animaux et les êtres inférieurs n'ont ni droits ni devoirs.

Ces deux propriétés de la nature humaine résultent de ce qu'elle est raisonnable et libre. Sans la raison et la liberté, le droit et le devoir ne seraient pas concevables.

Le *fait* d'avoir des *droits* et des *devoirs* constitue donc l'éminente *dignité de la personne humaine*.

Cette dignité doit être respectée dans les autres hommes; nous devons respecter tous leurs droits et leur laisser la faculté d'accomplir leurs devoirs. C'est sur ce principe qu'est fondée la condamnation de l'esclavage.

Nous devons aussi respecter cette dignité en nous-même, en usant de nos droits et en les conservant, mais surtout en accomplissant nos devoirs.

L'homme qui manque au devoir, abaisse et diminue sa dignité. Il ne perd pas pour cela ses droits d'homme, mais il devient moins digne de les exercer. Il s'établit une sorte de contradiction entre sa nature raisonnable, qui est la source de ses droits, et sa vie contraire à la raison.

Celui qui fait son devoir, au contraire, conserve et augmente la dignité de sa personne. A la dignité naturelle se joint une dignité librement acquise qui lui attire tout spécialement et avec justice l'honneur et le respect.

Résumé.

I. Classification générale des devoirs : 1° D'après leur objet. — Devoirs envers Dieu, envers le prochain, devoirs individuels; — 2° D'après les lois qui les commandent. — Devoirs imposés par la loi naturelle. — Devoirs imposés par les lois positives. — Devoirs résultant des engagements. — C'est toujours la loi naturelle qui oblige directement ou indirectement.

II. Définition du droit. — Pouvoir légime de faire ou d'exiger quelque chose. — Le droit est un pouvoir moral. — Droit individuel et droit social. — Le droit et le devoir ont leur origine en Dieu. — Le droit individuel et le droit social ne procèdent pas l'un de l'autre. Ils ont aussi leur origine en Dieu.

III. La dignité de la personne humaine résulte de ce que l'homme possède seul des droits et des devoirs. — Comment cette dignité doit être respectée.

CHAPITRE III.

DE LA MORALITÉ DES ACTIONS HUMAINES. — INFLUENCE DE L'INTENTION. — DES ACTIONS CONSIDÉRÉES COMME MOYENS POUR PARVENIR A UNE FIN. — INFLUENCE DES CONSÉQUENCES PRÉVUES DE CERTAINES ACTIONS.

On appelle *moralité* d'une action son rapport avec la loi morale, ou, en d'autres termes, sa qualité bonne ou mauvaise, son degré plus ou moins grand de bonté ou de malice.

La moralité d'une action dépend de l'importance plus ou moins grande des lois auxquelles elle est conforme ou contraire. Ainsi il est plus mal d'assassiner que de voler. Un acte de générosité ou de dévouement est meilleur qu'un acte de stricte justice. C'est dans la morale particulière que nous aurons à apprécier à ce point de vue la moralité des actions humaines.

Mais cette moralité dépend aussi de certaines circonstances qui se trouvent dans toutes les actions, et dont l'étude appartient à la morale générale.

Ces circonstances sont au nombre de quatre principales :

1° L'*intention;*
2° Les *conséquences prévues;*
3° La *liberté* plus ou moins grande et la *délibération* plus ou moins complète;
4° La *connaissance* plus ou moins claire de l'obligation.

Dans ce chapitre, nous parlerons de l'intention et des conséquences.

I.

Influence de l'intention.

Observons en premier lieu que ce qui tombe directement sous la loi morale, ce ne sont pas les actions physiques et extérieures, ce sont les actes intérieurs de la volonté. Les actes extérieurs peuvent causer un dommage au prochain et obliger à une réparation, mais ce sont les actes intérieurs qui sont coupables ou vertueux.

Un homme qui en tue un autre sans le vouloir n'est pas un assassin, bien qu'il ait été cause physique de sa mort.

D'un autre côté, la résolution de tuer quelqu'un, quand elle n'est arrêtée que par une circonstance indépendante de la volonté de celui qui l'a prise, équivaut au meurtre lui-même.

Sans doute la loi humaine, qui ne juge que le dehors, ne peut condamner que celui qui a commencé à mettre à exécution le crime auquel il s'est résolu.

Sans doute aussi l'accomplissement complet et extérieur d'un crime, surtout quand il dure un certain temps, suppose une persévérance dans le mal qui ne se rencontre pas habituellement chez ceux qui n'ont formé que la résolution de commettre le crime et n'ont pu en venir à l'exécution.

Néanmoins, rigoureusement parlant, c'est la volonté seule qui est coupable, c'est la résolution interne seule qui est moralement mauvaise; de même dans une bonne action l'acte extérieur n'est que la conséquence de la bonne volonté du cœur, laquelle seule possède un mérite moral.

C'est donc d'après ce qui se passe à l'intérieur de l'âme que les actions de l'homme doivent être jugées par le moraliste. Il doit laisser au législateur humain le soin de régler et de punir l'extérieur.

Or, si nous examinons ce qui se passe en nous, quand nous nous déterminons à une action, nous voyons qu'il y a généralement deux actes de volonté distincts. D'une part, il y a la *résolution de commettre l'action*. D'autre part, il y a le *choix de la fin pour laquelle nous commettons cette action*. Ce choix se nomme l'*intention*.

La plupart de nos actions ne sont que des moyens destinés à obtenir un certain résultat. Ainsi un laboureur travaille *afin* de faire produire au sol une bonne récolte, il veut avoir une bonne récolte *afin* de gagner de l'argent ou de nourrir sa famille ou d'être à l'abri de la misère. Un élève étudie *afin* d'obtenir un diplôme; il veut avoir ce diplôme *pour* entrer dans une carrière, ou *pour* satisfaire ses parents.

On voit qu'une même action peut être provoquée par plusieurs intentions dépendantes l'une de l'autre et formant comme les anneaux d'une chaîne. Il y en a toujours une dernière qui se confond, en général, avec un des motifs généraux que nous avons cités : le devoir, l'intérêt ou le plaisir. Mais il y a aussi des intentions intermédiaires qui consistent en certains résultats particuliers que nous voulons obtenir : telle est la bonne récolte pour le laboureur, le diplôme pour l'étudiant.

Les diverses intentions que nous nous proposons dans chaque action se découvrent en se posant la question : Pourquoi fais-je telle chose?

On peut se poser cette question plusieurs fois de suite jusqu'à ce qu'on arrive à l'intention dernière.

Ayant bien compris ce que c'est que l'intention, nous pouvons poser les principes suivants :

I. *Une action bonne ou indifférente devient mauvaise quand elle est faite à mauvaise intention.* Ainsi, un homme qui n'étudierait le droit que pour apprendre à violer la loi impunément, ferait en étudiant un acte coupable.

II. *Une action mauvaise faite à bonne intention ne devient pas bonne pour cela.* En d'autres termes, la **fin ne justifie pas les moyens**. Il ne faut pas faire une mauvaise action pour que le bien en soite. Il serait mal de voler pour donner à un pauvre.

Ainsi il faut, pour qu'une action soit bonne, que l'objet de l'action et l'intention soit tous deux bons.

S'il y a, comme dans les exemples précédents, plusieurs intentions dépendantes l'une de l'autre, toutes doivent se rapporter à des objets licites; sans cela, l'action devient mauvaise.

Ici nous pouvons faire plusieurs remarques :

1° Certaines intentions ne sont pas mauvaises en elles-mêmes, mais seulement par rapport à certaines actions. Ainsi faire du commerce *pour gagner de l'argent* est permis; accomplir un acte religieux ou faire à quelqu'un des démonstrations d'amitié dans le même but serait coupable;

2° En dehors des intentions principales qui déterminent l'homme à agir, il se glisse dans sa pensée et dans sa volonté des intentions accessoires qui, si elles sont mauvaises, diminuent, mais ne détruisent pas le mérite des bonnes actions.

Ainsi un homme remplit par devoir la fonction dont il est chargé, mais il désire aussi obtenir l'estime de ses chefs ou une position plus avantageuse. Son mérite sera moins grand que s'il n'était poussé que par le devoir seul. Un prédicateur veut avant tout convertir des âmes, mais il veut aussi passer pour éloquent; ce mérite sera diminué.

Ce qu'on appelle agir avec *pureté d'intention,* c'est chasser de sa volonté les intentions personnelles et égoïstes et n'agir que par des motifs élevés, par devoir, par dévouement, par amour de Dieu et du prochain. C'est par cette pureté d'intention que les hommes éminemment vertueux, les saints, se distinguent des simples honnêtes gens.

II.

Influence des conséquences.

Tout homme est responsable, non seulement des actions qu'il commet, mais des conséquences que ces actions peuvent entraîner et qu'il a prévues.

Ainsi l'homme qui s'enivre est responsable des actions coupables qu'il commet dans l'état d'ivresse, pourvu qu'il ait pu prévoir qu'il s'exposait à les commettre. Un négociant qui fait des dépenses excessives est responsable du tort qu'il fera à ses créanciers, si plus tard il ne peut tenir ses engagements.

De ce principe évident nous pouvons tirer plusieurs conséquences :

1° Si une action *bonne* ou *indifférente* en elle-même, mais *non obligatoire,* a des conséquences fâcheuses, elle *devient mauvaise* par cela même. Ainsi il est permis de faire galoper un cheval, mais cela devient défendu si on risque de blesser les passants; il est permis d'allumer du feu, mais cela devient coupable si l'on est près d'une poudrière;

2° Si une action *mauvaise* ou l'*omission* d'un *devoir* avait des *conséquences utiles, il ne serait pas permis pour cela de commettre l'action coupable ou d'omettre le devoir.* Il faut encore ici appliquer le principe général : On ne doit pas faire le mal, même pour que le bien en sorte.

Ici cependant il faut faire une distinction importante.

S'il s'agit d'une action *mauvaise en soi* et contraire à la loi naturelle, la règle est absolue. Il ne faut jamais commettre une telle action. On n'a pas le droit d'assassiner un homme, même pour sauver le pays.

S'il s'agit d'une action qui n'est *défendue que par une loi positive,* on peut, dans certains cas, admettre qu'une telle action deviendra permise en raison des conséquences utiles qu'elle entraîne. En effet, si cette action n'était mauvaise que par suite de la défense d'un législateur, on peut supposer que le législateur n'a pas voulu comprendre dans sa loi le cas dont il s'agit.

Ainsi il sera permis à une mère de manger de la viande un jour où cela est défendu, pour pouvoir nourrir son enfant. Il sera permis à un ouvrier de travailler le dimanche s'il n'a pas d'autres moyens de gagner la vie de sa famille. Un inférieur qui voit avec certitude que l'exécution d'un ordre entraînera de très graves et très funestes conséquences, que le supérieur n'a pas prévues, pourra prendre sur lui de ne pas obéir.

Remarquons bien que, dans ces exemples, ce n'est pas la fin qui justifie de mauvais moyens. Ce sont les moyens qui cessent d'être mauvais, parce qu'ils cessent d'être défendus. Ainsi cette règle ne s'applique qu'aux actions contraires à la loi positive, c'est-à-dire mauvaises parce qu'elles sont défendues. Elle ne s'applique pas aux actions contraires à la loi naturelle, ou défendues parce qu'elles sont mauvaises en elles-mêmes.

Cependant, même en ce qui concerne la loi naturelle, si une action n'était défendue que par une conséquence dérivée d'un principe et non par le principe lui-même, il pourrait arriver qu'une conséquence de l'action elle-même en changeât la moralité.

Ainsi, en général, la sûreté des rapports sociaux exige que l'on parle ouvertement, sans équivoque de langage : il en résulte qu'en général il est mal de parler avec équivoque. Mais la même sûreté des rapports sociaux exige que les secrets soient fidèlement gardés. Si donc un langage plus ou moins équivoque était nécessaire pour garder un secret, il deviendrait permis à cause de sa conséquence.

De même, il est permis de tuer un homme pour se défendre, bien qu'en général il soit défendu de tuer.

Dans tous ces cas ce n'est pas la fin qui justifie de mauvais moyens. Ce sont des actions qui, mauvaises en général, cessent de l'être, en raison de leurs conséquences.

3° Si une *action qui n'est pas mauvaise en elle-même a deux sortes d'effets, les uns bons, les autres mauvais*, cette action sera licite, ou pourra même devenir obligatoire, si *les effets bons com-*

pensent ou surpassent les mauvais. Dans le cas contraire, l'action est mauvaise.

Ainsi un souverain qui se demande s'il doit faire la guerre examine si les avantages qui doivent résulter pour le pays (en supposant qu'il y ait un motif de guerre légitime) compensent les maux que la guerre entraînera.

Cette compensation ne peut se faire que par une appréciation de la conscience à laquelle on ne peut pas assigner de règles précises.

Ce cas est extrêmement fréquent dans la vie humaine. La plupart de nos actions entraînent un grand nombre de conséquences bonnes ou mauvaises que la prudence doit prévoir et la conscience apprécier.

L'une des applications les plus fréquentes est relative à la *coopération* à une action mauvaise. Quand la coopération est directe, elle s'appelle *complicité*, et elle est toujours mauvaise. Ainsi tenir un homme pendant qu'un assassin cherche à le tuer c'est être assassin soi-même.

Mais quand la coopération est éloignée et indirecte, la question est plus difficile. Par exemple, est-il permis de donner à boire à un homme quand on prévoit qu'il doit s'enivrer, de prêter une échelle à un voleur qui doit s'en servir pour escalader une maison, de travailler à imprimer un livre immoral ou irréligieux?

La réponse est celle-ci : Cela n'est permis que pourvu qu'il existe une bonne raison assez puissante pour compenser, selon l'appréciation de la conscience, le mauvais effet de la coopération. Ainsi le cabaretier pourra donner à boire à l'ivrogne, si c'est le seul moyen d'éviter que celui-ci ne se livre à des violences; l'ouvrier imprimeur pourra concourir à l'impression d'un mauvais livre s'il ne peut pas gagner autrement sa vie, etc.

Observons en dernier lieu que les conséquences dont l'homme peut être responsable sont celles qu'il a prévues. Les conséquences qu'il aurait pu et dû prévoir, mais qu'il n'a pas prévues par négligence, n'augmentent pas la culpabilité de l'acte même auquel il se détermine. Mais la négligence, le défaut de réflexion, la précipitation à se déterminer peuvent constituer une faute spéciale, et, en raison de cette faute, il peut y avoir lieu à réparer le tort fait involontairement au prochain.

Résumé.

Définition de la moralité des actions. — Circonstances principales qui influent sur cette moralité.
I. Définition de l'intention. — Intentions enchaînées. — Intentions principales et intentions secondaires. Il faut que l'intention et l'objet soient tous deux bons. — La fin ne justifie pas les moyens. — Pureté d'intention.
II. Une action indifférente peut devenir mauvaise ou bonne par ses conséquences. — Une action mauvaise en soi ne peut devenir bonne. — Cas où les actions défendues par les lois positives cessent d'être mauvaises. — Acte à double effet. — Principe de la compensation des bons et mauvais effets. — Application à la coopération au mal. — L'homme n'est responsable que des conséquences prévues de ses actes.

CHAPITRE IV.

CONDITIONS GÉNÉRALES ET LIMITES DE LA RESPONSABILITÉ. — CAUSES QUI DÉTRUISENT OU MODIFIENT LE LIBRE ARBITRE. — DE LA DÉLIBÉRATION PLUS OU MOINS COMPLÈTE.

Pour que l'homme soit responsable d'une action, il faut deux conditions essentielles :
Il faut qu'il ait agi librement ;
Il faut qu'il ait connu la bonté ou la malice de l'action.
Nous ne traiterons ici que de la première condition : causes qui détruisent ou modifient le libre arbitre. L'étude de la seconde trouvera sa place dans la théorie de la conscience.

I.

Causes qui détruisent le libre arbitre.

Nous avons montré plus haut (livre Ier, ch. VIII) que l'homme est doué du libre arbitre ou de la faculté de se déterminer entre plusieurs alternatives.
Or, la liberté n'est concevable qu'unie à la *raison*. Sans *raison*, l'homme ne peut juger des motifs de ses actions ; il est poussé au hasard par des mobiles aveugles qui agissent sur sa sensibilité et son imagination.
La *folie* détruit donc complètement le libre arbitre et la responsabilité.

L'*ivresse* est une perte passagère de la raison. Elle détruit donc, quand elle est complète, la liberté, et par conséquent la responsabilité actuelle.

Mais, comme l'*ivresse* est elle-même le résultat d'un acte volontaire, il s'ensuit que celui qui, en s'enivrant, a pu et a dû prévoir qu'il commettrait certains actes coupables, en est indirectement responsable.

D'après ce principe, un homme qui est surpris par l'ivresse pour la première fois, et qui ne connaît pas les conséquences de l'abus du vin sur son caractère, ne sera pas responsable moralement des actes commis en l'état d'ivresse. Il ne sera coupable que du fait de s'être enivré.

Mais l'homme qui a l'habitude de s'enivrer, et qui sait à quelles conséquences il s'expose, est responsable des actes coupables qu'il a ainsi prévus.

II.

Causes qui modifient l'action de la volonté libre.

En laissant de côté l'erreur et l'ignorance, dont nous parlerons plus loin, on peut ramener ces causes à quatre principales : la **crainte, la passion, l'habitude, l'influence de l'hérédité.**

La *crainte* est l'impression produite dans l'âme par la pensée d'une souffrance qui nous menace.

Elle agit sur la volonté en rendant plus difficile de faire l'action qui pourrait entraîner un danger.

Elle diminue la liberté et la responsabilité, en ce sens que l'acte coupable commis par crainte est moins répréhensible que s'il était commis par malice.

Mais la crainte ne détruit pas la responsabilité. L'homme doit faire son devoir, nonobstant tout danger.

La *passion* produit un effet analogue à la crainte, en ce sens qu'il est difficile à la volonté de lui résister.

Mais il y a cette différence que celui qui agit par crainte agit à contre-cœur, tandis que celui qui agit par passion suit son inclination.

Il en résulte qu'une fois que l'homme s'est décidé à céder à la passion, ses actes coupables deviennent plus énergiquement volontaires, et, par conséquent, plus répréhensibles.

Il faut donc distinguer trois cas :

1º Celui où l'homme résiste à sa passion avec succès; alors la passion vaincue augmente son mérite;

2º Celui où l'homme succombe à la passion, même après avoir résisté et avec l'intention de se relever de sa chute et de résister de nouveau. Alors la passion, sans l'excuser complètement, diminue sa culpabilité;

3º Le cas de l'homme qui s'abandonne à la passion sans résistance. Alors la passion, loin d'être une excuse, est une aggravation de la faute, parce qu'elle augmente l'intensité de la volonté, portée vers le mal.

Les actes qui sont accomplis en luttant courageusement contre la crainte ou la passion se nomment actes héroïques.

Ces actes, malgré leur difficulté, sont très souvent obligatoires.

La troisième cause qui modifie le libre arbitre est l'habitude.

L'*habitude* est une tendance et une facilité à agir dans un certain sens, produites par des actes répétés.

Les *habitudes* de faire certaines bonnes actions s'appellent **vertus;** les habitudes mauvaises arrivées à une certaine force prennent le nom de **vices.**

On peut dire de l'habitude ce que nous avons dit de la passion : elle diminue la responsabilité sans la détruire. Quand on s'y abandonne sans résistance, elle aggrave la volonté et la culpabilité.

Mais il faut observer, à l'égard des habitudes, qu'elles sont le produit d'actes volontaires antérieurs. Indépendamment de l'effet actuel de l'habitude contractée, il y a une responsabilité indirecte, provenant de ce qu'elle a été contractée librement, avec une certaine prévision des conséquences.

Celui qui, par des actes répétés, contracte une mauvaise habitude, doit prévoir, pour peu qu'il réfléchisse sur les exemples qui sont sous ses yeux, que, plus tard, il aura plus de peine à faire le bien, et une plus forte tendance à commettre de mauvaises actions. Il encourt donc, au moment où il commet les actes dont l'habitude doit être l'effet, une responsabilité spéciale, distincte de celle des actes eux-mêmes, et concernant leur conséquence éloignée qu'il a prévue.

La quatrième cause qui modifie l'usage du libre arbitre consiste dans l'influence de l'*hérédité*. L'homme reçoit de ses parents un certain *tempérament physique* qui le rend plus accessible certaines tentations, et *des instincts héréditaires* bons ou mauvais. On ne saurait nier qu'il n'y ait dans l'hérédité une véritable cause exerçant son influence sur la volonté.

Mais, comme la passion et l'habitude, l'hérédité ne fait que modifier la liberté sans la détruire. Quand les instincts héréditaires sont mauvais, quand le tempérament est violent et vicieux, les fautes sont moins graves, mais elles sont toujours des fautes. L'homme a dans sa liberté le pouvoir de triompher de ces influences et sa conscience lui prescrit de le faire.

S'il était vrai que l'hérédité excusât complètement certains hommes, ces hommes ne seraient plus des hommes raisonnables, mais des bêtes brutes. Dans ce cas, il faudrait leur ôter les droits qui appartiennent à la nature humaine, et les ranger parmi les aliénés ou les idiots de naissance, mais en réalité cela n'arrive pas; l'hérédité ne détruit ni le libre arbitre ni la responsabilité.

III.
De la délibération plus ou moins complète.

Il ne suffit pas que l'homme possède la liberté, il faut qu'il en use.

Or, il en use d'autant plus complètement que l'action a été plus mûrement délibérée.

On peut, sous ce rapport, distinguer trois sortes d'actions :

1° Il y a des actions, il y a surtout des phénomènes internes, pensées ou sentiments, qui sont *spontanés* et *instinctifs*. L'homme se trouve surpris, pour ainsi dire sans avoir pu réfléchir, par son propre acte. Ces actes spontanés et instinctifs, ayant lieu sans aucune délibération, et par conséquent sans aucun usage de la raison et du libre arbitre, ne sauraient être ni méritoires ni coupables. Dans ce nombre sont les premiers mouvements des passions, les attraits et les répugnances involontaires;

2° La seconde espèce d'actes comprend les actes à *demi délibérés*, ceux qui sont faits avec une sorte de surprise et d'entraînement, avec une certaine connaissance confuse de leur nature et de leur conséquence, mais sans que l'auteur de ces actes se soit arrêté pour les considérer eux-mêmes et délibérer sur leur valeur. Ces actes peuvent être bons ou mauvais, mais leur mérite est faible et leur culpabilité légère;

3° Enfin il y a des actes pleinement délibérés. Ce sont de vrais actes de vertu, ou des fautes graves s'il s'agit de la violation d'une loi importante. Cette pleine délibération des actes n'exige pas un long temps. Elle peut être extrêmement rapide. Il suffit qu'il y ait eu un instant où l'alternative entre le bien et le mal a été clairement posée, puis suivie d'un choix libre.

Résumé.

I. Le libre arbitre suppose la raison. — La folie détruit le libre arbitre et la responsabilité. — L'ivresse produit le même effet que la folie, mais elle est coupable dans sa cause.
II. La crainte diminue la responsabilité sans la détruire; la passion produit le même effet quand elle est combattue. Quand l'homme s'y abandonne, elle aggrave la responsabilité. — L'habitude produit des effets analogues à ceux de la passion, mais elle a été contractée par des actes volontaires qui ont été coupables. Le tempérament physique et les instincts héréditaires modifient également le libre arbitre sans le détruire. Ces instincts ne sont pas invincibles.
III. Il y a trois sortes d'actes : actes indélibérés, dont l'homme n'est pas responsable; actes à demi délibérés ; actes pleinement délibérés.

CHAPITRE V.

DÉFINITION ET DESCRIPTION DE LA CONSCIENCE MORALE. — SON DÉVELOPPEMENT.

I.

Définition et description de la conscience.

La conscience morale est la *faculté que l'homme possède de juger de la bonté ou de la malice de ses actions.*

L'objet propre des jugements de conscience, ce sont les actions particulières et concrètes de chaque homme.

Sans doute, on peut, dans un certain sens, attribuer à la conscience les préceptes généraux de la loi naturelle, les principes tels que ceux-ci : Il ne faut pas tuer, il ne faut pas voler. C'est, en effet, en conformité avec ces principes que la conscience juge, et c'est dans les jugements particuliers de la conscience que ces principes se manifestent

Mais, pour parler un langage exact, c'est la raison et non la conscience qui affirme ces principes généraux.

La conscience prononce des *jugements particuliers* dans chaque circonstance.

Elle prononce ces jugements à deux moments :

1° *Au moment où la résolution d'agir va être prise*. La conscience avertit alors la volonté de ce que le devoir ordonne. Sans cet avertissement, l'acte ne serait pas moral. L'acte n'est bon que si l'agent sait, par un jugement actuel de la conscience, qu'il va agir conformément à la loi morale. L'acte n'est mauvais que si un pareil jugement l'avertit qu'il va commettre une faute;

2° *Après que l'action est faite*. La conscience, contemplant ce qui s'est passé intérieurement dans le tableau fidèle de la mémoire, juge de nouveau les actions. Elle approuve les bonnes actions et réprouve les mauvaises.

C'est, il faut bien le remarquer, le premier jugement de la conscience et non le second qui est la cause de la moralité des actes. Peu importe qu'un homme n'ait pas de remords, cela n'empêche pas qu'il n'ait mal fait et ne soit punissable. Peu importe qu'il ne connaisse pas son mérite, s'il a voulu sincèrement le bien au moment où il agissait, son mérite existe.

Il y a encore une distinction très importante à établir entre deux sortes de jugements de conscience.

Il y a des jugements *spontanés*, immédiats et pour ainsi dire instinctifs. Au moment de commettre une action coupable, l'homme est averti par sa conscience, comme il est averti par son odorat en présence d'un mets dangereux.

Il y a aussi des jugements *réfléchis* et délibérés, ceux dans lesquels l'homme prononce, lorsque, après avoir pesé le pour et le contre, il se dit : Cela m'est permis ou cela m'est défendu.

Ces jugements particuliers de la conscience sont très différents des principes généraux de la loi naturelle. Ceux-ci sont simples et le plus souvent évidents. Les jugements de conscience portent au contraire sur un objet très complexe. Il faut, pour les prononcer en connaissance de cause, que l'homme connaisse :

1° L'*action* dont il s'agit, son objet, l'intention pour laquelle elle est faite, les conséquences qu'elle entraîne;

2° Les *préceptes* tant de la loi naturelle que des lois positives qui concernent cette action;

3° Les *engagements antérieurs* par lesquels l'homme a pu se lier et qui peuvent influer sur la moralité de cette action.

Dans les jugements délibérés et réfléchis, ces divers éléments peuvent être considérés à part et analysés.

Dans les jugements spontanés, ces mêmes éléments sont confusément présents à la pensée de l'homme, et c'est de leur présence et de leur combinaison que résulte l'avertissement de la conscience.

II.

Origine et développement de la conscience.

En premier lieu, il faut admettre que la conscience est *innée*. Si la distinction entre le bien et le mal ne se produisait pas en nous par la puissance même de notre âme, aucun enseignement extérieur ne pourrait la communiquer. Quand il s'agit des choses sensibles, on comprend que le sens des mots qui les désigne puisse être appris par l'expérience. On peut montrer à un enfant un objet blanc et un objet noir, et prononcer devant lui les termes blanc et noir, l'association s'établira dans son esprit entre le mot et l'apparence visible.

Mais on ne saurait de même montrer une bonne et une mauvaise action comme types du bien et du mal. La qualité de bonté ou de malice n'est pas, en effet, un élément visible de l'action; elle n'est perceptible par aucun sens extérieur.

Il faut donc, pour que les hommes comprennent ce que c'est que le bien et le mal, qu'ils aient intérieurement et en eux l'idée de cette distinction.

Nous avons vu que l'école évolutionniste cherchait à expliquer l'apparition des idées de bien et de mal par l'association qui s'établit entre certains actes et la sanction pénale ou la sanction de l'opinion. Mais nous avons montré également que l'idée de bien ou l'idée d'obligation ne peut sortir de l'idée de sanction.

La conscience est donc innée, mais, hâtons-nous de l'ajouter, elle se développe par l'éducation. Elle n'invente pas, par un travail solitaire, les préceptes de la loi naturelle. L'homme est un être *social*, c'est-à-dire un être *enseigné*. C'est là société, c'est surtout la famille, qui transmettent aux générations nouvelles les préceptes moraux qu'elles ont elles-mêmes reçus des générations précédentes.

Lorsque ces affirmations sont réellement conformes à la loi naturelle, elles trouvent un écho dans la conscience ; la conscience se les approprie et s'en nourrit, et l'être moral se développe.

Les exemples d'actions bonnes, les jugements portés devant les enfants sur les actions mauvaises sont aussi des moyens puissants de développement de la conscience.

Lorsqu'au contraire l'enfant grandit sans que la distinction du bien et du mal se fasse devant lui, lorsqu'i. voit autour de lui l'exemple de l'indifférence aux principes moraux, le développement de la conscience se ralentit ; elle semble s'atrophier et quelquefois même périr.

Cependant il n'arrive jamais qu'elle disparaisse entièrement. Chez les criminels, qui sont arrivés par l'effet d'une éducation déplorable à une très grande perversité, on retrouve de temps en temps certains remords, certains sentiments d'horreur pour le mal. Quelquefois la conscience, atrophiée en partie, reste vivante relativement à certains préceptes spéciaux. Tel homme qui a commis d'affreux crimes ne voudra pas manquer à un engagement solennel qu'il aura pris.

Quelquefois le développement de la conscience se fait d'une manière irrégulière. Indifférentes à tel ordre de préceptes de la loi naturelle, certaines personnes sont, par l'effet de leur éducations, très délicates sur d'autres préceptes.

Qu'arrive-t-il maintenant si l'éducation tend directement à inculquer des principes contraires à la morale ? Ces principes pourront-ils pénétrer dans l'âme et y former une conscience contraire à la vraie conscience, appelant le mal bien et le bien mal ?

Il faut distinguer ici entre les premiers principes de la loi naturelle d'une part, et d'autre part, leurs conséquences éloignées.

Les premiers principes de la loi naturelle ne peuvent pas, en général, être faussés par l'éducation. Ils peuvent être atrophiés, oblitérés, mais jamais l'enfant ne croira sincèrement qu'il faut voler, tromper, mentir, désobéir à ses parents, que cela est bien, et que le contraire est mal.

Ce fait, joint à celui que nous avons déjà signalé, à savoir la persistance d'une certaine moralité dans les hommes élevés avec la plus grande absence de principes moraux traditionnels, est la preuve que la distinction du bien et du mal ne vient pas exclusivement de l'éducation et de la tradition, et qu'il y a une adaptation naturelle de la conscience aux vérités morales.

A l'égard des vérités dérivées des premiers principes, l'éducation et la tradition peuvent produire dans la conscience des erreurs très graves. C'est ainsi que l'on trouve, chez certains peuples, des coutumes barbares, suivies de bonne foi.

Cependant, quand la vérité morale est plus tard enseignée aux hommes qui ont reçu une éducation perverse, il arrive encore souvent qu'ils en sont frappés, et qu'ils reconnaissent dans une morale plus pure l'idéal qui était en eux et que les circonstances avaient empêché de se développer.

III.

Souveraineté et faillibilité de la conscience.

La conscience est évidemment, pour chaque homme, en matière de bien et de mal, une autorité *souveraine*. Aucune autre autorité ne peut prévaloir sur elle. L'autorité même de Dieu ne peut s'exercer sur la conscience que parce que la conscience déclare qu'il faut obéir au principe suprême du bien, et croire à l'Être qui est toute vérité.

Cette autorité souveraine de la conscience est cependant une autorité *faillible*. La conscience peut être imbue par l'éducation de faux principes.

En outre, dans les jugements particuliers qui sont son œuvre propre et qui supposent l'appréciation de faits très complexes, il peut se glisser de graves erreurs.

Comment cette souveraineté de la conscience sur l'individu peut-elle s'accorder avec cette possibilité des erreurs de conscience? Quelles sont les conséquences qui résultent de cette contradiction apparente?

Telles sont les importantes questions qui nous restent à traiter.

Résumé.

I. Définition de la conscience morale. — Son objet propre, ce sont les actions particulières et concrètes de l'homme. — Jugement de la conscience avant et après l'action. — Jugements spontanés. — Jugements réfléchis. — Complexité de l'objet sur lequel porte le jugement de la conscience.

II. La conscience est innée, mais elle se développe par l'éducation. — Influence des bons et mauvais conseils, des bons et mauvais exemples. — La conscience ne disparaît jamais et n'est jamais entièrement faussée, néanmoins elle comporte de graves erreurs.

III. Bien que la conscience soit faillible, elle est souveraine pour chaque individu.

CHAPITRE VI.

DE LA CONSCIENCE ERRONÉE OU DOUTEUSE.

I.

De la conscience erronée.

La conscience est **erronée** *lorsque ses jugements sont contraires à la vérité morale*, c'est-à-dire lorsqu'elle ordonne ou approuve ce que la loi morale défend, ou lorsqu'elle blâme ou proscrit ce que la loi morale ordonne.

Il y a deux sortes d'erreurs de conscience, les *erreurs vincibles* et les *erreurs invincibles*.

L'erreur invincible est celle qu'on ne soupçonne pas, et qu'il est par conséquent impossible de corriger.

Quand la conscience est dans une erreur invincible, celui qui veut faire le bien et éviter le mal suit nécessairement sa conscience. Il exécute des actes qui, en eux-mêmes et objectivement, seraient coupables, mais qu'il croit être vertueux.

L'homme qui agit ainsi, en croyant faire le bien, est réellement vertueux; il fait réellement un acte méritoire. Il ne peut pas être responsable de son erreur. Si d'un autre côté, un homme croyait, par une erreur invincible, à l'existence d'une obligation qui réellement n'existe pas, il commettrait une faute en manquant à cette obligation apparente; il serait, en effet, moralement disposé comme celui qui violerait une obligation réelle.

La conscience reste donc souveraine et doit être obéie, lorsqu'elle est dans une erreur invincible.

L'erreur *vincible* est celle dont nous soupçonnons l'existence.

Cette erreur peut provenir de la négligence à s'instruire ou de la passion. Dans ce cas, cette erreur est plus ou moins gravement coupable.

Quand la conscience est dans une erreur vincible, ce dont elle s'aperçoit par un certain trouble intérieur, son devoir est de s'éclairer.

Pour cela, il faut chercher la cause du trouble qui manifeste l'erreur. Si cette cause est interne, si c'est le souvenir de quelque négligence ou le remords de quelque passion que nous aurions voulu laisser plus libre en ne considérant pas la vérité qui la condamnerait, notre devoir est alors de faire une nouvelle étude plus impartiale de la question.

Si la cause est externe, si ce sont les affirmations et les enseignements contraires à nos convictions qui nous font douter que nous soyons dans la vérité, il faut examiner quel est le fondement, quelle est l'autorité de ces affirmations, et les comparer au fondement et à l'autorité sur lesquels reposaient nos convictions.

Par ces moyens, ou le trouble disparaîtra et nous resterons dans nos anciennes convictions; nous serons alors soit dans la vérité, soit dans une erreur invincible.

Ou bien la recherche de la cause du trouble nous amènera à reconnaître que notre conviction était mal fondée, et à changer notre croyance sur un point de morale. Notre conscience se sera ainsi rectifiée et corrigée elle-même.

Tel est le grand devoir qu'impose l'erreur vincible.

Mais pendant que ce travail d'étude et de réflexion se poursuivra, comment devrons-nous nous comporter dans la pratique? Pourrons-nous agir conformément ou contrairement à notre conscience vinciblement erronée?

La réponse à cette question résultera de ce qui va suivre; ce jugement de conscience, soumis à l'examen et mis provisoirement en interdit, n'est, en effet, qu'un cas de conscience douteuse.

II.

Influence de l'erreur et de l'ignorance sur la responsabilité.

Mais auparavant nous pouvons déduire de ces principes la solution d'une question importante, celle de l'influence de l'ignorance et de l'erreur sur la responsabilité de l'homme et la moralité de ses actes.

Si l'ignorance ou l'erreur sont invincibles, elles n'entraînent aucune responsabilité. L'acte commis sous l'influence de cette ignorance ou de cette erreur a la même moralité que si le jugement de la conscience était véridique.

Ainsi l'homme qui croit sincèrement faire bien fait bien. L'homme qui, *lorsqu'il agit librement*, croit commettre une faute, commet réellement cette faute, et cette faute a la gravité même qu'il lui attribue. Ce n'est pas selon le rapport de ses actes avec la vérité objective, c'est selon le rapport de ses actes avec sa conscience que l'homme encourt la responsabilité de ce qu'il fait.

Nous avons cependant posé une restriction par ces mots, *lorsqu'il agit librement*. Si, en effet, un homme se croyait, par erreur, obligé à une chose impossible, il ne serait réellement pas obligé, et il ne serait pas coupable en ne la faisant pas.

Observons en outre que la connaissance nécessaire pour la moralité des actes humains est celle de l'obligation elle-même et non celle du principe de cette obligation ni de sa sanction.

Un athée est coupable lorsqu'il viole la loi morale, bien qu'il en ignore l'auteur. Il encourt la responsabilité de ses actes, et par conséquent le châtiment de la vie future, bien qu'il ignore cette sanction de la loi morale.

Notons enfin une différence capitale entre les lois humaines et la loi morale, entre ce qu'on appelle le **for extérieur** et le **for intérieur**. (*For* vient du latin *forum*, tribunal.)

La loi humaine admet comme principe que *nul n'est censé ignorer la loi*. Elle n'admet pas l'ignorance comme excuse, du moment que la loi a été suffisamment promulguée pour qu'elle ait pu être connue; c'est la règle du *for extérieur*.

Au contraire, au *for intérieur*, et aux yeux de Dieu, l'ignorance de la loi, toutes les fois qu'elle est réelle et invincible, est toujours une excuse.

III.

Des doutes de conscience.

Il y a doute de conscience quand nous hésitons sur l'existence de tel ou tel devoir.

Il y a deux cas principaux de doute de conscience : celui de la conscience perplexe et celui de la conscience simplement douteuse.

I. **Conscience perplexe.** — La conscience est perplexe lorsqu'elle hésite entre deux devoirs contraires. Par exemple : le devoir de ne pas mentir et celui de ne pas trahir un secret.

Ce qui caractérise la conscience perplexe, c'est que, quelque parti qu'on prenne, on craint de mal faire.

Dans ce cas, la règle est de faire de son mieux, de prendre le parti qui semble le meilleur, et on est sûr dans ce cas de ne pas mal faire, puisqu'on fait de son mieux et que nul n'est tenu à l'impossible.

II. **Conscience simplement douteuse.** — La conscience est simplement douteuse quand nous hésitons sur la question de savoir si telle ou telle action est permise, ou bien si tel ou tel devoir existe.

Dans ce cas, en principe, et pendant que le doute existe en nous à l'état pratique, nous devons nous comporter comme si l'action était défendue, ou comme si le devoir existait. Nous devons prendre le parti le plus sûr, sans cela nous nous exposerions à violer une loi qui oblige notre conscience.

Nous devons ensuite examiner le cas proposé. Si, après l'examen, il reste douteux, faudra-t-il encore suivre le parti le plus sûr? Question grave et qui a divisé les moralistes.

Les plus sévères, les *rigoristes*, disent qu'on est toujours obligé à prendre le parti le plus sûr.

D'autres, qu'on nomme *probabilistes*, soutiennent qu'on n'est pas obligé toujours au plus sûr, mais que, dans certains cas, on peut se contenter après examen de la probabilité que le devoir n'existe pas pour s'en dispenser. C'est ce qu'on appelle *suivre une opinion probable*.

Ainsi un fonctionnaire public se demande s'il est rigoureusement obligé à accomplir un certain travail qui ne lui semble pas être la conséquence de la fonction dont il est chargé. Le rigoriste lui dira : Dans le doute, supposez que vous êtes obligé. Le probabiliste dira au contraire : Si vous avez de bonnes raisons de vous croire dispensé, suivez-les sans scrupules.

Le rigorisme au premier abord semble plus conforme à la notion du devoir. Cependant nous pouvons remarquer qu'il entraîne une conséquence fâcheuse. Dans ce système, tous les devoirs douteux deviennent aussi obligatoires que les devoirs certains. Or, il est déjà difficile à l'homme d'accomplir les devoirs que sa conscience reconnaît comme certains. Si donc on multiplie ces devoirs, on rendra plus fréquentes en fait les infractions. Ces infractions seront coupables puisque la conscience, ayant adopté le rigorisme, se croira obligée d'accomplir tous les devoirs douteux, et que l'homme est obligé autant qu'il croit l'être.

Aussi un usage modéré du probabilisme est-il nécessaire. Mieux vaut pour l'homme s'imposer une règle moins étroite et la suivre fidèlement que de se proposer un idéal qu'il n'atteindrait pas.

Mais il faut, pour que l'usage du probabilisme ne soit pas un relâchement dangereux de la morale, trois conditions essentielles :

1° Ne jamais s'appuyer, pour se dispenser d'un devoir douteux, que sur une *opinion bien fondée et sérieusement probable.* Il faut qu'il s'agisse d'un doute raisonnable et motivé, relativement à l'existence de la loi qui prescrit le devoir. Il ne suffit pas d'un soupçon léger, ni du fait que l'existence de la loi soit contestée par des personnes sans autorité.

2° Ne jamais s'accorder la liberté de se dispenser d'un devoir douteux qu'après un examen sérieux et, par conséquent, *lorsqu'on doit agir immédiatement sans avoir le temps de faire cet examen, prendre le parti le plus sûr.*

Ce principe est très important. Il résulte de ce que nous avons dit plus haut qu'il ne faut jamais agir contre une perception actuelle, même douteuse de la conscience. Le doute actuel sur l'existence d'une loi est, en effet, un avertissement de la conscience dont il faut tenir compte. Il pourrait se faire qu'un très court examen amenât à constater que la loi existe réellement et que l'acte contraire à cette loi a les plus funestes conséquences.

Après l'examen sérieux, au contraire, on sait ce qu'on fait, et à quoi l'on s'expose. Il reste douteux en principe que la loi existe ou n'existe pas, mais, en pratique, on peut s'en croire dispensé par ce motif qu'elle ne nous est pas suffisamment manifestée et que l'homme ne saurait être obligé à observer toutes les lois douteuses.

Il reste donc un doute théorique sur la bonté objective de l'action que l'on va faire, mais en pratique on est certain de ne pas commettre de faute, et, suivant l'expression très exacte de la langue vulgaire, bien qu'on ne prenne pas le parti le plus sûr, *on agit en sûreté de conscience.*

3° Il faut encore prendre le parti le plus sûr lorsqu'on prévoit qu'une erreur, même involontaire, aurait des conséquences funestes, ou, ce qui revient à peu près au même, *lorsque l'action au sujet de laquelle on délibère est un moyen nécessaire pour une fin déterminée que nous devons atteindre à tout prix.* Ainsi un médecin appelé auprès d'un malade devra prendre le parti le plus sûr, tant au sujet du nombre de ses visites que du choix des remèdes, parce que la vie du malade en dépend. Un chasseur qui se demande s'il ne risque pas de blesser quelqu'un en tirant dans une certaine direction devra trancher son doute dans le sens du parti le plus sûr.

Quand on admet et qu'on pratique ces trois principes, le probabilisme est une doctrine morale sérieuse. Quand on les néglige, on tombe dans l'opposé du rigorisme, dans ce qu'on appelle la morale relâchée (1).

Résumé.

I. Deux sortes d'erreurs de conscience; erreurs invincibles et erreurs vincibles. — Celui qui est dans l'erreur invincible doit suivre sa conscience erronée comme si elle était véridique. L'erreur vincible est signalée par un certain trouble. — Le devoir est alors d'éclairer sa conscience par la réflexion et l'étude.

II. L'ignorance et l'erreur invincible excusent complétement et n'entraînent aucune responsabilité. Chaque homme fait bien ou mal dans la mesure où il le croit, pourvu qu'il soit libre. — L'ignorance des principes et de la sanction de l'obligation n'excuse pas, quand l'obligation est connue.

III. La conscience perplexe est celle qui hésite entre deux devoirs contraires. — Dans ce cas il faut prendre le meilleur parti possible. — La conscience simplement douteuse hésite sur l'existence d'un devoir. — Faut-il, en ce cas, prendre le parti le plus sûr? Rigorisme et probabilisme. — Principes du probabilisme modéré qui n'entraîne pas de relâchement : 1° Ne suivre que des opinions sérieusement probables; 2° ne se dispenser d'un devoir douteux qu'après un examen sérieux; 3° prendre le parti le plus sûr quand il s'agit d'une fin déterminée qu'il faut atteindre à tout prix.

CHAPITRE VII.

DES DÉFAUTS ET DES QUALITÉS DE LA CONSCIENCE. — DES DEVOIRS DE L'HOMME ENVERS SA CONSCIENCE.

I.

Qualités et défauts de la conscience.

La conscience est dite *large* quand elle est portée à diminuer le nombre et l'étendue des obligations de la loi morale.

---

(1) La question du probabilisme a été agitée au XVIIe siècle, à l'occasion des controverses provoquées par le jansénisme. Les jansénistes professaient des doctrines rigoristes et accusaient leurs adversaires d'enseigner une morale relâchée. Ce n'est pas le lieu de discuter ici ces accusations, le plus souvent très injustes, mais ce qu'il y a de certain, c'est qu'il y a un intermédiaire entre le rigorisme et la morale relâchée, et que cette doctrine moyenne et sage est enseignée et pratiquée dans l'Église catholique.

La conscience large est une conscience erronée, et presque toujours erronée d'une manière vincible.

Les hommes qui sont ainsi disposés voient, en effet, sous leurs yeux les exemples d'hommes plus scrupuleux qu'ils ne le sont eux-mêmes. Ils entendent les enseignements d'une morale plus austère. A défaut donc des avertissements directs de leur conscience, ils sont prévenus extérieurement que leur état d'âme est suspect.

La conscience *trop étroite* est l'opposé de la conscience large. C'est celle qui multiplie et exagère les obligations. Elle a de graves inconvénients. En multipliant les obligations, elle augmente, par ce fait même, le danger de manquer au devoir. En outre, la restriction exagérée imposée à la liberté d'une personne peut entraîner une aggravation également indue des obligations d'autres personnes qui en dépendent.

Entre la conscience trop large et la conscience trop étroite se place la conscience *délicate*. C'est celle qui attribue à chaque action sa véritable valeur morale.

Nous devons parler aussi de la conscience *scrupuleuse*, mais il faut bien définir ce terme, qui est équivoque dans la langue française. Souvent ce terme *scrupuleux* est pris comme l'équivalent ou comme le superlatif de délicat. Il indique alors la perfection même de la conscience, l'appréciation très exacte des plus petites fautes et des obligations de toute nature, graves ou légères.

Mais souvent aussi ce terme est pris en mauvaise part. Il sert à désigner une tendance à exagérer l'importance de certaines obligations, à voir du mal où il n'y en a pas. La conscience scrupuleuse est alors une des formes de la conscience étroite, mais une forme maladive, caractérisée par un trouble et une agitation continuels. Il y a des états de scrupule qui torturent l'âme et qui pousseraient l'homme à la folie s'il s'y abandonnait. La préoccupation continuelle qui résulte d'une telle disposition rend incapable de bien remplir les véritables devoirs.

Il arrive en outre quelquefois que le scrupule porté à l'excès à l'égard de certaines obligations n'empêche pas, à l'égard d'autres devoirs, une largeur voisine de l'indifférence. La conscience est alors *mal formée*.

II.

Devoirs de l'homme envers sa conscience.

Les défauts de la conscience peuvent être corrigés; sa qualité principale, la délicatesse sans excès ni scrupule répréhensible, peut être acquise.

Il faut pour cela exercer un travail sur soi-même, s'examiner, reconnaître non seulement ses fautes, mais les défauts de sa conscience, s'appliquer à l'étude de la morale et imiter les bons exemples que l'on a sous les yeux.

L'homme complète ainsi par lui-même l'éducation de sa conscience qui a été commencée dès l'enfance.

Sa conscience peut devenir plus *éclairée*; elle trace d'une manière plus ferme et plus sûre la route où doit passer la volonté libre.

Ce travail d'amélioration et de perfectionnement de la conscience est un des devoirs les plus importants et les plus difficiles qui soient imposés à l'homme. Ce travail s'exécute sous la surveillance de la conscience elle-même.

Il est en effet possible de faire sur soi-même un travail contraire, un travail funeste et coupable. C'est celui qui consiste à *fausser* sa propre conscience, à détruire dans son âme le sentiment correct du bien et du mal, à se faire une morale conforme à son orgueil et à ses passions.

C'est la bonne foi, la sincérité et la bonne volonté qui distinguent le travail utile, qui consiste à former et à éclairer sa conscience, de l'œuvre coupable qui consiste à la fausser.

Éclairer sa conscience sans la fausser, tel est donc le premier devoir de l'homme envers sa conscience.

Le second est de lui *obéir*, de la suivre fidèlement quand elle prononce avec certitude sur le bien et le mal, et d'appliquer, quand elle est dans le doute, les règles indiquées plus haut.

III.

Usage des conseils d'autrui.

Dans ce double travail d'éclairer sa conscience et de lui obéir, l'homme peut-il se servir des conseils d'autrui?

Non seulement cela est souvent utile et permis, mais il y a même des cas où cela est obligatoire.

L'homme est un être social, et par conséquent destiné, en beaucoup de circonstances, à être enseigné, à se laisser guider, à obéir.

Dans son enfance et sa jeunesse, il a des conseillers naturels, placés par la Providence; ce sont ses parents, ou à leur défaut, les tuteurs ou protecteurs qui les remplacent.

En ce qui concerne les rapports de l'âme avec Dieu, l'homme trouve encore des conseillers et des guides dont la direction et les conseils peuvent lui être très utiles et sont quelquefois nécessaires.

Dans des limites plus restreintes, et en ce qui concerne certaines espèces d'actions, la vertu de prudence exige que l'on tienne compte des maîtres et des supérieurs hiérarchiques de tout ordre.

Il peut enfin être utile d'avoir recours à des conseillers de choix, à des amis dont l'autorité vient, non de leur situation, mais de leur mérite personnel.

Mais il importe de remarquer qu'en cherchant des conseils, en les acceptant et même en les suivant, l'homme ne cesse pas d'obéir à sa conscience personnelle, et de conserver la responsabilité de ses actes.

La conscience reste toujours souveraine, c'est elle qui dirige dans le choix d'un guide et qui permet de l'écouter. Elle n'abdique jamais entre les mains d'un autre. Il faut observer, en effet, que la direction d'autrui ne peut jamais porter que sur les points douteux de la loi morale, ou les questions pratiques qui ne sont pas décidées avec évidence par la conscience individuelle.

Quand la conscience individuelle voit clairement le devoir, elle doit être obéie préférablement à tout autre guide. Les conseils contraires peuvent servir d'avertissement pour un examen nouveau; mais il n'est jamais permis d'agir, sur une autorité quelconque, contre le témoignage absolu de sa propre conscience.

Dieu seul a en principe une autorité supérieure à celle de la conscience individuelle; mais il n'exerce en fait cette autorité qu'au travers de la conscience elle-même. Aussi une révélation divine extérieure ne peut devenir une règle de conduite que lorsqu'elle s'est manifestée de telle manière que la conscience reconnaisse qu'elle émane vraiment de l'Être suprême.

Seulement, quand il s'agit d'une révélation divine, si cette révélation est clairement prouvée, l'homme peut et doit corriger le jugement qu'il aurait porté par lui-même pour le rendre conforme à la parole divine; mais alors encore c'est la conscience qui reconnaît l'autorité de la parole divine, qui s'y soumet et qui se corrige elle-même.

Observons, en dernier lieu, que si la prudence exige très souvent que l'homme suive les conseils d'un plus sage que lui, il est aussi des cas où le recours à de tels conseils n'est ni nécessaire ni même opportun. Il y a des cas où il faut prendre son parti par soi-même, sous sa seule responsabilité. Cela est vrai surtout des hommes qui sont appelés à commander aux autres.

Résumé.

I. Conscience large. — Elle est ordinairement vinciblement erronée. — Conscience trop étroite, ses inconvénients. — Conscience scrupuleuse. — Double sens de ce mot.

II. Devoir d'*éclairer* sa conscience, moyens d'y parvenir. — Il est possible aussi de *fausser* sa conscience.

III. Recours aux conseils d'autrui pour la formation de la conscience. — Ce recours est permis, mais sans que l'homme puisse abdiquer la responsabilité de ses actes ni agir contre sa conscience. Dieu lui-même n'impose sa volonté qu'au travers de la conscience.

CONCLUSION DE LA IIe PARTIE DE LA MORALE THÉORIQUE.

L'étude de la loi morale dans l'homme ou de la conscience nous démontre de nouveau par une voie indirecte la nécessité d'un principe suprême du bien qui soit supérieur à l'homme.

Rien n'est plus évident, en effet, aux yeux de la conscience elle-même, que le caractère d'*unité*, d'*immutabilité* et d'*universalité* qui appartient au bien moral et au devoir.

D'autre part, l'expérience nous montre que la faculté qui nous fait connaître le devoir est une faculté *faillible*, *capable d'erreur et de doute, modifiable par l'éducation, capable d'être améliorée* par les bonnes actions et les bons exemples et *plus ou moins faussée* par les passions.

Il faut donc remonter plus haut, au-dessus de la conscience individuelle, pour trouver la règle suprême du bien et du mal.

L'homme doit obéir à sa conscience, qui pour lui est souveraine quoiqu'elle soit faillible, mais la conscience elle-même est l'image imparfaite de la loi divine, éternelle, immuable et parfaite.

LIVRE III.

MORALE PRATIQUE.

APPLICATIONS.

CHAPITRE Ier.

DEVOIRS INDIVIDUELS. — PRINCIPES DE CES DEVOIRS. — DEVOIRS DE CONSERVER SA VIE, SA SANTÉ, SES FACULTÉS. — DEVOIRS CONCERNANT LES APPÉTITS PHYSIQUES ET LES SOINS DUS AU CORPS.

Les devoirs individuels reposent sur deux principes :
L'homme est tenu à conserver et à développer sa personne et ses facultés.
L'homme est tenu à se respecter lui-même et à conserver sa dignité personnelle.

Ces principes sont évidents par eux-mêmes ; la conscience les affirme.

La raison fondamentale sur laquelle ils reposent, c'est que l'homme *a une fin à remplir sur la terre*. C'est pour pouvoir remplir cette fin qu'il a été créé avec certaines facultés corporelles et spirituelles; il doit donc les conserver et les développer.

En outre, la fin que l'homme a à remplir est *conforme* à sa *nature*. C'est la fin qui convient à une personne douée de raison et de liberté, ayant des droits et des devoirs, et par conséquent une *dignité éminente*. Cette fin ne sera donc remplie que si la personne humaine jouit du respect qui est dû à sa dignité. De là le devoir de se respecter soi-même.

Entrons dans le détail des devoirs qui sont fondés sur ces deux principes.

I.

Devoir de conserver sa vie, sa santé et ses facultés.

L'homme ne s'est pas donné la vie à lui-même. Il l'a reçue de Dieu; il n'a donc pas le droit de s'ôter la vie.

L'homme est soumis dans toutes ses actions à la loi du devoir. S'ôter la vie, c'est se soustraire à cette loi.

Le **suicide** est donc contraire à la loi naturelle.

Le même devoir de conservation défend à l'homme : 1° de **mutiler son corps** (à moins que le sacrifice d'un membre soit nécessaire à la conservation de la vie); 2° de **détruire volontairement sa santé** par des privations et des excès.

Mais il importe de remarquer que ce devoir de conservation ne défend que la destruction *volontaire* et *directe* de la vie et de la santé. Il n'oblige pas de les conserver par tous les moyens possibles. Bien souvent il se rencontre des devoirs qui en exigent le sacrifice.

Ainsi il est permis d'*exposer sa vie* dans un combat ou dans une expérience scientifique utile, d'*user sa santé* par le travail quand ce travail est destiné au bien du prochain et de l'humanité.

En revanche, l'*hygiène* ou *soin de la santé* est en général un devoir, surtout pour ceux dont la vie est particulièrement nécessaire aux autres.

Mais il faut se garder aussi d'un soin trop minutieux de la santé qui ôterait à l'homme son énergie et sa liberté d'action.

L'homme est sujet à deux tentations opposées : l'une de renoncer à la vie par lâcheté, et l'autre de prendre trop de soin de la ménager et de la conserver. La vertu doit se tenir entre ces deux extrêmes.

II.

Devoirs relatifs à la modération des appétits corporels.

Conserver ses facultés ne suffit pas. L'homme doit en gouverner et réprimer les excès, et diriger leur développement d'une manière régulière.

Or, parmi ces facultés, les facultés inférieures, la *sensibilité* et l'*activité physique* exigent des soins tout spéciaux.

Chez les animaux, le gouvernement de ces facultés se fait d'une manière instinctive. Les appétits cherchent à être satisfaits; quand ils le sont, l'animal ne va pas plus loin, et sa nature ne le porte pas aux excès.

Il n'en est pas de même de l'homme. La partie inférieure de

son être ne se gouverne pas elle-même; elle doit être gouvernée par la raison. Sans cela, l'attrait du plaisir physique conduirait l'homme à des excès nuisibles ou même contraires à la fin que Dieu s'est proposée en douant l'être humain de certains attraits.

Ce devoir de modérer les appétits corporels prend la forme de deux vertus, la **tempérance**, qui modère les appétits relatifs à la nutrition de l'individu, et la **continence** ou **chasteté**, qui réprime ceux qui concernent la reproduction de l'espèce.

La *tempérance* règle l'usage du boire ou du manger. Elle défend les excès et particulièrement l'*ivresse* qui est une grave faute contre la loi naturelle, puisqu'elle fait perdre momentanément à l'homme sa propriété essentielle d'être raisonnable.

On peut se demander si la loi naturelle permet l'usage de la nourriture et de la boisson pour le *seul plaisir du goût*.

A cette question, nous répondrons en faisant une distinction.

Si la préoccupation du plaisir matériel du goût devient telle qu'elle envahisse la vie entière et domine sur toutes les autres pensées, il y a là un désordre grave, car l'homme perd ainsi sa qualité d'être raisonnable, sa raison est asservie à la sensation.

Si cette préoccupation n'est qu'accidentelle et passagère, il n'y a qu'un désordre léger et une faute de peu de gravité.

Il n'y a même plus aucune faute si, mangeant pour apaiser sa faim et buvant pour calmer sa soif, on jouit en même temps des sensations agréables qui accompagnent ces actions, et même si on choisit la boisson ou la nourriture de manière à satisfaire le goût. Dans ce cas, on ne fait qu'obéir à la nature qui a attaché ces sensations agréables à l'action du manger et du boire, et en a même fait une des conditions de la santé de l'homme.

Mais il est à remarquer que la tendance de l'homme aux excès et à la gourmandise est si forte, qu'il faut réagir énergiquement contre cette tendance pour pratiquer la tempérance. C'est sur ce principe que sont fondés *les jeûnes* prescrits par diverses religions.

La *continence* soulève des problèmes moraux plus graves que la tempérance. L'attrait que cette vertu a pour mission de réprimer est fort souvent d'une singulière violence.

Il est susceptible d'être excité par une foule d'objets qui se présentent aux regards de l'homme ou qui remplissent son imagination.

D'un autre côté, les conditions sous lesquelles la conscience permet de céder à cet attrait sont très étroites. La fin voulue par la nature de l'homme, être moral et raisonnable, c'est l'existence et l'accroissement de familles légitimes, ayant pour lois l'union conjugale perpétuelle, et la responsabilité prise par les parents de l'éducation matérielle et morale de ceux auxquels ils donnent le jour. Tout ce qui s'écarte de ces conditions est réprouvé par la loi naturelle.

Il en résulte que la pratique de la continence exige de très énergiques efforts de volonté.

Cette vertu est cependant obligatoire, et il n'est pas permis au moraliste d'en dispenser partiellement les hommes, comme le fait souvent l'opinion publique de certains pays, ou de certaines classes de la société.

Ce qui prouve que le devoir rigoureux de la chasteté appartient à la loi naturelle, et non pas seulement à la morale chrétienne, c'est que cette vertu se trouve louée chez un grand nombre de peuples païens. Les prescriptions de la morale de Boudha sont, sur ce point, aussi sévères que celles de l'Évangile, sauf en ce qui concerne l'unité et l'indissolubilité du mariage. La loi de Zoroastre n'est pas moins rigoureuse ; pensées pures, paroles pures, actions pures, tel est le triple précepte que nous trouvons dans les antiques livres des Perses. Nous pouvons donc considérer les principes de la morale chrétienne sur ce point, avec leur extension aux paroles et aux désirs librement consentis, comme l'expression de ce qu'exige la loi naturelle bien comprise.

Seulement, cette portion si importante de la morale, celle à laquelle on a donné, par excellence, le nom de *bonnes mœurs*, exige, plus qu'aucune autre, pour être pratiquée, l'appui de la sanction religieuse et de l'idée d'une vie future.

Les motifs inférieurs de morale, l'intérêt bien entendu, les sanctions terrestres sont impuissantes pour soutenir l'homme dans cette lutte si difficile, si longue, qui, quelquefois, peut durer toute la vie. Les sanctions terrestres peuvent, il est vrai, réprimer un certain genre de fautes, mais il en est un grand nombre, surtout en ce qui concerne le sexe masculin, qui leur échappent complètement.

Nous pouvons faire encore, au sujet de cette vertu, deux observations :

En premier lieu, la pratique en étant si difficile, on comprend qu'il soit utile que la masse des hommes soit encouragée par l'exemple, et que certaines personnes se dévouent volontairement à la pratique plus complète de la continence, en renonçant même aux satisfactions que la loi morale permettrait. Si l'on déclarait impraticable cette continence parfaite volontaire, on déclarerait en même temps impossible l'observation de la loi morale sur ce point, car il y a beaucoup d'individus qui, par suite de divers obstacles, sont placés dans l'alternative de manquer au devoir ou de pratiquer la continence absolue. Il y a, d'ailleurs, de nombreux exemples de cette pratique de la continence parfaite. Il s'en rencontre en dehors même du christianisme, chez les peuples orientaux, principalement parmi ceux qui professent le boudhisme; il est vrai que ces peuples sont très vivement préoccupés des sanctions de la vie future.

En second lieu, l'obligation de pratiquer la vertu de continence entraîne comme conséquence une nombreuse série de devoirs. Il est obligatoire d'éviter les occasions si nombreuses et si dangereuses qui peuvent entraîner à des fautes contre cette vertu. Cette obligation résulte du principe général qu'une action doit être évitée quand on en prévoit les conséquences mauvaises. De là, une vigilance nécessaire sur tous les sens, sur la vue et sur l'ouïe principalement. De là l'obligation de choisir avec soin, parmi les divertissements, ceux qui sont honnêtes; parmi les lectures et les conversations, celles qui ne blessent pas les mœurs; parmi les amis ou compagnons, ceux dont la vie est régulière. Nulle part le principe évident : *qui veut la fin veut les moyens*, ne s'applique avec plus de certitude et n'impose plus de sacrifices.

III.

Devoirs relatifs aux soins extérieurs qui concernent le corps.

Ces devoirs naissent du devoir général de se respecter soi-même.

Ils comportent : 1° la décence ou modestie extérieure; cette vertu règle les mouvements du corps, le port des vêtements d'une manière qui indique que l'âme est maîtresse du corps, et qui soit propre à inspirer aux spectateurs le respect de la vertu.

L'instinct de la pudeur, puissant préservatif de la chasteté, est inné chez l'homme. Il se rencontre chez les peuples les plus sauvages, et c'est chez certains peuples civilisés qu'il semble s'être affaibli.

2° La propreté personnelle, l'ordre et le soin, tant relativement au corps lui-même qu'aux vêtements et à l'habitation humaine, rentrent dans le cadre des vertus privées; ce sont cependant aussi par certains côtés des vertus sociales. Manquer à ces vertus par paresse ou par négligence est une faute.

Mais il peut y avoir aussi un excès contraire. Une trop grande délicatesse, un soin excessif de la parure, un luxe en disproportion avec la condition sociale peuvent être plus ou moins répréhensibles.

Résumé.

Principes fondamentaux des devoirs individuels. — Devoir de conserver et de développer ses facultés. — Devoir de se respecter soi-même. — Ces principes reposent sur l'idée que l'homme a une fin à remplir ici-bas.

I. Défense du suicide. — Limite du devoir de conservation. Il est permis et même louable d'exposer sa vie.

II. Devoirs concernant la modération des appétits corporels. — Tempérance. — Dans quelles limites est-il permis de rechercher le plaisir du goût. — Continence. — Violence de l'attrait que cette vertu a pour mission de réprimer. — Rigoureuses conditions de loi morale, reconnues par les païens eux-mêmes. — Nécessité de la sanction religieuse pour la pratique de la continence. — Possibilité et utilité de la pratique par certaines personnes de la continence absolue. — Devoir de fuir les occasions; applications diverses.

III. Devoirs relatifs aux soins extérieurs qui concernent le corps. — La décence. — La propreté personnelle, l'ordre et le soin relativement au corps, aux vêtements, à l'habitation. — Excès contraire. Délicatesse, luxe, recherche de la parure.

CHAPITRE II.

SUITE DES DEVOIRS INDIVIDUELS. — DEVOIRS RELATIFS A L'USAGE DES FACULTÉS DE L'AME. — DEVOIRS RELATIFS AUX OBJETS EXTÉRIEURS, AUX ANIMAUX, ETC.

I.

Devoirs relatifs à la sensibilité morale.

La sensibilité, en tant qu'elle ne fait que recevoir des impressions, est une faculté passive et dépourvue de liberté; elle ne peut donc pas être réglée par la loi morale.

Mais nous avons vu que la sensibilité ne se contente pas de recevoir des impressions. Elle réagit par des mouvements intérieurs. Ces divers mouvements sont de deux espèces : les *appétits physiques* dont nous avons déjà parlé, et les *sentiments moraux*. Ces derniers mouvements prennent le nom de mouvements ou affections du cœur, par suite d'une influence particulière qu'ils exercent sur l'organe matériel du cœur.

Cette réaction de la sensibilité est involontaire dans son commencement, dans ce qu'on appelle ses *premiers mouvements*. Nous ne pouvons nous empêcher d'éprouver le désir de posséder une chose agréable, ni d'avoir de la répugnance pour un objet pénible.

Aussi les premiers mouvements de la sensibilité ne sont-ils ni méritoires ni coupables.

Mais, dès que ces mouvements ont commencé à se produire, la volonté entre en action. Elle peut *consentir* à ces impressions, s'y livrer sans résistance. Elle peut aussi leur *résister* et les désavouer. Elle peut, en outre, augmenter les impressions sensibles en fixant l'attention sur leur objet, ou les diminuer en détournant la pensée et en la portant sur d'autres objets.

C'est donc un devoir de repousser et de désavouer les mouvements de la sensibilité qui se portent vers des objets défendus, ou qui ne sont pas conformes à l'ordre.

Nous allons indiquer quelques-unes des applications de cette règle générale.

Le *désir* qui se porte sur un objet défendu se nomme **convoitise**. Il y a deux convoitises principales : celle qui porte à rechercher l'acquisition injuste du bien d'autrui, et celle qui tend vers des jouissances contraires à la vertu de continence.

Non seulement le désir, mais la *complaisance* seule dans une pensée dont l'objet est défendu, peut être coupable. C'est ainsi qu'il est coupable de se réjouir du mal d'autrui; qu'un fils serait dénaturé s'il se réjouissait de la mort de son père.

Les **affections** qui se rapportent à des personnes sont de diverses natures. Il y a d'abord cette affection exclusive, qui porte spécialement le nom d'*amour*, et dont la pleine satisfaction se trouve dans l'union conjugale. L'affection de cette nature est coupable quand elle se développe entre des personnes auxquelles une telle union est interdite; elle l'est doublement quand elle est contraire au devoir de fidélité résultant d'une union légitime déjà existante.

Les autres affections personnelles sont, en général, de bons sentiments.

Elles peuvent cependant devenir mauvaises par leur excès. Ainsi celui qui préférerait sans motif un étranger à sa famille, ou le père qui aurait une affection exclusive pour un de ses enfants, aux dépens des autres, serait coupable. L'affection pèche aussi par excès quand elle entraîne une indulgence coupable pour les fautes de la personne aimée.

S'il y a faute dans les affections excessives, le *défaut d'affection*, quand il est volontaire, est plus coupable encore. La sécheresse de cœur, l'absence de cœur, sont des vices odieux que l'homme doit combattre en rappelant à son souvenir les motifs d'affection et de reconnaissance envers ses semblables et en agissant comme si les affections étaient dans son cœur.

La *colère* ou mouvement violent qui nous porte à repousser un objet pénible, est en général un effet désordonné de l'amour de soi-même. Elle est alors toujours répréhensible.

Quand le mouvement est provoqué par la haine du mal moral, et par l'aversion contre l'injustice, il prend le nom d'*indignation*. L'indignation est un bon sentiment, mais il deviendrait blâmable par son excès, s'il était assez violent pour ôter à l'homme la possession de ses facultés.

Une question morale plus générale, relative à la sensibilité, est celle de la manière dont l'homme doit se comporter à l'égard des *passions*.

Certains philosophes ont soutenu que toutes les passions sont mauvaises et doivent être réprimées, et que l'homme ne doit agir que par pure raison. C'est une opinion inexacte. Il y a des passions nobles qui doivent plutôt être encouragées que réprimées, et qui portent l'homme à faire le bien avec plus d'ardeur que la seule idée du devoir ne le ferait. L'amour de la patrie, l'amour de Dieu peuvent exister à l'état de passions dans l'âme et la porter au dévouement. Néanmoins, toutes les passions, même les meilleures, doivent être constamment surveillées et contrôlées par la raison.

II.

Devoirs relatifs à l'intelligence.

L'intelligence est la faculté de connaître la vérité. L'homme possédant cette faculté est obligé d'en user et de s'instruire. Il y a donc un devoir spécial de chercher la vérité.

Mais l'homme n'est pas appelé à tout savoir. Il peut y avoir des connaissances qui lui sont inutiles et même dangereuses. Le penchant à acquérir ces connaissances se nomme la *curiosité*, et doit être réprimé. C'est la conscience qui avertit l'homme que telle ou telle connaissance est utile à acquérir et que telle autre est dangereuse. Mais l'homme doit aussi, sur ce point, se laisser guider, surtout dans sa jeunesse, par ceux qui ont autorité sur lui.

Il est certaines vérités qui ne peuvent nous parvenir que par le témoignage des hommes. Dans ce cas, le devoir est d'éviter à la fois la *crédulité* qui accepte aveuglément tout ce qu'on lui dit, et l'*esprit sceptique* qui met tout en question, sans motif.

Il est certaines vérités qui ont des conséquences pratiques importantes, et qui, bien qu'elles soient démontrées, sont exposées à certaines objections dont la passion peut se servir pour les ébranler. Telles sont l'existence de Dieu et l'immortalité de l'âme. Dans ce cas, le devoir est de s'attacher fermement à ces vérités, et de repousser les suggestions de la passion. C'est ce qu'on appelle *avoir foi* à ces vérités.

Tels sont les principaux devoirs de l'intelligence, relativement à la recherche et à la conservation de la vérité.

Il y a d'autres devoirs spéciaux à certaines facultés intellectuelles, au jugement et à l'imagination.

En jugeant, c'est-à-dire en prononçant intérieurement que telle chose est vraie ou fausse, nous pouvons pécher par *imprudence* ou précipitation, ou par *passion*. Le jugement doit être réglé par la grande vertu de *prudence*.

Nous parlerons ailleurs des fautes que l'on peut commettre en jugeant ainsi témérairement le prochain, mais nous devons signaler ici le vice le plus grave du jugement, qui est l'*orgueil*, ou estime déréglée de soi-même.

La vertu contraire à ce vice porte différents noms, suivant le point de vue où l'homme se place pour juger sa propre valeur. S'il se compare aux autres hommes, il doit être *modeste*. S'il se compare à l'Être suprême, devant lequel il est juste de s'anéantir, il doit être *humble*.

L'imagination est une faculté qui se laisse difficilement gouverner. Cependant, moyennant la faculté d'attention, nous pouvons écarter certaines images ou certains souvenirs. Nous devons le faire toutes les fois que ces images ou ces souvenirs exciteraient dans notre sensibilité des mouvements désordonnés.

III.

Devoirs relatifs à la volonté.

Les principaux défauts propres à la volonté sont : la *paresse*, ou manque d'énergie pour l'action, et la *lâcheté*, ou faiblesse devant la peine ou le danger. On doit combattre ces défauts par les vertus contraires, c'est-à-dire par l'*activité* et le *courage*.

IV.

Devoirs relatifs aux objets qui complètent la personne humaine (biens, réputation, temps).

L'homme peut, comme nous le verrons plus loin, posséder légitimement *des biens* et *des richesses*. Il a le droit, et quelquefois le devoir de les acquérir et de les conserver.

Mais il doit en user d'une manière sage, en évitant à la fois la *prodigalité* et l'avarice, et en pratiquant, au contraire, l'*économie* et la *libéralité* ou *générosité*. On voit, dans ce cas, comme dans beaucoup d'autres, que le vice semble n'être que l'excès d'une vertu.

Mais quelles que soient les graves et coupables conséquences de la prodigalité, il y a lieu de penser que l'avarice ou l'atache extrême aux richesses est plus funeste encore. Elle conduit à négliger tout ce qui est invisible et au-dessus des sens; elle abaisse l'âme, et enfin elle dégénère bien aisément en convoitise du bien d'autrui.

L'homme a le droit et le devoir de conserver sa *réputation* mais il doit éviter d'apporter à ce soin une trop grande ardeur. Cette ardeur deviendrait le vice de la *susceptibilité*.

Ce soin légitime de la réputation forme ce que l'on nomme le sentiment de l'*honneur*, mobile extrêmement puissant pour conserver la vertu.

La susceptibilité conduit, au contraire, à ce qu'on appelle le *faux point d'honneur*, qui peut entraîner de funestes conséquences.

L'homme, placé sur la terre pour obéir à la loi du devoir, n'est pas libre de disposer *de son temps* à son gré.

Il doit compte à Dieu de l'emploi qu'il en fait.

La principale partie du temps de l'homme doit être consacrée au *travail*, qui n'est pas seulement une nécessité, mais une obligation de conscience; après le travail, *la vie sociale*, et principalement la vie de famille, est un emploi du temps obligatoire, tout en étant agréable.

Cette obligation résulte de ce que l'homme est fait pour vivre en société.

Ce ne sera qu'après avoir fait la part de ces deux obligations, ainsi que celle des nécessités de la vie (sommeil et nourriture), qu'il reste une place pour les *divertissements* proprement dits.

Mis ainsi à la dernière place et limités par le devoir, ces divertissements, pourvu qu'en eux-mêmes ils soient honnêtes, sont alors permis.

V.

Devoirs relatifs aux animaux et aux êtres inanimés.

L'homme a le droit d'user des animaux, de les tuer pour en faire sa nourriture, ou pour se débarrasser de leur présence. Mais il ne doit pas les faire souffrir inutilement. La cruauté est un vice odieux.

A l'égard des êtres inanimés, il ne semble pas que l'homme ait de devoirs directs. Mais comme la plupart des êtres sont utiles à l'humanité, il devient coupable de les détruire ou de les détériorer.

Le devoir de respecter ces objets inanimés est plus évident encore quand ces objets sont de nature à faire naître chez l'homme des idées morales, ou à développer le sentiment du bien. C'est ainsi qu'il est coupable de détruire des œuvres artistiques.

Nous n'avons indiqué que les principaux exemples de ces

devoirs vulgairement nommés devoirs envers soi-même. On pourrait en citer beaucoup d'autres. On voit combien ces devoirs sont nombreux, importants et difficiles à pratiquer.

VI.

Devoir individuel général et suprême. — Devoir d'acquérir les vertus. — Moyen d'accomplir ce devoir.

L'homme serait incapable de pratiquer dans le détail ces devoirs si nombreux s'il n'acquérait des habitudes morales qui puissent le soutenir et lui faciliter sa tâche.

L'habitude de faire le bien, acquise par la pratique assidue du devoir, se nomme la **vertu**.

On appelle *vertus particulières* les habitudes de faire certaines espèces de bonnes actions.

Les vertus ne doivent pas être confondues avec les qualités naturelles. Elles sont toujours le résultat de l'effort et d'un usage énergique de la volonté libre.

Les anciens distinguaient quatre vertus principales : la **tempérance**, la **justice**, la **force** et la **prudence**.

Mais on peut en distinguer un plus grand nombre. Il y en a autant que d'espèces différentes de bonnes actions à pratiquer ou de mauvaises actions à éviter.

Le **vice** est l'opposé de la vertu.

Le vice est une habitude mauvaise, contractée par la pratique d'actions coupables.

Il se distingue, par conséquent, des *défauts* et des *passions* qui viennent à l'homme de sa nature.

MOYENS PRATIQUES D'ACQUÉRIR LES VERTUS.

Les vertus étant le résultat des efforts de l'homme, il doit exister un art de diriger ses efforts de manière à acquérir ces dispositions de l'âme si belles et si nécessaires.

Voici les principaux conseils que l'on peut donner à celui qui cherche à devenir vertueux :

1° Réfléchir sur l'importance et la beauté de la vertu. Lire des livres qui contiennent des exemples d'actions vertueuses. Fréquenter les personnes vertueuses. Éviter, au contraire, les livres dangereux et les mauvaises sociétés.

Par ces moyens, on entretiendra en soi la connaissance, l'estime et le désir de la vertu :

2° Examiner sa conscience périodiquement, à des moments choisis d'avance, et apprendre ainsi quelle vertu on doit principalement chercher à acquérir, et quel vice on doit combattre ;

3° Prendre des résolutions précises à la suite de cet examen. Avoir soin de ne se proposer que des actions que l'on pourra accomplir, et de ne pas trop présumer de ses forces ;

4° Suivre énergiquement les résolutions que l'on a prises, en luttant contre ses passions et ses mauvaises habitudes, et en tâchant de vaincre l'habitude par une habitude contraire ;

5° Implorer fréquemment le secours de Dieu par la prière.

Résumé.

I. Devoirs relatifs à l'usage des facultés de l'âme. — Devoirs relatifs à la sensibilité. — Devoir de combattre les passions. — Le désir et la convoitise. — La complaisance dans les pensées coupables. — Affections. — Affections illégitimes. — Excès dans les affections légitimes. — Amour de soi. — Haine, envie. — Colère, indignation. — Des passions en général. — Elles doivent être surveillées mais non détruites.

II. Devoirs relatifs à l'intelligence. — Devoir de s'instruire. — Vices de l'intelligence. — Curiosité, crédulité, esprit sceptique. — Devoir d'avoir foi aux vérités morales. — Devoirs relatifs au jugement et à l'imagination. — Vertu de prudence. — Vices du jugement : imprudence, passion, orgueil. — Modestie et humilité.

III. Devoirs relatifs à la volonté. — Paresse et lâcheté. — Activité et courage.

IV. Devoirs relatifs aux objets qui complètent la personne humaine. — (Biens, réputation, temps). — Usage des biens. — Prodigalité et économie. — Libéralité, générosité. — Avarice. — Soin de la réputation. — Honneur. — Susceptibilité. — Point d'honneur. — Emploi du temps. — Nécessité du travail. Quand les divertissements sont-ils permis ?

V. Devoirs relatifs aux êtres non raisonnables qui sont en rapport avec l'homme. — Devoirs relatifs aux animaux. — Il est permis de les tuer. — Il est défendu de les faire souffrir inutilement. — Devoir de respecter et de conserver les objets inanimés utiles à l'humanité ou capable de faire naître des idées morales.

VI. Devoir individuel général. — Acquérir des vertus. — La vertu, bonne habitude morale. — Moyens pratiques d'acquérir des vertus.

CHAPITRE III.

DEVOIRS GÉNÉRAUX ENVERS LE PROCHAIN. — JUSTICE ET CHARITÉ.

I

Distinction des devoirs de justice et de charité.

Il y a deux sortes de devoirs envers le prochain : des devoirs généraux envers tous les hommes et des devoirs particuliers envers certaines personnes déterminées, tels que les parents, les supérieurs, etc... Nous parlerons d'abord des devoirs généraux envers le prochain.

Parmi ces devoirs, on distingue deux espèces très distinctes l'une de l'autre.

Les uns correspondent à un droit rigoureux de la part du prochain. Ce sont les **devoirs de stricte justice.** Ils sont compris dans la formule: *A chacun ce qui lui appartient.*

Les autres ne correspondent pas à un droit de même genre.

Ils accordent au prochain au delà de ce qui lui est rigoureusement dû. Ils sont compris dans la formule : *Faites aux autres ce que vous voudriez qu'on vous fît.* Ce sont les **devoirs de charité.**

Les différences entre ces deux espèces de devoirs sont faciles à expliquer.

1° Le devoir de justice correspond à un droit strict du prochain. Celui-ci peut, en principe général, exiger par la force ce qui lui est dû de cette manière.

Le devoir de charité ne correspond à aucun droit pareil. Aussi, en général, il n'est pas permis d'en exiger l'accomplissement.

Cependant il ne faudrait pas entendre cette exigibilité des droits de justice et cette non-exigibilité des devoirs de charité dans un sens absolu. D'une part, l'ordre public ne permet pas, dans une société civilisée, que les hommes se fassent justice à eux-mêmes et la loi civile ne peut protéger tous les droits.

D'autre part, dans des cas extrêmes, tels que ceux de naufrage, d'incendie ou de danger imminent de mort, il peut être permis à celui qui a absolument besoin des secours de son prochain d'exiger ce secours par la force, pourvu cependant qu'il n'expose pas ainsi le prochain à un danger semblable à celui où il se trouve lui-même.

Le principe général subsiste néanmoins; les devoirs de justice sont de leur nature exigibles par la force et les devoirs de charité ne le sont pas.

2° L'accomplissement d'un devoir de stricte justice n'entraîne de la part de celui qui en est l'objet aucun devoir de reconnaissance. Au contraire, ce devoir est toujours la conséquence d'un acte de charité.

3° Les devoirs de justice sont parfaitement limités et déterminés. Telle personne doit à telle autre telle somme et pas davantage.

Les devoirs de charité, au contraire, sont beaucoup plus vagues. La charité est libre. Chacun donne suivant la générosité de son cœur.

4° Les devoirs de justice ne dépendent ordinairement en rien de la situation respective des personnes qui sont en rapport entre elles. On doit aussi bien payer sa dette à un riche qu'à un pauvre.

Les devoirs de charité, au contraire, sont principalement fondés sur cette situation relative qui fait que certaines personnes ont besoin des autres.

5° Les devoirs de justice sont permanents.

Ils subsistent jusqu'à ce qu'ils aient été remplis, ou que l'obligation soit régulièrement éteinte.

Les devoirs de charité, au contraire, sont variables suivant les temps et les lieux. Quand l'occasion qui leur a donné naissance est passée, ils cessent d'exister.

6° Enfin la différence principale consiste dans l'obligation à une restitution ou à une réparation qui accompagne toute violation de la justice. Cette obligation n'existe pas pour ceux qui ont manqué à la charité.

II.

Fondement et division des devoirs de justice.

Le fondement des devoirs de justice est le *droit rigoureux du prochain*.

Ce droit provient de la nature même; il est gravé dans la conscience.

Il consiste à pouvoir jouir, sans être troublé, de sa vie, de sa liberté, de sa réputation et du fruit de son travail.

Nous verrons dans une autre leçon comment ce droit primitif se transforme en un droit de propriété sur certains objets.

La première obligation de la justice est donc négative; elle consiste à respecter le droit du prochain. Elle est universelle. Tous les hommes sont également obligés à n'attaquer aucun d'entre eux dans sa vie, sa liberté et sa propriété.

Mais cette obligation primitive produit d'autres obligations.

Quand le droit du prochain n'a pas été respecté, la justice veut qu'une réparation lui soit faite, qu'il soit remis dans l'état où il aurait été si cette violation de son droit n'avait pas eu lieu. De là l'obligation de la restitution.

De plus, l'homme, étant possesseur de certains droits, peut en disposer en faveur d'une autre personne. Il peut aussi s'engager à le faire, et transmettre ainsi d'avance ce qui lui appartient en accordant à une autre personne le droit d'exiger de lui ce qu'il a promis.

De là la troisième obligation de la justice ou le respect des engagements par lesquels les hommes se communiquent les uns aux autres les droits qu'ils possèdent.

Ainsi la justice comprend trois obligations :

1° **Respect des droits du prochain**, obligation négative et universelle;

2° **Réparation des torts commis**, obligation positive et personnelle à celui qui a commis le tort;

3° **Observation des engagements**, obligation positive et personnelle à celui qui s'est engagé.

III.

Fondement des devoirs de charité.

Il est évident que l'accomplissement des devoirs de justice ne suffit pas pour que l'homme puisse se dire, en conscience, qu'il a rempli toutes ses obligations.

Ne donner au prochain que ce qu'on lui doit; le laisser souffrir sans lui venir en aide, exiger sans miséricorde ce qui nous est dû, cela peut suffire pour être un honnête homme dans le sens étroit de ce mot, mais cela ne suffit pas pour avoir pleinement accompli la loi du devoir.

Les obligations de justice sont principalement négatives. Elles consistent à ne pas faire de tort au prochain. Mais il ne suffit pas de ne pas faire de tort, il faut faire du bien.

Considéré d'une manière générale, ce devoir, moins évident que celui de la justice, est cependant très clair aux yeux de la conscience.

Le prochain n'a pas le droit d'exiger un secours, mais nous avons le devoir de le lui accorder.

Pour rendre plus évidente l'existence de ce devoir, on peut s'appuyer :

1° Sur l'intérêt général des hommes. La société est organisée de telle sorte que les hommes ont besoin les uns des autres. Chacun est exposé à se trouver un jour dans une situation où l'assistance lui sera nécessaire. Il est donc conforme à l'intérêt général que le devoir de la charité existe et que ce sentiment soit gravé dans la conscience ;

2° Sur la communauté de nature et de destinée entre les hommes.

Par le fait que les hommes sont nos semblables, nous leur devons de l'affection, et nous devons leur faire du bien. Cette raison est encore plus forte, quand on admet, conformément au récit de la Bible, que la science paraît confirmer, que cette communauté de nature provient d'une communauté d'origine; que les hommes sont non seulement semblables, mais réellement frères. Ainsi considérés, les devoirs de charité prennent le nom de devoirs d'humanité.

Ici se présente une question importante. Si tous les hommes ont une même nature et une même origine, ils sont cependant divisés en familles et en nations. A côté de ce sentiment général d'amour de l'humanité, il existe dans le cœur de l'homme des sentiments plus exclusifs, l'amour de la famille, l'esprit de corps, l'amour de la patrie.

Ces sentiments exclusifs peuvent-ils coexister avec l'amour de l'humanité?

Comment peuvent-ils se concilier?

Pour répondre à cette question, remarquons en premier lieu que la difficulté ne porte que sur les cas où des devoirs contraires résulteraient de ces sentiments distincts.

Quant aux sentiments eux-mêmes, ils peuvent très bien exister ensemble. On peut combattre un adversaire de sa patrie sans le haïr, et voir en lui un semblable qu'on peut aimer et qu'on est prêt à secourir dans toute autre circonstance.

Reste donc le cas où ces sentiments conduiraient à l'accomplissement de devoirs opposés. Ici nous pouvons dire que la patrie et la famille étant deux sociétés complètes, providentiellement instituées, il peut se rencontrer des cas où l'une doit être sacrifiée à l'autre, et que ce sera plus généralement, sinon toujours, la famille qui devra céder à la patrie. Au contraire, le genre humain n'étant point une société régulièrement organisée, il ne semble pas qu'on doive sacrifier les droits et les intérêts de la patrie en vertu des motifs tirés du bien général de l'humanité. Tout ce que l'humanité exige en ce cas, c'est que l'on conserve, même pour les ennemis, un sentiment de bienveillance, et qu'on ne leur fasse du mal qu'en raison d'une absolue nécessité. Aller plus loin serait, ce nous semble, diminuer outre mesure le sentiment patriotique.

IV.

Importance relative des devoirs de justice et de charité.

Les devoirs de justice sont plus rigoureux que ceux de charité. Aussi doivent-ils être accomplis les premiers. Tant que la justice n'est pas satisfaite, la charité n'a aucun mérite. L'homme qui a des dettes doit les payer d'abord, avant de faire l'aumône. Mais, quand ils sont à leur place, c'est-à-dire quand les devoirs de justice sont remplis, les devoirs de charité sont plus méritoires que ceux de justice. Ils le sont d'autant plus qu'ils sont plus spontanés.

Nous remarquons, en dernier lieu, qu'il y a certains devoirs intermédiaires entre la justice et la charité.

Tels sont le devoir de la reconnaissance et celui de la fidélité aux promesses.

Un bienfait donne au bienfaiteur un certain droit à la reconnaissance de l'obligé, mais non un droit de stricte justice, permettant d'employer la force pour réclamer ce qui est dû.

Les promesses sont de deux espèces.

Les unes, qu'on nomme contrats, sont des engagements de stricte justice, qui confèrent à celui envers qui ils ont été pris un droit rigoureux. Dans d'autres cas, la promesse ou la parole donnée n'a pas la même valeur. L'intention de celui qui s'engage n'étant pas de conférer à celui à qui il promet un droit rigoureux, son obligation ne comporte pas le caractère d'un engagement de stricte justice, mais cette obligation est réelle cependant, et il serait coupable de ne pas l'accomplir.

On peut joindre à ces deux sortes de devoirs une troisième classe. Ce sont certains devoirs résultant des liens de famille, devoirs d'assistance et de protection envers des parents qui en ont besoin. Nous disons certains devoirs, parce qu'il y a des devoirs de famille qui ont le caractère de la stricte justice; telle est l'obligation des parents de nourrir et d'élever leurs enfants; telle est encore l'obligation des enfants d'assister leur père et mère quand ils sont dans la misère.

On donne quelquefois à ces devoirs intermédiaires le nom de *devoirs de justice*, en réservant aux obligations plus rigoureuses le nom de devoirs de *stricte justice*.

Ces différents devoirs devront être observés dans l'ordre suivant :

En premier lieu, les devoirs de stricte justice.

En second lieu, les devoirs intermédiaires de reconnaissance, de famille, etc.

En troisième lieu, les devoirs de pure charité.

Résumé.

I. Distinction des devoirs de justice et de charité. — Les devoirs de justice correspondent à un droit rigoureux du prochain. — Ils consistent à rendre à chacun ce qui lui appartient. — Les devoirs de charité ont pour formule : Faites aux autres ce que vous voudriez qu'on vous fît. — Différence entre la justice et la charité.

II. Fondement et division des devoirs de justice. Ce fondement est le droit rigoureux du prochain. — Ils comprennent trois principales obligations : Respecter les droits du prochain. — Réparer les torts qui lui ont été faits. — Observer ses engagements.

III. Fondement des devoirs de charité. — Intérêt général des hommes. — Communauté de nature et de destinée. — Fraternité humaine. — Accord entre l'amour de l'humanité et l'amour de la famille et de la patrie.

IV. Importance relative des devoirs de justice et de charité. — Les devoirs de justice doivent être accomplis les premiers. — Les devoirs de charité sont les plus méritoires. — Devoirs intermédiaires. — Devoirs de reconnaissance. — Fidélité aux promesses. — Devoirs résultant des liens de famille.

CHAPITRE IV.

DU DROIT DE PROPRIÉTÉ.

I.

Sa nature et ses objets.

Parmi les droits que l'homme possède, et dont il peut exiger le respect, il y en a de deux sortes : les uns sont des *droits d'u-*

sage et *de jouissance*, d'autres des *droits de propriété*. Le **droit de jouissance** consiste à pouvoir user d'une chose sans être troublé par autrui; le **droit de propriété**, à pouvoir disposer de cette chose d'une manière absolue, sauf le respect de la loi morale et des lois civiles.

L'homme, en général, n'a que la jouissance des biens inséparables de sa personne, telle que sa vie et ses facultés, sa liberté, sa réputation. Il ne peut pas les donner à d'autres, et, en général, il n'a pas le droit d'y renoncer et de s'en dépouiller lui-même.

Mais il peut avoir un droit de propriété sur les objets distincts de sa personne, principalement sur les objets matériels, animés ou inanimés.

Ce droit de propriété comprend les droits suivants :

1° Celui de faire servir la chose à tous les usages compatibles avec sa nature;

2° Celui de percevoir les fruits ou produits de cette chose;

3° Celui de dénaturer ou de transformer la chose à son gré;

4° Celui de jouir de la chose à l'exclusion de tout autre;

5° Celui de la céder à une autre personne;

6° Celui de défendre la chose contre toute attaque.

Cependant il n'est permis à l'individu de se servir de la force matérielle pour défendre sa propriété qu'à défaut d'une protection suffisante de la force publique.

II.

Origine de la propriété.

Dans l'état de société, la plupart des objets utiles à l'homme, sinon tous, sont appropriés, c'est-à-dire qu'ils sont la propriété de quelqu'un.

On peut se demander comment s'est faite, à l'origine, cette répartition des objets matériels entre les hommes.

Certains philosophes ont soutenu qu'à l'origine les biens étaient communs, et que la répartition s'était faite par convention. Quelques-uns même ont dit que cette répartition était injuste, et avait été un malheur pour l'humanité.

Ces opinions partent d'un principe faux ; les *biens*, c'est-à-dire les choses utiles à l'homme, n'ont jamais été la propriété commune de l'humanité.

En effet, tous les biens, sans exception, sont des *produits*, qui ne sont devenus utiles et n'ont acquis de valeur que par le travail. La terre ne porte de fruits qu'à la condition d'être cultivée. Le bois ne devient un objet utile que lorsque l'arbre qui le portait a été coupé.

Or, par l'effet du travail, l'objet matériel qui, auparavant, n'avait pas de valeur, est devenu la propriété du travailleur. Il est en effet évident, aux yeux de la raison, que le travailleur a droit au fruit de son travail. Le travail est comme une extension de la personne humaine.

Ce droit se trouve limité quand le travailleur est obligé d'employer une matière première qui est déjà la propriété de quelqu'un. Alors celui qui a acquis par son travail la propriété de cette matière première a droit à être remboursé de sa peine. Ainsi l'ébéniste ne peut être propriétaire de l'objet de son travail qu'à la condition de rembourser le marchand de bois, lequel doit rembourser le bûcheron.

Mais si le travailleur opère sur une matière première non encore appropriée, alors son droit est illimité et il devient propriétaire.

Telle est l'origine du droit d'un chasseur sur le gibier qu'il a tué.

Cette observation nous montre que les *choses* ne sont devenues *des biens*, c'est-à-dire des produits utiles, qu'au même moment où elles sont devenues la propriété de quelqu'un. Ainsi la prétendue communauté originaire des biens n'a jamais existé.

Pour être complet, nous devons remarquer qu'à l'origine, au droit du *travail* se joint un autre droit, celui du *premier occupant*. Cette matière première, non encore appropriée, le travailleur l'a faite sienne par son travail, mais pour pouvoir commencer ce travail, il a fallu qu'il s'emparât de cette matière première, qu'il l'occupât avant tout autre travailleur. Pour pouvoir cultiver une portion de terre, il a fallu s'y établir, l'enclore et empêcher les autres personnes de troubler le travail de culture.

Nous devons donc admettre que les choses non encore appropriées sont au premier occupant; que tout homme a droit de s'en emparer pour les transformer par son travail. Ce droit a pour limite la capacité que l'homme a d'occuper réellement, c'est-à-dire de modifier par son travail les objets extérieurs. On ne saurait admettre, en effet, qu'il suffise de la simple volonté de l'homme pour s'approprier un objet.

La propriété a donc une double origine, le travail personnel et le droit du premier occupant. On pourrait dire aussi, d'une manière exacte, que la propriété résulte de l'occupation réelle qui ne se fait que par le travail.

III.

Mode de transmission de la propriété.

La propriété, une fois acquise, peut se transmettre.

Il y a quatre principaux modes de transmission.

La propriété se transmet du vivant du propriétaire, par la *donation* ou par l'*échange*, et, à sa mort, par *succession héréditaire* fondée par les liens du sang, et par la *succession testamentaire* fondée sur la volonté du mourant.

Ces quatre modes de transmission, joints au mode d'acquisition indiqué plus haut par l'occupation réelle, forment cinq titres légitimes de propriété.

Le Code civil en reconnaît deux autres. L'un est le droit d'*accession*, c'est-à-dire le droit d'un propriétaire d'une chose sur tout ce qui l'unit à cette chose, soit naturellement, soit artificiellement.

L'autre est la *prescription*, c'est-à-dire le droit d'acquérir la propriété d'un objet par le seul fait qu'on en jouit paisiblement pendant un certain temps, sans que cet objet soit réclamé par un propriétaire muni d'un titre certain. Quelquefois la prescription profite au véritable propriétaire; elle ne lui confère alors aucun droit nouveau; elle sert seulement à le dispenser de la preuve de son titre de propriété.

Dans d'autres cas, la prescription profite à quelqu'un qui n'avait pas un titre légitime de propriété. Alors c'est une sorte d'occupation réelle d'un bien sur lequel l'ancien propriétaire est censé avoir abandonné ou perdu son droit.

Il faut remarquer qu'en conscience, il n'est pas toujours permis d'user de la prescription légale. Celui qui, avant l'expiration du temps acquis pour prescrire, a connu le véritable propriétaire et n'a pas voulu lui restituer son bien, a pu prescrire aux yeux de la loi civile, mais aux yeux de la conscience, il est détenteur injuste du bien d'autrui.

IV.

Cause de l'inégalité des biens.

Rien de plus facile que de comprendre pourquoi les biens sont répartis inégalement entre les hommes.

La propriété est le fruit du travail. Le travail des hommes est inégal, soit par suite de l'inégalité de leurs facultés, soit par suite de la plus ou moins grande énergie de leur volonté. La propriété s'augmente par l'économie et se détruit par la prodigalité. Or, les hommes sont plus ou moins économes.

La propriété est aussi, nous l'avons vu, le résultat de l'occupation première. Or, l'occupation première est une cause d'inégalité. Les hommes qui, en arrivant dans un pays désert, auront occupé les terres les plus fertiles, ou celles qui sont le plus près des voies de communications naturelles, auront un avantage sur les autres.

Ces inégalités ayant une fois commencé prennent bientôt un grand développement, par suite du principe que le capital rapporte un intérêt. Le capital n'est autre chose que le produit accumulé d'un travail antérieur servant à faciliter le travail futur. Le capital ou travail passé, et le travail actuel, sont les deux agents de la production; chacun a droit à sa rétribution. De ce fait, résulte une augmentation de la richesse, suivant une progression géométrique, qui est une cause très puissante d'inégalité.

V.

Utilité sociale de la propriété individuelle et héréditaire, et de l'inégalité des biens.

La propriété individuelle est éminemment utile à la société. En effet, la possibilité de s'enrichir par le fruit de ses efforts est un stimulant très puissant pour le travail. Si tous les biens appartenaient à l'État, les hommes ne travailleraient pas, ou bien on ne pourrait les faire travailler que par force.

L'hérédité de la propriété est aussi très utile. Sans l'espoir de laisser ses biens à ses enfants, l'homme s'arrêterait dans son travail quand il aurait acquis ce qui lui est nécessaire pour sa subsistance personnelle. L'accroissement du capital social serait arrêté.

Or, l'augmentation de la richesse sociale profite à tout le monde, aussi bien aux pauvres qu'aux riches. Celui qui possède des capitaux est obligé d'avoir recours aux bras du travailleur pour les faire valoir. Il existe une harmonie établie par la nature entre leurs intérêts; le pauvre a besoin du riche et le riche a besoin du pauvre.

Tout système qui tendrait à partager également les biens, ou à grever le libre développement de la richesse des individus, ralentirait le travail et la production et appauvrirait la société; les plus pauvres perdraient plus par cette diminution de la richesse générale qu'ils ne gagneraient par le partage.

On peut remarquer, en outre, que l'existence de grandes fortunes facilite les grandes entreprises utiles à la société.

VI.

Légitimité du droit de propriété.

Il n'est aucune idée plus profondément gravée dans la conscience que celle du droit de propriété. Rendre à chacun ce qui lui appartient est l'idée morale la plus universelle, celle qui subsiste chez les hommes les plus grossiers et les plus pervertis sous d'autres rapports. Or, cette idée suppose qu'il y a des choses qui appartiennent à chaque homme.

A cette affirmation si claire de la conscience on peut joindre des preuves de raison.

On peut remarquer, en premier lieu, que les différents modes légitimes d'acquisition première et de transmission de la propriété que nous avons énumérés sont tous justes et raisonnables en eux-mêmes.

En second lieu, nous pouvons dire que la propriété individuelle, héréditaire et inégale est une véritable nécessité sociale, d'où il résulte encore qu'elle est juste.

Au moyen de ces arguments, il sera facile de répondre aux objections des socialistes, dont voici les principales :

1° L'inégalité des biens entre les hommes est contraire à la justice.

Nous répondrons qu'elle est juste, puisqu'elle est le fruit du travail et de l'économie.

2° Admettant que chacun profite de son travail, pourquoi les enfants de celui qui a gagné de l'argent, n'ayant rien fait eux-mêmes, seraient-ils plus favorisés que les enfants du pauvre?

Nous répondrons que la nature elle-même porte le père à travailler pour son fils, que c'est le motif principal de son travail; il serait injuste qu'il ne pût pas obtenir le résultat auquel il a consacré ses efforts.

3° Les pauvres, venus les derniers en ce monde, trouvent toutes les places prises, toutes les terres occupées, ils sont déshérités.

Nous répondrons que les pauvres eux-mêmes, dans la société, profitent de la richesse générale; que les biens qu'ils envient aux riches ont été créés et acquis par le travail; que là où ce travail n'a pas eu lieu, c'est-à-dire dans les pays encore sauvages, la pauvreté et la misère sont beaucoup plus grandes que dans les pays civilisés.

4° Il y a eu dans le cours des siècles beaucoup de propriétés acquises et transmises injustement; la justice veut donc que les biens soient partagés de nouveau d'une manière équitable.

Nous répondrons que le nouveau partage qu'on propose serait une nouvelle injustice plus grave que les précédentes, puisque ceux qui ont acquis justement leurs biens en seraient dépouillés. Les injustices du passé sont un mal irréparable qu'il faut subir, mais qu'il faut empêcher de se reproduire, en observant de plus en plus fidèlement le respect de la propriété.

Nous pouvons donc conclure que tous les systèmes contraires au principe de la propriété sont injustes et destructifs de l'ordre social, et contraires aux vrais intérêts des hommes. Mais nous devrons reconnaître que l'inégalité des biens entre les hommes, quoique nécessaire, est souvent pénible à accepter et à supporter de la part de ceux qui sont le moins bien partagés.

Cet inconvénient ne peut être corrigé qu'en joignant à la vertu de justice, qui prescrit le respect de la propriété, la vertu de charité, qui vient en aide à ceux qui souffrent.

En outre l'idée de la vie future, dans laquelle les inégalités de ce monde seront réparées, est d'un grand secours pour remédier aux conséquences pénibles de la différence des conditions.

Résumé.

DU DROIT DE PROPRIÉTÉ.

I. Sa nature et ses objets. — Distinction de la propriété et de la simple jouissance. — La propriété est le droit de disposer d'une chose d'une manière absolue, sauf le respect de la loi morale et des lois civiles. — Différents droits qui résultent du droit de propriété.

II. Origine de la propriété. — Système du partage des biens primitivement communs. — Fausseté de ce système. — Les biens sont des produits qui exigent du travail. — Le fruit du travail appartient à l'ouvrier, sauf ce qui est dû pour la matière première. — Les biens non appropriés sont au premier occupant.

III. Modes divers de transmission de la propriété. — Donation. — Échange. — Succession héréditaire. — Succession testamentaire. — Accession. — Prescription. — La prescription n'est légitime en conscience que quand il y a eu bonne foi.

IV. Causes de l'inégalité des biens. — Cette inégalité résulte de l'inégalité de force, de courage, d'habileté et aussi de l'avantage du premier occupant. — Elle s'augmente par le principe de l'intérêt porté par le capital.

V. Utilité sociale de la propriété individuelle et héréditaire et de l'inégalité des biens. — La possibilité de s'enrichir et de transmettre ses biens à ses descendants est un stimulant pour le travail. — La richesse sociale profite à tout le monde. — Il y a harmonie entre les besoins du pauvre et les intérêts du riche.

VI. Légitimité du droit de propriété. — Ce droit est fondé sur la raison et la conscience. — Réponses aux objections des socialistes. — L'inégalité des biens résultant du travail accumulé est conforme à la justice. — Les pauvres sont moins dépourvus de ressources dans une société civilisée que ne le sont les sauvages. — Les injustices commises dans le cours des siècles ne peuvent être réparées. — Un partage des biens serait une nouvelle injustice.

CHAPITRE V.

DU RESPECT DES DROITS DU PROCHAIN.

Les principaux biens que l'homme peut posséder et dont la justice exige le respect sont la vie, la liberté, la conscience, la réputation, la fortune.

I.

Du respect de la vie du prochain.

L'obligation de respecter la vie du prochain est très évidente. Elle comporte trois exceptions :

1° Le *droit de la société d'appliquer à certains crimes la peine de mort*. Ce droit a été admis dans tous les temps et dans tous les pays. On peut espérer que l'adoucissement des mœurs permettra de réduire le nombre des cas où cette peine est infligée, ou même de l'abolir entièrement, mais on ne peut contester le droit de la société d'infliger cette peine pour des fautes très graves, quand l'intérêt social exige qu'une justice rigoureuse soit faite.

2° Le *droit de défense légitime*. L'homme dont la vie est attaquée peut la défendre aux dépens de celle de son agresseur. Il est permis également de tuer pour défendre un innocent.

La limite de ce droit de défense varie suivant l'état de civilisation des pays. Dans les pays où la force publique est vigilante et puissante, les particuliers ne doivent avoir recours au droit de défense légitime que dans des cas extrêmes.

Dans les pays moins bien organisés, le droit de défense légitime est plus étendu.

3° Le *droit de guerre*. La guerre est la défense légitime des nations. Seulement, comme il n'y a pas de tribunal suprême pour juger des querelles des peuples entre eux, le droit de guerre est plus étendu que le droit de défense des particuliers.

Celui qui déclare la guerre injustement est gravement coupable.

Les soldats qui combattent dans une guerre injuste ne sont pas coupables, quand ils ont été levés par ordre de leur gouvernement. Il en est autrement de ceux qui s'engagent volontairement dans une guerre qu'ils savent être injuste.

Ceux qui font la guerre doivent respecter les usages consacrés par le droit des gens; ils ne doivent pas commettre de cruautés inutiles.

Ces trois cas sont les seuls qui donnent à l'homme un droit sur la vie de son semblable.

Les autres circonstances, qui pourraient sembler excuser l'action de mettre le prochain à mort, ne sont pas suffisantes aux yeux de la conscience.

Ainsi :

1° Il n'est pas permis de tuer un malade ou un blessé pour l'empêcher de souffrir;

2° Le droit de défense ne contient pas le droit de vengeance. L'homme ne doit pas se faire justice à lui-même;

3° Le duel est défendu par la loi naturelle. Cette dernière

assertion demande à être établie avec des preuves évidentes.

Ce qui caractérise le duel, c'est le choix d'un lieu, d'une heure, de certaines armes, et la convention mutuelle qui règle le combat dans lequel la vie des deux combattants est exposée.

On a dit, en faveur du duel, que c'était le seul moyen de réprimer certaines atteintes faites à l'honneur; que l'homme, en se battant, montre qu'il préfère l'honneur à la vie.

Mais ces raisons ne sont pas suffisantes, et ne peuvent prévaloir sur les inconvénients graves du duel.

La raison capitale et fondamentale, c'est qu'aucun des deux adversaires n'a le droit de sacrifier sa vie, ni d'ôter la vie à son adversaire. La convention qui s'établit entre les adversaires est donc nulle, chacun donne à l'autre un droit qu'il ne possède pas.

Mais ce n'est pas tout. Le duel est gravement injuste, car il met l'offenseur sur le même pied que l'offensé. Il permet à l'offenseur injuste, après avoir attenté à l'honneur de son prochain, d'attenter encore à sa vie.

Bien loin de diminuer le nombre des atteintes à l'honneur, l'usage du duel l'a en général plutôt augmenté, les hommes mettant leur amour-propre à chercher des occasions de se battre.

Enfin, le duel n'est nullement nécessaire pour conserver le véritable honneur. En effet, ou l'offense faite est injuste, et alors l'honneur n'est pas réellement atteint, ou cette offense est fondée sur une faute réelle de la part de l'offensé, et alors celui-ci, étant déjà coupable ou blâmable, n'a pas le droit de verser le sang pour rétablir son honneur lésé.

II.

Du respect de la liberté du prochain.

La liberté dont il s'agit ici est la *liberté physique*, car la liberté morale ne saurait être atteinte par la violence.

Tout homme a droit de faire ce qui n'est pas défendu, ni par la loi, ni par les ordres de ses supérieurs légitimes. Toute atteinte portée à cette liberté est une grave injustice.

Les magistrats à l'égard de tous les citoyens, les parents et tuteurs à l'égard des enfants mineurs ont seuls le droit de priver dans une certaine mesure ceux qui leur sont subordonnés de l'usage de leur liberté.

Mais l'exercice de ce droit doit être conforme aux lois, à la justice et aux vrais intérêts des inférieurs. Sans cela il y aurait abus de pouvoir.

A l'égard des salariés, le droit que ceux qui les emploient ont de restreindre l'usage de leur liberté est limité par le contrat qu'ils ont librement contracté, et, à défaut de stipulation spéciale, par les usages et les coutumes du peuple.

Ici néanmoins se présente une grave question. La liberté dont les hommes jouissent peut-elle leur être justement enlevée? Peut-elle être aliénée par un acte de leur volonté?

En d'autres termes, l'esclavage est-il permis par le droit naturel?

Pour répondre à cette question, nous distinguerons trois espèces d'états dans lesquels l'homme est privé de sa liberté :

1° *L'esclavage absolu*, dans lequel l'esclave est considéré comme une chose, comme la propriété absolue de son maître, qui a sur lui le droit de vie et de mort. L'esclave, sous ce régime, ne possède aucun des droits de l'homme; il n'a même pas de famille régulièrement constituée. Tel était l'esclavage à Rome au temps du paganisme.

2° *L'esclavage mitigé*, état dans lequel l'esclave est considéré comme une personne et doit être traité comme tel. Mais il est tenu, durant sa vie entière, à travailler pour le compte de son maître, lequel est tenu de le nourrir. Tel était l'esclave sous la loi de Moïse.

3° Le *servage*, tel qu'il existait au moyen âge, est une forme d'esclavage mitigé, mais avec cette différence que le serf, étant attaché à la terre, ne pouvait pas être déplacé.

Entre ces différents états principaux, il peut exister différents états intermédiaires. On peut remarquer aussi que l'esclavage avait diverses origines. On devenait esclave par sa propre volonté ou par une condamnation judiciaire, ou par suite de dettes, ou par captivité à la guerre, ou par naissance.

L'esclavage absolu est contraire, évidemment, au droit naturel. L'homme ne peut cesser d'être une personne et de conserver les droits essentiels à la personne humaine, principalement celui de constituer une famille.

Au sujet des diverses formes d'esclavage mitigé, les opinions sont partagées. Les uns les considèrent comme toutes contraires au droit naturel. D'autres enseignent qu'il y a des états de société où ce genre de restriction de la liberté est inévitable, et par conséquent ne saurait être réprouvé.

D'autres distinguent diverses circonstances; ils admettraient volontiers que l'esclavage peut être légitime quand il est volontaire, ou quand il est le résultat d'une condamnation ou de la captivité, mais ils nient que les enfants puissent naître esclaves.

Le droit français moderne défend toute espèce d'esclavage, même volontaire. Il ne permet qu'une domesticité à temps, fondée ur un contrat révocable.

III.

Du respect de la conscience du prochain, de ses croyances et de ses opinions.

On manque au respect dû à la conscience du prochain de deux manières :

1° En excitant le prochain au mal, par ses conseils ou son exemple. C'est ce qu'on nomme le scandaliser. Le scandale est un péché grave de sa nature; il fait encourir à celui qui le commet une part dans la responsabilité des fautes que commet celui qui a été entraîné.

2° En empêchant le prochain de faire ce que la conscience lui prescrit, ou en cherchant à le forcer à faire ce que la conscience lui défend.

Mais il importe de remarquer que, la conscience étant faillible et pouvant être erronée, l'homme, tout en ayant le devoir d'obéir à la conscience, n'a pas le droit d'exiger des autres d'une manière absolue la liberté de faire extérieurement ce qu'elle lui prescrit. Ainsi l'homme qui se croirait obligé à tuer un ennemi pour venger sa famille suivrait peut-être sa conscience erronée, en se vengeant et par conséquent ne serait pas coupable devant Dieu, mais il n'aurait pas pour cela le droit de tuer son prochain, et serait justement puni par la loi criminelle. L'homme qui croit que la conscience lui défend d'être soldat sera justement puni par la loi militaire au for extérieur, bien qu'il puisse être innocent au for intérieur.

L'autorité civile ne doit pas et ne peut pas se laisser arrêter dans sa tâche par les erreurs de conscience des individus, ni surtout par la déclaration vraie ou fausse qu'ils peuvent faire que tel ou tel acte est contraire à leur conscience. Il en est de même de l'autorité des parents sur les enfants. Sans cela, il serait toujours possible de désobéir en prétextant qu'on suit sa conscience.

Cependant, quand il est présumable qu'une certaine classe de personnes sont dans une erreur invincible de conscience, celui qui commande devra tenir compte de ce fait, et ménager les consciences, même erronées, autant que l'ordre et l'intérêt général le permettent.

3° On manque encore au respect dû à la conscience du prochain en l'excitant, par quelque promesse ou quelque récompense, à faire une chose, même bonne, qui serait contraire à sa conscience. S'il s'agissait d'un acte religieux, ce serait le pousser à l'hypocrisie.

4° Mais il faut observer que nous avons aussi des devoirs positifs envers la conscience du prochain. Nous devons éclairer sa conscience, l'inviter à faire ce que nous croyons bon, le pousser à chercher la vérité. Nous devons aussi exciter et encourager le prochain à faire ce que la conscience lui prescrit. L'accomplissement de ces différents devoirs demande de la discrétion, du tact, et surtout un véritable amour du prochain.

Indépendamment de la conscience proprement dite du prochain, ses croyances et ses opinions ont droit à être respectées, pourvu qu'elles ne soient pas contraires à la morale et à l'ordre de la société. La tolérance des opinions d'autrui et la patience dans les discussions sont des vertus louables. Néanmoins cette tolérance doit avoir une limite ; il n'est pas permis d'abandonner la défense énergique de la vérité, et l'indignation contre le mal et contre les théories immorales et scandaleuses est aussi un devoir.

Dans les matières qui ne touchent pas à la morale et à la direction générale de la vie humaine, la libre critique et la contradiction ont de grands avantages. Mais en revanche partout où se rencontre un devoir évident ou un principe nécessaire à l'homme pour atteindre sa fin, il faut éviter toute discussion qui affaiblirait l'énergie morale et obscurcirait la conscience. Ceux qui contestent l'évidence des vérités morales méritent d'être flagellés comme les sophistes l'ont été par Socrate.

IV.

Du respect de la réputation du prochain.

La réputation est un des biens les plus précieux que l'homme puisse posséder. Elle est considérée, par ceux qui ont de l'honneur, comme un bien plus précieux que la vie. L'homme a donc un droit rigoureux à ce qu'on respecte sa réputation.

On peut attaquer la réputation du prochain de cinq manières :
1° Par la *calomnie* ;
2° Par la *diffamation* ;
3° Par la *médisance* ;
4° Par le *jugement téméraire* ;
5° Par les *injures, railleries* et *paroles blessantes*.

La *calomnie* est une faute très grave. Elle entraîne une rigoureuse obligation de réparation. Le calomniateur est obligé, s'il se repent, de démentir ses assertions fausses aussi publiquement qu'il les a énoncées, de manière à rétablir autant qu'il est en lui la réputation du prochain.

La *diffamation* et la *médisance* sont des fautes de même espèce. Elles ne diffèrent que par le plus ou moins grand degré de publicité donné à la révélation des fautes du prochain.

La diffamation et la médisance diffèrent de la calomnie en ce que les faits imputés au prochain par le diffamateur sont vrais.

On peut se demander alors si vraiment la diffamation est contraire à la justice. En effet, les faits imputés étant vrais, il semble que celui à qui on les impute n'ait pas droit à la réputation dont le diffamateur le dépouille. Cependant on admet généralement que la diffamation et la médisance sont injustes. On se fonde sur ce principe que l'homme, même coupable, a droit à conserver sa réputation tant que sa faute n'est pas déjà devenue publique. Si, en effet, cet homme, après avoir commis une faute restée secrète, se repent et se corrige, il pourra arriver que la perte de sa réputation soit une punition plus grave que ce que la faute a mérité. Les hommes, n'étant pas juges de ce rapport entre la faute et la peine, n'ont pas le droit d'infliger aussi volontairement et sans nécessité la réprobation publique pour une faute cachée.

Plusieurs observations importantes doivent être faites au sujet de la médisance et de la diffamation.

La première concerne les cas dans lesquels il est permis de révéler les vices et les fautes du prochain. Cela arrive toutes les fois que cette révélation peut être d'une utilité très grande et très évidente pour le coupable lui-même, ou pour la société, ou pour d'autres personnes auxquelles celui qui possède ces vices ou qui a commis ces fautes pourrait nuire.

Il se rencontre certains cas où la dénonciation de certains actes coupables est un devoir rigoureux.

En général aussi, on est obligé de répondre aux interrogations des magistrats dans l'exercice de leurs fonctions, en leur révélant tout ce qu'on sait, même des choses nuisibles à la réputation du prochain. (Il faut cependant excepter les choses qu'une obligation particulière de secret défend de révéler en aucun cas.)

Il est très difficile de limiter à l'avance les cas où la révélation des défauts du prochain devient une médisance ou une diffamation coupable, et de la distinguer de ceux où elle est au contraire un devoir.

Dans la pratique, chacun doit faire de son mieux, et ne parler des défauts du prochain qu'avec prudence et pour une bonne raison. Il importe aussi beaucoup de veiller sur son intention; la médisance commise par un sentiment de haine, ou par légèreté et indifférence aux intérêts du prochain, est toujours coupable.

Lorsque la dénonciation du mal est nécessaire, il est préférable qu'elle soit faite publiquement; cependant cela n'est pas toujours possible, et l'intérêt social ou la charité permettent ou même exigent quelquefois une dénonciation secrète.

Mais ces cas sont bien rares, et, en général, quand une telle dénonciation secrète est faite sans motifs suffisants, elle prend le nom de *délation*. C'est une action coupable et déshonorante. Quand elle est provoquée, comme cela arrive souvent, par l'envie, elle est tout spécialement odieuse.

Notre seconde observation a trait à la gravité de la diffamation ou de la médisance. La gravité de ses fautes dépend de la gravité du tort fait au prochain. Chacun doit se demander : A la place de telle personne, me considérais-je comme gravement lésé dans mon honneur si on disait telle chose de moi?

Nous observerons, en troisième lieu, que, du moment que la diffamation est une injustice, elle oblige à une réparation. Or, cette réparation est très difficile à faire. On ne peut nier les faits allégués puisqu'ils sont vrais. Mais on doit s'efforcer de dire tout ce qu'on sait de bien sur la personne diffamée.

Juger témérairement le prochain, le soupçonner à tort d'actions qu'il n'a pas commises, est encore une injustice. En effet la réputation résulte de l'opinion des diverses personnes dont se compose la société. En jugeant témérairement le prochain, on le prive d'une part de la réputation à laquelle il a droit.

Mais il faut, pour qu'un tel jugement soit coupable, qu'il soit réellement *téméraire*, c'est-à-dire sans fondement suffisant. Quand on a des motifs sérieux de soupçonner le prochain, le jugement n'est plus téméraire et par conséquent n'est plus coupable.

Il n'y a pas non plus de jugement téméraire lorsque, sans se prononcer sur la culpabilité ou les vices du prochain, on prend, pour sa propre sûreté, des précautions fondées sur la crainte d'être trompé.

V.

Injures, railleries, paroles blessantes.

Le tort que ces procédés font au prochain est évident par lui-même. Le degré de gravité de ce tort se mesure sur l'opinion publique, d'une part, et sur la susceptibilité personnelle plus ou moins grande du prochain. Il faut aussi tenir compte du sens véritable des paroles et des circonstances dans lesquelles elles ont été prononcées. Les mêmes paroles peuvent, suivant les circonstances, ou même suivant le ton de la voix, être des plaisanteries innocentes ou des injures mortelles. C'est le cas d'appliquer le principe : Ne faites pas aux autres ce que vous ne voudriez pas qu'on vous fît.

Ces fautes étant contre la justice, entraînent l'obligation d'une réparation.

Résumé.

I. Du respect de la vie du prochain. — Exceptions au devoir de ne pas tuer. — La peine de mort infligée par la société. — La défense légitime. — Le droit de guerre. — Devoirs des soldats en temps de guerre. — Du duel. — Raisons de sa prohibition absolue.

II. Du respect de la liberté du prochain. — Des différentes formes d'esclavage. — Sont-elles toutes contraires au droit naturel ? — Toute espèce de servitude est abolie par le droit moderne.

12.

III. Du respect de la conscience du prochain. — Des diverses manières de manquer à ce respect. — La conscience erronée impose des devoirs, mais ne donne pas de droits absolus. — Des devoirs positifs envers la conscience du prochain ; devoir de l'éclairer et de l'encourager au bien. — Respect des croyances et des opinions du prochain.

IV. Du respect de la réputation du prochain. — De la calomnie. — Sa gravité. — Obligation de réparer qu'elle entraîne. — De la diffamation et de la médisance. — Elles sont contraires à la justice. — Des cas où il est permis de révéler les défauts du prochain. — Du jugement téméraire. — Comment la défense de juger témérairement se concilie avec la prudence.

V. Injures, railleries, paroles blessantes. — Mesures du tort qu'elles font au prochain. — Obligation de réparation.

CHAPITRE VI.

DU RESPECT DE LA PROPRIÉTÉ. — DE LA RESTITUTION.

I.

Respect de la propriété.

La propriété, comme nous l'avons vu, est un droit rigoureux. Ce droit doit être respecté.

Voici les principales fautes que l'on peut commettre contre cette loi fondamentale de justice :

1° Le vol ou l'enlèvement de la chose d'autrui, contre la volonté du propriétaire, et avec l'intention de se l'approprier ou de s'en servir pour son usage ;

2° L'escroquerie, qui consiste à s'emparer de la fortune du prochain par certains artifices, notamment en faisant naître l'espoir d'événements chimériques ;

3° Le dol et la fraude, ou l'emploi du mensonge pour tromper le prochain dans la formation ou l'exécution des contrats ;

4° Le défaut volontaire de fidélité à ses engagements, faute que commet celui qui ne paye pas ses dettes quand il pourrait les payer ;

5° La conservation injuste d'un bien que l'on sait être à autrui.

Nous observerons que la gravité de ces fautes ne dépend pas précisément de la gravité du tort fait au prochain.

Le vol, fait à une personne riche, d'une quantité assez faible pour ne pas lui causer un dommage sensible, peut néanmoins être, en ce qui concerne la conscience du voleur, une faute très grave. En effet, ces vols de petites sommes, s'ils étaient généralement pratiqués, mettraient le désordre dans la société. Or, ils seraient pratiqués d'une manière assez habituelle si les voleurs ne se croyaient coupables qu'en proportion de la perte subie par le prochain.

Les riches, d'ailleurs, sont moins lésés par chaque petit vol, mais aussi ils sont plus exposés à être volés.

On peut déduire de ce principe que, contrairement à une opinion trop répandue, le vol et la fraude à l'égard de l'État peuvent être des fautes graves.

II.

De la restitution.

De quelque manière que l'homme se trouve en possession du bien d'autrui, il est obligé de *rendre au propriétaire ce qui lui appartient*. On est également obligé de *réparer les torts* faits au prochain.

Cette obligation est rigoureuse. Elle est la condition *sine qua non* du pardon de la faute commise.

Il existe deux motifs distincts qui obligent à la restitution.

Le premier motif est la simple possession de la chose d'autrui, lors même que cette chose aurait été acquise de bonne foi.

Le second motif est le dommage ou le tort causé au prochain d'une manière injuste et coupable.

Dans le cas du vol, quand le voleur a encore en sa possession l'objet volé ou l'équivalent de cet objet, il est tenu à restitution par les deux motifs réunis.

III.

De la restitution par suite de la possession du bien d'autrui.

Le possesseur du bien d'autrui peut avoir acquis ce bien de bonne ou de mauvaise foi.

S'il a acquis ce bien de bonne foi, il est tenu à restituer la chose d'autrui dans l'état où elle se trouve, lorsqu'il vient à connaître le propriétaire.

S'il a aliéné la chose et qu'il en possède l'équivalent, il est tenu à restituer la valeur de cet équivalent. Mais s'il a perdu, détruit, consommé ou dépensé la chose qu'il croyait être à lui, il n'est tenu à rien. De plus, d'après la loi civile française le possesseur de bonne foi n'est pas tenu de restituer les fruits de la chose qu'il possédait, lorsque ces fruits ont été perçus pendant que la bonne foi durait encore.

Les obligations du possesseur de mauvaise foi sont plus étendues. Il doit restituer la chose et tous les fruits qu'il a perçus. Il doit, en outre, dans tous les cas, restituer la valeur intégrale de la chose. Il peut cependant déduire les frais qu'il a faits pour la conserver.

Le possesseur de bonne foi, qui s'aperçoit que la chose dont il se croyait propriétaire était à autrui, cesse dès ce moment d'être de bonne foi, et contracte, s'il ne restitue pas immédiatement, les obligations du possesseur de mauvaise foi.

On admet cependant que si le droit semble douteux, le possesseur peut attendre que le vrai propriétaire ait prouvé son droit.

IV.

De la restitution pour cause de dommage.

I. Dommage causé par la malice.

Celui qui a causé un dommage à autrui par une action *coupable* et *injuste* est tenu à restitution.

Si l'action était coupable sans être injuste, la restitution ne serait pas obligatoire en conscience, mais la délicatesse et l'honneur pourraient exiger une compensation pour le mal causé à autrui.

Ainsi un entrepreneur ou un négociant a ruiné quelqu'un en lui faisant une concurrence écrasante. Il l'a fait à mauvaise intention, par un sentiment de malveillance. Évidemment il a fait un acte coupable et causé un dommage au prochain, mais il n'a pas commis d'injustice, puisque le prochain n'a aucun droit d'exiger qu'on ne lui fasse pas concurrence. Il n'est donc pas tenu à restitution, mais il serait plus délicat de sa part de ne pas jouir de ce qui a été acquis en faisant par malice le malheur d'autrui.

Non seulement celui qui a commis le dommage, mais ceux

qui ont aidé à le commettre, ceux qui l'ont ordonné ou même conseillé peuvent être tenus à restitution. Il en est de même de ceux qui ont négligé d'empêcher cette action ou de prévenir l'intéressé, quand leurs fonctions les obligeaient à empêcher ce tort ou à avertir. Cependant les complices ne sont, en général, tenus à restituer qu'à défaut du principal auteur.

Si le dommage a été causé par plusieurs auteurs qui tous ont contribué à causer le dommage tout entier, ils sont tenus à restituer *solidairement*, c'est-à-dire que chacun doit restituer le tout à défaut des autres. Si les différents auteurs avaient causé différentes parties du dommage, ils seraient tenus à réparer chacun le tort partiel dont il est cause.

II. Dommage causé par imprudence.

Si l'imprudence a été le résultat d'une négligence gravement coupable devant Dieu, l'obligation est la même que si le dommage avait été causé par malice.

Mais si une imprudence légère, ou même une simple inadvertance tout à fait involontaire a causé un dommage grave au prochain, que doit-on faire?

En principe général, on n'est pas tenu à restitution. En effet, il n'y a pas eu d'action injuste commise.

Mais, en pratique, si le prochain se trouve gravement lésé, surtout s'il est réduit à la misère, l'honneur et la délicatesse obligeront celui qui se sent cause de ce malheur à faire quelque chose selon ses moyens pour le réparer.

De plus, il y a certains cas où la loi civile, sans s'inquiéter de savoir s'il y a eu en conscience une imprudence coupable, déclare qu'il y a eu faute à ses yeux, et oblige à la restitution du dommage. Cette loi est équitable et doit être observée, mais l'auteur du dommage peut attendre, pour restituer, que le juge civil ait prononcé.

V.

Circonstances de la restitution.

1° A qui faut-il restituer?

Évidemment il faut restituer au propriétaire quand on le connaît.

Mais s'il est inconnu, que faire?

Si l'obligation de restituer résulte du simple fait de la possession du bien d'autrui, on peut conserver la chose, tout en se tenant prêt à la rendre au propriétaire quand il se fera connaître.

Si la restitution a pour cause une action injuste, on devra, à défaut du propriétaire, donner aux pauvres ce qu'on serait obligé de rendre. En effet, il n'est pas permis de s'enrichir d'un bien mal acquis et le meilleur emploi qu'on puisse en faire est de le donner aux pauvres.

2° Quand faut-il restituer?

En principe, il faut restituer immédiatement.

Mais il est permis de différer la restitution en cas d'impossibilité absolue, ou lorsque, pour restituer, il faudrait se réduire soi-même à une extrême misère.

Il arrive quelquefois que celui qui est obligé à la restitution ne pourrait le faire que partiellement si elle devait être immédiate, tandis qu'elle pourrait être intégrale s'il attendait plus tard, en conservant jusque-là des moyens de gagner sa vie. Ces questions doivent être appréciées par la conscience : il est utile en ce cas de consulter des personnes prudentes et vertueuses.

Dans ces circonstances, on peut différer la restitution, mais l'obligation subsiste.

3° L'obligation de restituer peut-elle être abolie?

Évidemment elle peut l'être par la volonté de celui à qui la restitution doit se faire. S'il renonce à son droit, le débiteur se trouve libéré.

Cependant il importe de remarquer qu'il faut, pour libérer le débiteur en conscience, que la renonciation du créancier ait été libre. Ainsi un failli qui a obtenu un concordat doit, s'il devient riche, dédommager les créanciers auxquels il a fait tort, parce que le concordat n'est qu'une concession forcée et non une renonciation spontanée des créanciers.

VI.

Solution de quelques cas particuliers.

I. Objets trouvés.

Celui qui trouve un objet perdu n'est pas obligé de le recueillir, mais du moment qu'il le recueille, il contracte l'obligation de rechercher le propriétaire et de lui rendre l'objet. Si le propriétaire ne peut pas être découvert, celui qui a trouvé l'objet peut se l'approprier.

D'après la loi civile, les trésors appartiennent pour moitié au propriétaire du fonds, et pour moitié à celui qui les a découverts.

II. Objets mobiliers, d'après la loi française.

D'après la loi française, en fait de meubles, la possession vaut titre, c'est-à-dire que le droit du propriétaire d'un objet mobilier n'est plus reconnu par la loi dès que cet objet est en la possession d'une autre personne, à moins qu'il ne soit prouvé que l'objet a été perdu ou volé.

Cette disposition de la loi n'est évidemment pas applicable au premier possesseur d'un objet. Il est clair que celui-ci est toujours tenu de le rendre au propriétaire.

Mais celui qui a acheté l'objet à un tiers peut user du bénéfice de la loi, et n'est pas tenu de rendre l'objet à l'ancien propriétaire. Celui qui aurait reçu l'objet en don serait tenu à le rendre au propriétaire.

La loi admet une exception pour les objets perdus ou volés. Ces objets peuvent être réclamés pendant trois ans par le légitime propriétaire, en quelques mains qu'ils se trouvent, à charge par lui de prouver qu'ils ont été perdus ou volés.

Les objets ainsi réclamés doivent être rendus gratuitement au propriétaire par celui qui les possède; le possesseur a recours contre ceux dont il les a achetés pour en faire restituer le prix.

Cependant, par une nouvelle exception, la loi admet que celui qui a acheté des objets dans une foire ou un marché, ou chez un marchand d'objets de même espèce, est présumé de bonne foi. Si ces objets sont réclamés par un propriétaire qui prouve qu'il les a perdus ou qu'ils lui ont été volés depuis moins de trois ans, le possesseur devra les rendre au propriétaire, mais le propriétaire devra rembourser au possesseur le prix que ces objets lui ont coûté.

Résumé.

I. Respect de la propriété. — Diverses manières de manquer à ce respect. — Le vol. — L'escroquerie. — Le dol et la fraude. — Le défaut de fidélité dans les engagements. — La conservation injuste du bien d'autrui. — Gravité du vol.

II. De la restitution. — Obligation de la restitution. — Des deux causes de cette obligation.

III. De la restitution par suite de la possession du bien d'autrui. — Obligation du possesseur de bonne foi. — Du possesseur de mauvaise foi. — De celui qui doute si la chose lui appartient.

IV. De la restitution pour cause de dommage. — Celui qui a causé un dommage par une action coupable et injuste est tenu à restitution. — Cas de l'action coupable qui n'est pas injuste. — Obligation des complices. — Cas où l'obligation est solidaire. — Cas où le dommage est causé par une imprudence légère ou par une inadvertance non coupable.

V. Circonstances de la restitution. — Que faire quand le propriétaire est inconnu? — Cas où la restitution peut être différée. — De la renonciation du créancier. — Elle ne libère en conscience que si elle est libre. — Cas des faillis qui ont obtenu un concordat.

VI. Solution de quelques cas particuliers. — Objets trouvés. — Trésors. — Objets mobiliers, d'après la loi française.

CHAPITRE VII.

DU DEVOIR DE DIRE LA VÉRITÉ. — DE LA FIDÉLITÉ AUX ENGAGEMENTS.

I.

Existence et fondement du devoir de dire la vérité.

Le devoir de dire la vérité est clairement inscrit dans la conscience. Le mensonge est universellement réprouvé; c'est une faute contre la loi naturelle.

Il est évident, d'ailleurs, que le mensonge est destructif de la société humaine. Cette société repose sur la confiance mutuelle des hommes dans la parole de leurs semblables. Si le mensonge était permis, cette confiance n'existerait pas.

On distingue deux espèces de mensonges. La première espèce comprend les *mensonges destinés à tromper le prochain pour lui nuire*. Il y a alors une double faute, d'abord un manque de véracité, et ensuite une injustice.

La seconde espèce de mensonges comprend *ceux qui n'ont pas pour but de faire tort au prochain*. Ils sont destinés à lui rendre service, à se divertir et à divertir les autres, ou à d'autres fins qui en elles-mêmes sont licites.

On dit souvent que ces mensonges ne nuisent pas. C'est une erreur; s'ils ne nuisent pas aux individus, ils nuisent à la société en diminuant la confiance des hommes entre eux. On doit donc les considérer comme des fautes.

L'habitude du mensonge est particulièrement funeste. Elle affaiblit le caractère; elle porte à se soustraire aux devoirs que la conscience impose et aux conséquences des actions. Elle conduit à beaucoup d'autres vices.

II.

Étendue du devoir de dire la vérité.

Le devoir de dire la vérité ne consiste pas dans l'obligation de dire tout ce qu'on sait. Il consiste à ne jamais rien dire de mensonger.

Bien loin que l'homme soit obligé en général à manifester toute la vérité, il est au contraire rigoureusement obligé à cacher certaines vérités. Il doit garder les secrets qui lui sont confiés; c'est une obligation imposée par la fidélité; quelquefois même par la justice. Dans certains cas, la charité oblige à cacher des faits dont la connaissance serait nuisible au prochain. Quelquefois c'est l'amour paternel ou filial qui exige la même réticence.

Il y a donc pour l'homme deux devoirs distincts, tous deux importants et rigoureux. L'un est celui de ne pas mentir. L'autre celui de ne pas révéler certaines vérités lorsque celui à qui l'on parle n'a pas le droit d'en exiger la communication.

Il se présente des circonstances où la conciliation de ces deux devoirs est très difficile. Cela arrive principalement lorsqu'on est interrogé sur un fait qui a rapport au secret que l'on doit garder. Refuser de répondre serait souvent livrer le secret lui-même et le faire deviner.

Que faire en ce cas?

Il y a parmi les moralistes diverses opinions.

Les uns soutiennent que le devoir de ne pas mentir doit passer avant tout autre, parce que le mensonge serait contraire à la loi naturelle. Cette opinion, quelle qu'en soit la valeur théorique, ne peut pas être suivie dans la pratique; il est évident que l'homme ne peut pas être obligé, pour éviter un mensonge, à trahir un secret qui lui est confié.

Une seconde opinion admet que l'on peut et que l'on doit toujours concilier ces devoirs opposés. Elle prescrit d'user, dans les cas extrêmes, d'équivoques, de paroles à double sens, de restrictions mentales, c'est-à-dire de paroles qui seraient mensongères prises isolément, et qui ne peuvent être vraies que moyennant une restriction qu'on garde dans sa pensée et qu'on n'exprime pas.

Enfin quelques moralistes plus hardis ne craignent pas de dire que pour ne pas trahir un secret, il serait permis de se servir de paroles contraires à la vérité, et que ces paroles, en ce cas, ne seraient pas coupables et ne mériteraient pas le nom de mensonge.

Suivant les partisans de cette opinion, il n'y aurait mensonge, et par conséquent il n'y aurait faute contre la loi naturelle, que lorsqu'on trompe une personne qui a droit à connaître la vérité.

Il serait trop long en théorie de discuter ces diverses opinions. En pratique, on devra s'efforcer de concilier ces devoirs opposés de son mieux, en se rappelant que celui qui fait de son mieux ne saurait mal faire.

A cette première limite du devoir de la véracité, on peut en joindre deux autres :

1° Il y a certaines expressions auxquelles l'usage donne un sens différent du sens grammatical. Il n'y a pas de mensonge à employer ces mots dans le sens que l'usage leur donne. Ainsi il est permis de dire de quelqu'un : Il n'est pas chez lui, dans le sens de : Il ne peut pas vous recevoir;

2° Dans l'état de guerre, les ruses, les stratagèmes sont permis. Il n'y a pas de mensonge à répondre aux questions d'un ennemi de manière à l'induire en erreur. L'ennemi, en effet, ne s'adresse pas à un adversaire en invoquant la foi mutuelle que les hommes ont dans la véracité de leurs semblables. Il s'attend à être trompé et ne cherche qu'à embarrasser son adversaire pour deviner la vérité.

Cependant, même en temps de guerre, l'obligation de dire la vérité reparaît en certaines circonstances. Il y a des ruses qui sont de véritables trahisons.

Nous terminerons par deux remarques :

La première est relative aux équivoques dans le langage.

Si dans certains cas ces équivoques peuvent être employées pour cacher un secret sans mentir ouvertement, elles sont en général coupables et dangereuses, elles sont même plus dangereuses que le mensonge, car elles habituent à dissimuler, à ne dire la vérité qu'à moitié, elles abaissent le caractère et émoussent la conscience. En règle générale, il faut appliquer la parole de l'Évangile : Que votre oui soit oui, et que votre non soit non.

Notre seconde remarque est relative à l'appui mutuel que se prêtent la discrétion et la franchise.

Plus on est habitué à garder le silence sur les affaires des autres et sur ses propres affaires quand elles ne regardent pas les autres, plus il est facile de garder les secrets qui nous sont confiés sans avoir recours à des équivoques.

III.
De la fidélité aux engagements en général.

S'engager, c'est s'imposer à soi-même une obligation par un acte de sa volonté.

S'engager envers quelqu'un, c'est conférer à cette personne un certain droit d'exiger l'accomplissement de ce qu'on promet.

S'engager envers soi-même, c'est la même chose que prendre une résolution.

S'engager envers Dieu, c'est faire ce qu'on appelle un vœu. Nous parlerons plus loin de cette sorte d'engagement.

Nous ne parlons ici que des engagements envers le prochain.

On peut en distinguer deux sortes :

Dans certains cas, l'homme, en s'engageant, n'a pas l'intention de conférer au prochain un droit rigoureux de justice. Les engagements de cette première espèce se nomment **promesses** ou **paroles données**; on peut les appeler aussi *engagements de simple fidélité*.

Dans d'autres cas, l'engagement confère un droit absolu de justice au prochain. Ces sortes d'engagements se nomment **contrats** ou **obligations conventionnelles** (on se sert quelquefois aussi du terme de promesse ou de parole donnée pour désigner certains engagements de stricte justice, mais le sens de ces mots est alors déterminé par les circonstances).

Il existe trois principes évidents en matière d'engagements :

1. On ne doit pas s'engager sans avoir l'intention de tenir sa parole.

II. On ne doit pas s'engager imprudemment, c'est-à-dire on ne doit s'engager qu'à faire des choses licites, et on doit être moralement certain de pouvoir tenir son engagement en toutes circonstances, sauf les cas imprévus et extrêmes qu'on appelle cas de force majeure.

III. On doit exécuter fidèlement les engagements que l'on a pris.

Ces principes n'ont pas besoin d'être démontrés, mais ils demandent à être expliqués en détail suivant la nature des engagements.

IV.

Des engagements de simple fidélité.

Lorsqu'une personne fait une promesse sans avoir l'intention de s'engager en justice stricte, elle doit avoir l'intention de tenir sa promesse. Elle doit aussi accomplir son engagement.

Mais, si elle manque à sa parole, ou si elle s'engage sans avoir l'intention de tenir, elle ne commet pas d'injustice. Elle ne commet qu'une faute contre le devoir de dire la vérité.

De plus, il est en général sous-entendu, dans les promesses de ce genre, que l'on se réserve la faculté de ne pas accomplir l'engagement, si quelque circonstance imprévue en rend l'accomplissement très difficile, ou même si l'on s'aperçoit qu'on s'est engagé imprudemment.

Il y a, du reste, différents degrés parmi ces sortes de promesses. Quelquefois ces mots : Je promets, signifient seulement : J'ai l'intention de faire telle chose, si je le puis.

D'autres fois, il y a une véritable parole donnée et une volonté de s'engager très nettement exprimée; alors on est tenu plus rigoureusement.

V.

Des engagements de stricte justice.

Les engagements de stricte justice ou **contrats** sont de deux sortes : les uns sont reconnus et ratifiés par la loi civile, d'autres ne sont pas reconnus par le législateur, mais sont néanmoins obligatoires en conscience.

On peut aussi distinguer les engagements explicites qui se forment verbalement ou par écrit, et les engagements implicites qui résultent soit de la loi, soit de certains faits volontaires, sans qu'il y ait eu de convention expresse. Ces derniers engagements se nomment *quasi-contrats*.

Les engagements de justice doivent être accomplis très rigoureusement. Il existe cependant certains cas dans lesquels l'obligation cesse d'exister.

Ce sont :

1° La renonciation volontaire et libre de celui envers qui l'on s'est engagé ;

2° Les circonstances dans lesquelles, suivant la volonté des parties, ou suivant l'usage du pays, il est entendu que l'obligation peut être résiliée.

Dans ces cas, la résiliation de l'obligation n'a lieu, en général, que moyennant des dommages et intérêts envers la partie qui se trouverait lésée ;

3° L'erreur, le dol, la violence et la crainte produite par des menaces injustes rendent les contrats nuls, ou tout au moins résiliables au gré de la partie qui se trouve lésée ; si la crainte avait une cause juste, si par exemple c'était la crainte d'encourir un châtiment mérité, ce ne serait pas une cause de nullité.

4° Quand la chose promise est contraire à la loi naturelle ou divine, l'engagement est nul. Celui qui a promis une chose illicite a commis une faute ; il en commettrait une seconde en accomplissant sa promesse ;

5° Certains contrats sont déclarés formellement nuls par la loi civile. Tels sont les engagements contractés par les mineurs sans l'aveu de leurs parents ou de leurs tuteurs.

On peut se demander si le mineur, parvenu à sa majorité, peut user en conscience de ce bénéfice de la loi, pour se dégager d'un engagement imprudemment contracté. C'est une question de conscience assez délicate qui ne peut se résoudre qu'en tenant compte de toutes les circonstances.

On peut dire, en général, que le mineur ne peut user du bénéfice de la loi que s'il se trouve dans le cas principal que la loi a voulu prévoir, c'est-à-dire s'il a réellement été lésé par l'effet d'une imprudence provenant de son inexpérience.

Il y a néanmoins aussi à tenir compte de la bonne foi et de la moralité de celui avec lequel le mineur a contracté ;

6° La loi civile annule également les contrats par lesquels un prix est promis pour une action illicite. Les moralistes se partagent sur la question de savoir si ces contrats sont nuls selon la loi naturelle, c'est-à-dire si, après l'action illicite commise, celui qui a promis une récompense au coupable doit la lui donner.

Nous n'avons pu qu'indiquer rapidement quelques-uns des cas où les engagements contractés peuvent être résiliés. Remarquons, en terminant, que la parole de l'honnête homme doit être sacrée. Ce n'est donc qu'avec la plus grande réserve, et après un très sérieux examen que l'on pourra, dans certains cas, se prévaloir des causes de nullité qui peuvent exister. Dans une telle circonstance, il doit être particulièrement recommandé de s'appuyer sur l'opinion de personnes honnêtes et expérimentées. Dans le doute, il vaut mieux pencher du côté de la fidélité rigoureuse à sa parole. Il faut excepter cependant le cas où l'on craindrait de s'être engagé à une chose illicite. Le respect de la loi morale devrait alors passer avant la fidélité à sa parole.

Résumé.

I. Existence et fondement du devoir de dire la vérité. — Le mensonge est condamné par la conscience. — Il est destructif de la société. — Mensonges destinés à tromper le prochain et à lui faire tort. — Mensonges qui ne nuisent pas au prochain. — Ils nuisent à la société.

II. Étendue du devoir de dire la vérité. — L'homme n'est pas obligé à dire tout ce qu'il sait, mais à ne rien dire de mensonger. — Obligation de cacher certaines vérités. — Devoir de garder les secrets qui nous sont confiés. — Comment peut s'accorder le devoir de garder un secret avec celui de ne pas mentir. — Diverses solutions. — Conclusion pratique. — Paroles auxquelles l'usage donne un sens différent du sens grammatical. — Stratagèmes de guerre. — Danger des équivoques habituelles dans le langage. — Appui mutuel que se prêtent la discrétion et la franchise.

III. De la fidélité aux engagements en général. — S'engager, c'est s'imposer une obligation. — S'engager envers le prochain, c'est lui conférer un certain droit d'exiger l'accomplissement d'une promesse. — Principes. — On ne doit pas s'engager sans l'intention de tenir sa parole. — On ne doit pas s'engager imprudemment. — On doit tenir sa parole.

IV. Des promesses ou engagements de simple fidélité. — Obligations qui en résultent. — Cas où elles sont résiliables.

V. Des contrats ou engagements de stricte justice. — Ils sont obligatoires en conscience, même quand ils ne sont pas reconnus par la loi. — Engagements explicites et implicites. — Cas de résiliation des engagements. — Engagements contraires à la morale. — Engagements annulés par la loi civile. — Engagements des mineurs. — Importance de la fidélité aux engagements. — La parole de l'honnête homme doit être sacrée.

CHAPITRE VIII.

APPLICATION DE LA DOCTRINE RELATIVE A LA FIDÉLITÉ AUX ENGAGEMENTS. — DE QUELQUES CONTRATS PARTICULIERS.

I.

Du contrat de vente.

Tout contrat doit être loyalement formé et loyalement exécuté. Nous allons indiquer l'application de ces principes à l'un des contrats les plus fréquents, le contrat de vente; il sera facile d'étendre cette application à d'autres contrats analogues.

La *vente* est un contrat par lequel le vendeur cède la propriété d'un objet moyennant un prix convenu. C'est un échange entre l'objet et le prix.

Lorsque la livraison de l'objet et le payement du prix n'ont pas lieu immédiatement, ce qui arrive très fréquemment, on peut distinguer deux opérations successives :

1° La *formation du contrat*, c'est-à-dire les actes et les circonstances qui déterminent à conclure la vente;

2° L'*exécution du contrat*, une fois formé, c'est-à-dire l'accomplissement des obligations qui résultent de la vente, à savoir, pour le vendeur la livraison de l'objet; pour l'acheteur, le payement du prix.

II.

De la formation du contrat de vente.

Pour que la formation du contrat soit loyale, il faut qu'elle ne soit entachée ni de **dol** ni de **violence physique** ou **morale**.

I. Le *dol* est un mensonge ou un artifice par le moyen duquel le vendeur induit l'acheteur en erreur pour le décider à faire un contrat désavantageux. Le dol pourrait aussi avoir lieu, bien que cela soit plus rare, de la part de l'acheteur. Ainsi, persuader à l'acheteur qu'un objet possède des qualités dont il est dépourvu, de manière à ce que celui-ci, trompé par le mensonge, se décide à donner un prix supérieur au prix naturel de l'objet, c'est commettre un dol.

Nota. — Pour qu'il y ait dol, il faut un mensonge ou un artifice bien caractérisé et causant un réel et notable préjudice.

Le simple fait de faire valoir la marchandise, même en s'écartant un peu de la vérité, n'est pas un dol, car l'acheteur doit s'attendre à ce que le marchand agisse ainsi; il n'est donc pas trompé.

Celui qui a commis un dol est soumis par là à une double obligation de réparation :

1° Il doit résilier la vente si l'acheteur le désire;

2° Si la vente n'est pas résiliée, il doit restituer soit à l'acheteur, soit aux pauvres s'il ne peut retrouver l'acheteur, l'excédant de prix résultant du dol; c'est évidemment un argent mal acquis.

A l'occasion du dol se présentent plusieurs questions :

1° Le vendeur est-il obligé de révéler les défauts de l'objet vendu ?

Nous répondrons *non*, si ces défauts sont apparents ou peuvent être découverts avec un peu d'attention.

Oui, si ces défauts sont absolument cachés et connus néanmoins du vendeur. (Il est bien entendu que le vendeur qui garantit la qualité de l'objet commet un dol s'il ne dit pas la vérité.)

2° Y a-t-il toujours dol à abuser de l'ignorance ou de l'inexpérience de l'acheteur?

Nous répondrons *oui*, si cette ignorance ou cette inexpérience est très flagrante et que le vendeur en profite pour proposer un prix qu'il n'oserait pas proposer au premier venu.

Non, dans les autres cas; c'est à l'acheteur de veiller à ses propres intérêts.

3° Que faut-il penser des mensonges habituels dans le commerce, quand le but de ces mensonges n'est pas d'entraîner l'acheteur à un contrat notablement désavantageux?

Par exemple, un commerçant fait des éloges exagérés de sa marchandise, non pour la vendre au-dessus du prix, mais pour décider les clients à acheter, ou pour les attirer dans sa boutique plutôt que dans les autres.

Nous répondrons que ces mensonges sont coupables en tant que mensonges, mais qu'ils ne constituent pas une injustice à l'égard de l'acheteur, puisque celui-ci reçoit l'équivalent du prix qu'il paye, et que par conséquent ils n'obligent pas à restitution.

A l'égard des concurrents des marchands, il pourrait y avoir injustice si le marchand dépréciait mensongèrement leur marchandise, mais non s'il loue seulement la sienne.

II. *De la violence.* Le contrat de vente, comme tout contrat, serait nul s'il était formé sous l'influence de la violence ou de la crainte.

Mais il est une sorte de violence morale qui mérite un examen particulier. C'est celle qui consiste à abuser de la nécessité de l'acheteur, en lui vendant à un prix exorbitant un objet dont il a un besoin urgent. Tel serait le cas d'une personne qui accaparerait une certaine classe d'objets utiles, et ne les céderait qu'à des prix très supérieurs au prix d'achat. Que faut-il penser du vendeur?

Nous répondrons :

Si la nécessité où se trouve l'acheteur résulte du fait du vendeur, comme dans le cas où une marchandise nécessaire serait absolument accaparée, il y a injustice.

Si cette nécessité résulte de causes indépendantes des actes du vendeur, celui-ci peut en profiter dans une certaine mesure; cependant, s'il obtenait ainsi des profits exagérés aux dépens du prochain, il serait répréhensible.

Il est difficile d'assigner sur ce point à quel moment l'injustice proprement dite commence; mais toute personne qui a de l'honneur et de la délicatesse se tiendra bien en deçà de cette limite.

Terminons par une dernière question :

Est-il injuste en soi de vendre à un prix de beaucoup supérieur au prix courant?

Nous répondrons *non*, pourvu que l'excédant de prix ne résulte pas d'un dol ni d'un abus très grave de l'ignorance de l'acheteur, ni d'un abus flagrant de la nécessité où il se trouve.

On voit donc qu'il est possible de vendre honnêtement avec de grands bénéfices, mais que cela ne peut arriver que rarement.

III.

De l'exécution du contrat de vente.

De la part de l'acheteur, l'exécution du contrat de vente consiste dans la livraison de l'objet.

Quand cette livraison n'est pas conforme à ce qui a été convenu, il y a *fraude* de la part du vendeur.

Ainsi, si l'objet vendu est un objet individuellement déterminé, un *corps certain*, comme on dit en terme de droit, on doit livrer l'objet lui-même et non un autre objet, quelque semblable qu'il soit.

Si c'est un objet d'une certaine espèce, on doit livrer la *quantité* exacte qui a été convenue, et la *qualité* doit être également celle qui a été fixée dans le contrat.

La fraude, soit sur la quantité, soit sur la qualité, oblige à restitution.

L'acheteur a droit à ce qu'on lui livre exactement ce qu'il a acheté. Dans le cas où il serait trop tard pour faire cette réparation, le vendeur devrait compenser l'acheteur en lui remboursant la différence entre le prix de ce qui était acheté et le prix de ce qui a été livré.

Dans le cas où l'acheteur ne pourrait pas être retrouvé, le vendeur qui a commis la fraude est obligé de se dessaisir de l'argent frauduleusement gagné. Il peut restituer aux pauvres, ou bien restituer au public en général, en forçant à l'avenir les quantités livrées, de manière à compenser les gains illicites qu'il a faits.

A l'égard de la qualité, il faut, pour savoir s'il y a eu fraude, tenir compte de diverses circonstances qui influent sur le vrai sens du contrat de vente. Ainsi le marchand qui vend des vins coupés ou des vins étendus d'eau, ne commet une fraude que s'il avait promis de livrer des vins purs. Mais cette promesse est presque toujours implicite, et résulte de l'usage des marchands d'un même pays, ou de la pratique habituelle de telle ou telle maison : ce qui le prouve, c'est que les marchands qui veulent passer pour honnêtes n'avouent pas qu'ils se livrent à ces pratiques.

Il importe de bien se prémunir contre une grave erreur. Elle consiste à croire que l'on peut frauder sur la quantité ou la qualité convenues pour réparer l'effet d'un contrat désavantageux, sous prétexte que *l'acheteur reçoit l'équivalent de son argent*. C'est une grave erreur ; ce contrat, une fois formé, devient une loi pour les deux parties qui doivent en subir les conséquences jusqu'au bout. Si ce contrat était entaché de dol ou de violence, il faudrait en poursuivre la résiliation par les voies légales, mais jusque-là il faut s'y tenir.

De la part du vendeur, l'obligation consiste dans le payement du prix. Si ce payement se fait en effets de commerce, ces effets doivent être sérieux. Il y aurait fraude et escroquerie à se servir sciemment de billets endossés par des personnes non solvables.

Si le payement se fait en espèces, il faut que les espèces soient bonnes. Il n'est pas permis de payer en fausse monnaie, sous prétexte qu'on l'a reçue de bonne foi d'une autre personne. L'erreur ou la fraude dont vous avez été victime précédemment ne vous autorise pas à commettre à votre tour une fraude, en donnant au vendeur une valeur en soi inférieure à celle qui a été convenue.

Celui qui a reçu, par inadvertance, de la fausse monnaie, n'a d'autre droit que de la reporter à celui de qui il l'a reçue, qui doit la reprendre.

IV.

De l'usure.

L'usure ne consiste pas précisément à prêter à gros intérêts. Ce vice consiste à abuser de la nécessité ou de l'imprudence de l'emprunteur pour lui faire consentir un contrat très désavantageux. Le contrat usuraire est nul, comme entaché de violence morale. L'usure est condamnée par la loi morale et la loi civile, et flétrie par l'opinion publique.

V.

Du jeu et du pari.

Le contrat qui se forme entre les joueurs ou entre ceux qui parient n'est pas injuste ; il est contracté librement et en connaissance de cause. Donc, pourvu que les règles du jeu aient été loyalement suivies, l'argent gagné au jeu appartient à celui qui a gagné.

Quand le jeu et le pari ne portent que sur des faibles sommes, ce sont des divertissements licites.

Mais dès qu'on engage des sommes importantes, par rapport à la fortune des joueurs, le jeu et le pari deviennent une pratique immorale en soi.

Il est immoral de risquer l'argent péniblement gagné par ses parents et qu'on doit laisser à ses enfants, pour un frivole divertissement. Il est immoral de s'enrichir sans aucune production de richesse par la seule perte des autres.

De plus, rien n'est plus funeste que l'habitude ou la passion du jeu. Il est très rare qu'elle n'entraîne pas à des fautes contre la justice.

Résumé.

I. Du contrat de vente. — Sa définition. — Distinction entre la formation et l'exécution du contrat.

II. Formation du contrat. — Définition du dol. — C'est un mensonge ou un artifice par le moyen duquel le vendeur induit l'acheteur en erreur pour le décider à un contrat désavantageux. — Obligations résultant du dol. — Le vendeur est-il obligé de révéler les défauts de l'objet vendu ? — Y a-t-il toujours dol à abuser de l'inexpérience de l'acheteur ? — Des mensonges habituels dans le commerce. — De la violence et de la crainte. — De l'accaparement.

III. Exécution du contrat. — De la fraude. — Cas où l'objet vendu est un corps certain. — Fraude sur la quantité ou sur la qualité. — Erreur de ceux qui croient pouvoir réparer par une fraude les effets d'un contrat désavantageux, sous prétexte que l'acheteur reçoit l'équivalent de son argent. — Payement du prix. — Fraude consistant à donner des billets avec des signatures sans valeur. — Obligations de celui qui a reçu de la fausse monnaie.

IV. De l'usure. — Elle consiste à abuser de la nécessité ou de l'imprudence de l'emprunteur. — Elle est condamnée par la loi morale et la loi civile.

V. Du jeu et du pari. — Le contrat formé entre les joueurs n'est pas injuste. — Le jeu est licite quand il porte sur de faibles sommes. — Il est immoral quand il porte sur des sommes importantes. — Danger de la passion du jeu.

CHAPITRE IX.

DE QUELQUES DEVOIRS DE CHARITÉ.

Nous avons parlé, au chapitre III, des devoirs de charité en général.

Ils sont si nombreux que nous n'essayerons pas de les énumérer. Nous nous arrêterons seulement à deux devoirs qui soulèvent des questions difficiles, le pardon des injures et l'aumône.

I.

Du pardon des injures.

L'obligation de la charité s'étend en général à tous les hommes. Il semble cependant, au premier abord, qu'il doive exister une exception à cette loi générale d'amour. Quand une personne nous fait du tort quand elle nous blesse et nous offense, sommes-nous obligés de lui pardonner, de l'aimer et de lui faire du bien?

Au premier abord, il semble que la justice permette à l'offensé le ressentiment et le désir de la vengeance. Il semble que l'égalité, qui est le principe de la vertu de justice, permette de rendre le mal pour le mal, comme elle exige qu'on rende le bien pour le bien.

Cependant, si l'on examine avec plus d'attention le témoignage de la conscience, on reconnaîtra que le devoir de la charité subsiste, même à l'égard de nos ennemis, et qu'il n'y a dans le désir de la vengeance qu'une apparence de justice.

Remarquons, en effet, que la notion de justice comprend deux idées différentes, la réparation du tort et la punition de la faute. La réparation du tort est un droit qui appartient à l'offensé. Elle consiste à le remettre dans l'état où il aurait été si l'offense n'avait pas eu lieu.

La punition de la faute appartient, en premier lieu, à Dieu, au Juge suprême, vengeur et rémunérateur, et secondairement aux représentants de cette justice divine sur la terre. Cette punition aura lieu infailliblement, ou du moins, si Dieu pardonne, ce ne sera jamais aux dépens de l'ordre et de la justice absolue.

Cela posé, puisque la punition est du domaine de Dieu, qui l'inflige et la mesure à son gré, l'offensé n'a pas droit à autre chose qu'à la réparation du tort qui lui est fait. Exiger autre chose, rechercher la vengeance, souhaiter le mal du prochain, comme compensation de sa propre souffrance, c'est outrepasser son droit et empiéter sur celui du Juge suprême.

C'est aussi se placer soi-même dans un état contraire à

l'ordre établi par Dieu. Dieu a fait les hommes frères pour qu'ils s'aiment et s'aident les uns les autres. Si l'un d'eux manque à son devoir en haïssant ou en offensant son prochain, ce n'est pas une raison pour que celui-ci haïsse et désire le mal à son tour.

Il est facile de voir, d'ailleurs, que si la haine, la rancune, le ressentiment étaient permis, les offenses succèderaient aux offenses, et que l'état de division ne ferait que s'aggraver entre les hommes; ce serait la destruction de la société, ou du moins de la paix sociale; l'ordre extérieur ne pourrait se maintenir que par la force.

Aussi nous pouvons considérer l'obligation de ne haïr personne, même nos ennemis, et de pardonner intérieurement les injures qui nous sont faites, comme un précepte de la loi naturelle.

Mais il faut se hâter d'ajouter que c'est un des préceptes les plus facilement oubliés et les plus difficilement pratiqués. La ressemblance mensongère qui existe entre la justice et la vengeance sert d'excuse à la passion de l'égoïsme qui nous porte à réagir violemment contre ceux qu nous blessent. De là résultent les haines, les jalousies et les querelles si fréquentes parmi les hommes.

La révélation chrétienne se prononce avec une autorité souveraine sur cette matière. Elle exige, non seulement le pardon de l'injure et l'absence de haine, mais l'amour des ennemis. Elle déclare que le pardon des injures est la condition nécessaire pour obtenir de Dieu le pardon de nos propres fautes.

Il faut remarquer, cependant, que ni la loi naturelle, ni la loi chrétienne ne défendent la défense légitime et la poursuite de la réparation des torts qui nous sont faits. Elles permettent aussi de provoquer la punition des crimes, mais par amour de l'ordre, et non par désir de vengeance privée.

Remarquons, en outre, que les mouvements volontaires et libres de haine et de rancune sont seuls coupables; la répugnance involontaire que cause la présence de celui qui nous fait du mal n'est pas une faute.

L'obligation de pardonner entraîne celle de se réconcilier. C'est, en général, celui qui a eu les premiers torts qui doit faire les premières avances. Mais on n'est pas obligé à des démarches de réconciliation quand on prévoit qu'elles seront repoussées.

II.

Des œuvres de charité et en particulier de l'aumône.

La charité ne consiste pas seulement en un sentiment; elle doit se traduire par des œuvres.

Nous devons faire du bien à notre prochain et nous dévouer à lui.

Parmi ces œuvres, très nombreuses et très variées, l'une des principales est l'aumône. Au sujet de cette œuvre de charité, nous pouvons établir les vérités suivantes :

1° L'aumône est un *devoir* du riche, bien qu'elle ne soit pas un *droit* du pauvre. C'est le caractère des obligations de charité d'être des devoirs qui ne correspondent pas à un droit.

Le riche est donc obligé de faire l'aumône; ce n'est pas seulement pour lui un conseil de perfection, c'est un devoir.

2° Faire l'aumône n'est pas une marque de supériorité à l'égard de celui qui reçoit; recevoir l'aumône n'est pas une humiliation. Le pauvre et le riche sont égaux devant Dieu; chacun remplit le rôle qui lui est assigné, l'un en donnant, l'autre en recevant. Rien n'est plus contraire à la loi de charité que de traiter les pauvres avec hauteur et dédain.

Le seul cas où l'aumône soit humiliante est celui où la pauvreté est l'effet de la paresse.

3° Demander l'aumône quand on n'en a pas besoin, c'est commettre une injustice.

4° C'est en vain que l'on essayerait de remplacer l'aumône individuelle et privée par des institutions de bienfaisance fondées par l'État. Les secours donnés administrativement à tous les pauvres, ou bien sont insuffisants pour certaines misères, ou bien deviennent un encouragement à la paresse. La charité privée a cet avantage qu'elle peut venir en aide aux misères qu'elle rencontre, sans rien promettre d'avance, et sans qu'on puisse compter sur des secours. Mais il faut pour cela qu'elle soit faite avec discrétion et intelligence.

5° Il est très difficile d'assigner la mesure des aumônes que chacun est obligé de faire. Quand il se présente un pauvre qui est dans la nécessité extrême, on doit s'imposer des sacrifices sérieux pour l'empêcher de mourir de faim ou de misère. En présence des misères ordinaires des pauvres, on doit donner une part de son superflu, mais le superflu est quelque chose de très difficile à mesurer, le nécessaire de chacun variant suivant son état et sa condition.

Il faut, sur ce point, se faire une conscience droite et dépourvue d'illusion, et faire, parmi ses dépenses, une large part pour les pauvres.

Résumé.

I. Du pardon des injures. — L'obligation de charité s'étend à tous les hommes. — Elle existe à l'égard des ennemis. Il faut distinguer la réparation du tort et la punition de la faute. — La réparation du tort est le droit de l'offensé. — La punition de la faute appartient principalement à Dieu et secondairement à la société. — Les vengeances individuelles sont très nuisibles à la société humaine. — Difficulté du devoir du pardon des injures. — C'est un des préceptes les plus difficiles de la loi naturelle. — Cette loi ne défend pas la défense légitime de ses droits. — Les mouvements volontaires de haine sont seuls coupables.

II. De l'aumône. — Elle est un devoir du riche sans être un droit du pauvre. — Faire l'aumône n'est pas une marque de supériorité à l'égard de celui qui la reçoit. — L'aumône n'est humiliante que quand la pauvreté est l'effet de la paresse. — Utilité de la charité privée. — Mesure des aumônes obligatoires. — Elle est difficile à fixer. — Il faut, en tout cas, faire une large part pour les pauvres.

CHAPITRE X.

DEVOIRS DE FAMILLE.

I.

Institution divine de la famille.

La famille, composée du **père**, de la **mère** et des **enfants**, est une institution établie par la nature elle-même, et qui, par conséquent, vient de Dieu.

En effet, l'homme à sa naissance est le plus faible de tous les animaux. Il a besoin, plus qu'aucun autre, d'un secours étranger pour subsister. Son éducation dure de longues années.

Or, la nature a pourvu à ce besoin en plaçant dans le cœur du père et de la mère des sentiments d'affection très puissants, qui les portent à subvenir aux besoins de l'enfant.

Ces soins de l'éducation, communs entre le père et la mère,

exigent entre eux une union durable, proportionnée à la longueur de l'éducation des enfants. Et comme cette éducation, surtout si les enfants sont nombreux, peut embrasser la plus grande partie de la vie des parents, il s'ensuit que l'union des parents, au point de vue des nécessités de l'éducation, doit être de très longue durée.

Mais, de plus, la nature a fait naître dans le cœur des membres de la famille des sentiments d'affection qui tendent à rendre leur union perpétuelle.

Il y a donc des liens naturels d'affection et de respect qui correspondent aux liens du sang; ces liens constituent la famille.

II.

Du mariage au point de vue de la loi naturelle, de la loi civile et de la loi religieuse.

L'union perpétuelle des époux, dont nous venons de parler, est ce qu'on nomme le **mariage**. Elle doit être fondée sur un consentement mutuel qui constitue un véritable contrat, et qui contient implicitement l'obligation d'élever les enfants.

Toute union qui ne repose pas sur un pareil contrat n'est pas un mariage; les relations ainsi établies entre personnes de sexes différents sont réprouvées par la loi morale.

Mais, de plus, l'homme étant destiné à vivre en société, il ne suffit pas que le contrat formé par le consentement mutuel existe, il faut qu'il soit reconnu par la société elle-même.

Or, il existe sur la terre deux sociétés : la société civile et la société religieuse.

On peut se demander à laquelle des deux sociétés il appartient de régler les conditions du lien conjugal et de prononcer sur sa validité.

Cette question, assez difficile à résoudre par la raison seule, est tranchée aux yeux des catholiques par l'enseignement de l'Église.

L'Église enseigne que le mariage a été élevé par Jésus-Christ à la dignité de sacrement, et qu'en conséquence, le seul mariage légitime et régulier pour les catholiques est celui qui est contracté selon les règles fixées par l'Église.

L'Église ne reconnaît à la société civile d'autre droit que celui de régler les effets civils qui résultent du mariage régulièrement contracté.

III.

Unité et perpétuité du lien conjugal.

Le mariage tel qu'il est réglé par la loi de l'Église catholique, qui, sur ce point, ne fait qu'appliquer la loi de l'Évangile, a deux caractères principaux.

Il est *unique* et *indissoluble* tant que les deux époux sont vivants.

Unique, il exclut la polygamie.

Indissoluble, il exclut le divorce.

La *polygamie* et le *mariage susceptible d'être dissous par le divorce* sont des formes inférieures de l'union conjugale. Elles sont contraires à la loi naturelle, telle qu'elle se manifeste dans la conscience des nations civilisées de notre époque.

Aux époques antérieures, ces formes inférieures de l'union conjugale ont pu exister sans choquer directement le sentiment moral; mais, à notre époque, il n'en est plus ainsi.

Nous avons dit, dans la 2ᵉ partie de cet ouvrage, que la loi naturelle, immuable dans son essence, est progressive dans la conscience de l'humanité.

Au sujet de la polygamie, il n'y a aucun doute. Elle est odieuse et évidemment immorale. Ce qui nous étonne, c'est qu'elle ait pu être pratiquée autrefois par des gens honnêtes et consciencieux et le soit encore dans les pays non chrétiens.

L'indissolubilité absolue du mariage est plus contestée de nos jours, et le divorce a été admis dans plusieurs pays chrétiens.

Mais il suffit de quelques observations pour montrer que le divorce est destructif de la famille et de la morale.

Il est destructif de la famille, parce qu'il place les enfants nés pendant le mariage dissous dans une situation odieuse, entre deux familles qui sont portées à les repousser.

Il est destructif de la morale, parce qu'il légitime, au moins en espérance et dans l'avenir, l'infidélité au lien du mariage et à l'affection conjugale.

En outre, si le divorce a lieu pour des causes déterminées, comme ces causes sont des actes coupables, et qu'elles sont un moyen de rompre un lien qui pèse, la faculté de divorcer est une continuelle excitation à commettre ces actes coupables; ceux qui les commettent sont dans une situation plus favorable que les époux désirant se séparer qui respecteraient la morale.

Si le divorce a lieu par consentement mutuel des deux parties, la partie qui veut divorcer est excitée à rendre la vie pénible à l'autre partie pour la décider à consentir. On en vient donc au divorce permis au gré de l'une des parties, ce qui est la destruction même du lien conjugal.

Les inconvénients croissants du divorce se manifestent d'ailleurs dans les pays où il est pratiqué; l'union conjugale dans ces pays perd son caractère essentiel de perpétuité, et la famille tend à se dissoudre.

La loi civile française admet l'unité et l'indissolubilité du mariage. Elle est semblable sur ce point à la loi de l'Église catholique. Elle est même plus rigoureuse en ce sens que certains empêchements, qui, selon la loi religieuse, annulent dès leur origine certains mariages, ne sont pas reconnus par loi civile. En revanche, l'Église ne reconnaît pas l'empêchement de défaut de consentement des parents, reconnu par la loi civile.

IV.

Devoirs résultant de l'institution de la famille.

La famille étant constituée, son institution même est la source de devoirs particuliers pour ses différents membres. Les époux se doivent mutuellement amour et fidélité. La femme doit obéissance au mari. Le mari, comme chef de la famille, a droit de commander, mais il doit le faire avec douceur, et doit traiter sa femme comme une compagne et non comme une servante. Le caractère de la civilisation est le respect de la dignité de la femme qui, dans la plupart des pays où l'Évangile n'a pas été répandu, est traitée en esclave.

Les enfants doivent à leurs parents amour, obéissance et respect. Ils leur doivent aussi l'assistance quand ils sont dans le besoin.

A défaut du père, les aînés des enfants peuvent être obligés à veiller à l'éducation des plus jeunes.

Ces devoirs ne résultent pas seulement de la reconnaissance que les enfants doivent avoir envers leurs parents pour les bienfaits qu'ils en ont reçus. Ils proviennent principalement de l'institution divine de la famille. Les parents étant, en vertu de cette institution, les supérieurs naturels de leurs enfants, sont à leur égard comme les représentants de Dieu.

Le devoir de l'amour et celui du respect subsistent toujours, quelle que soit la conduite des parents. Jamais les enfants ne doivent raconter les fautes de leurs parents, ni tolérer qu'on en parle devant eux.

La familiarité extrême avec laquelle certains enfants parlent à leurs parents est contraire au respect qui leur est dû. Les parents qui ne se font pas respecter par leurs enfants sont coupables eux-mêmes.

Le devoir de l'obéissance comporte certaines limites, tandis que celui du respect n'en comporte aucune.

La première limite du devoir de l'obéissance est le droit supérieur de Dieu et de la conscience.

L'enfant à qui ses parents ordonneraient un acte contraire à la loi naturelle ou divine devrait refuser d'obéir.

La seconde limite du devoir de l'obéissance est plus vague et ne saurait être déterminée avec précision par des règles générales.

Elle consiste dans l'émancipation graduelle de l'autorité paternelle qui a lieu, tant par le progrès de l'âge que par le changement de la situation sociale des enfants, par leur mariage, par l'adoption par eux d'une profession ou par la jouissance qu'ils acquièrent de leur fortune.

Il est impossible de fixer cette limite avec précision. Elle varie suivant les mœurs de chaque pays; elle dépend souvent aussi du caractère personnel des parents et des enfants.

La loi civile a dû adopter une époque fixe de l'émancipation, mais ce serait une erreur de croire que l'émancipation légale dispense les enfants de tout devoir d'obéissance. D'un autre côté, il est certaines résolutions, telles que le mariage, le choix d'un état, qui engagent l'avenir de l'enfant, et qui ne peuvent lui être imposées malgré lui, même avant l'âge de la majorité. Relativement à ces résolutions, les parents n'ont qu'un droit plus ou moins étendu de conseil et de contrôle. Il est désirable qu'elles ne soient jamais prises contre leur volonté formelle. Néanmoins, c'est à l'enfant en ce cas qu'incombe de droit et la responsabilité de la détermination.

Résumé.

I. Institution divine de la famille. — Nécessité de la famille pour l'éducation de l'homme. — Sentiments de famille. — Perpétuité de liens résultant de ces sentiments.
II. Du mariage. — C'est une union perpétuelle fondée sur un consentement mutuel, et contenant implicitement l'obligation d'élever les enfants. — Ce contrat doit être reconnu par la société civile et la société religieuse. — Selon la doctrine catholique, l'Église seule est juge de la validité du lien conjugal, l'État ne peut régler que les effets civils.
III. Unité et indissolubilité du lien conjugal. — De la polygamie et du divorce. — Ces institutions sont contraires à la loi naturelle telle qu'elle se manifeste dans la conscience des peuples civilisés. — Le divorce est destructif de la famille. — Il est destructif de la morale.
IV. Devoirs résultant de l'institution de la famille. — Devoirs mutuels des époux. — Devoirs des enfants envers leurs parents. — Les parents sont les représentants de Dieu. — Limites du devoir de l'obéissance des enfants envers leurs parents. — Ordres contraires à la loi divine. — Émancipation par l'âge. — Cas où les parents n'ont qu'un droit de conseil. — Mariage. — Choix d'un état.

CHAPITRE XI.

DEVOIRS PROFESSIONNELS. — RAPPORTS SOCIAUX. — RAPPORTS DES INFÉRIEURS ET DES SUPÉRIEURS.

L'homme est destiné à vivre en société. Toute société suppose divers emplois et diverses fonctions. Les hommes doivent donc se partager ces emplois, qui imposent à chacun des devoirs spéciaux. Nous ne pouvons entrer dans le détail de ces devoirs, mais nous devons indiquer certaines règles générales concernant le choix d'une profession et la manière de remplir la profession choisie.

I.

Choix d'une profession.

Tout homme doit-il avoir une profession? La réponse dépend du sens plus ou moins large que l'on donne au terme de *profession*.

Si l'on entend par ce terme un état de vie fixe et déterminé, dont on ne peut pas s'écarter, comme le serait une fonction publique ou une entreprise industrielle de longue haleine, il n'y a évidemment pas d'obligation générale de lier ainsi sa liberté.

Il y a des hommes qui, ayant une fortune suffisante pour vivre, trouvent dans l'administration de cette fortune et dans l'éducation de leurs enfants un emploi suffisant de leur activité. Il y en a qui, conservant la pleine liberté de l'emploi de leur temps, se consacrent à des études scientifiques ou archéologiques, économiques, sociales; à des voyages de découvertes utiles à l'humanité. Il y a des hommes qui trouvent dans la bienfaisance poursuivie activement l'emploi de leur vie entière.

Ces hommes n'ont pas d'état ni de profession, au sens strict de ce mot.

Mais si l'on prend ce terme dans un sens plus large, s'il signifie une vie occupée et utile, ce qui implique une vie dirigée dans le sens de certaines occupations spéciales, alors le devoir d'avoir une profession se confond avec l'obligation générale du travail. Il n'est permis à personne d'être oisif. La loi naturelle et sociale qui dispense certains hommes de la nécessité de travailler pour vivre, n'a pas été établie pour favoriser la paresse, mais pour permettre le développement de formes supérieures de l'activité.

En ce sens, tout homme doit avoir une profession, c'est-à-dire faire quelque chose d'utile. L'homme inutile, celui qui ne cherche que son plaisir, n'est pas digne de vivre.

Comment maintenant doit se faire le choix d'une profession?

Ce choix est libre; le droit de chacun est de choisir son état : néanmoins, il y a certaines règles qui doivent guider ce choix.

Quelquefois la profession est indiquée par la *nécessité personnelle*. Celui qui ne peut remplir qu'un seul emploi, qui manque d'aptitude pour tout autre, doit se résigner à choisir le seul moyen qu'il ait de subsister. Il n'y a d'exception que pour les états contraires à la morale, que l'on ne doit jamais choisir.

Quelquefois la profession est indiquée par l'*utilité sociale*. L'héritier d'un homme qui a possédé et administré de grandes propriétés, ou dirigé quelque importante industrie, est tout naturellement placé pour continuer l'œuvre de son père. Pourvu qu'il ait l'aptitude suffisante, il fera une œuvre utile à la société, il favorisera de nombreux intérêts privés, en ne permettant pas la rupture d'un faisceau d'existences, d'intérêts, de bons exemples et de services mutuels, d'où peut résulter un très grand bien.

Mais, en général, le choix d'une profession devra être fait d'après deux signes principaux, l'*attrait* et l'*aptitude*. L'attrait est une prédisposition naturelle à un certain emploi de la vie ; il est, en général, le signe de l'aptitude, il doit être consulté. On fait mieux ce qu'on a le goût de faire. Néanmoins, comme il peut y avoir des attraits qui proviennent de l'imagination plus que de la nature elle-même, l'aptitude, constatée par des épreuves, est un contrôle nécessaire de l'attrait.

II.

De la science nécessaire pour remplir une profession.

Tout homme qui veut remplir une profession doit posséder, et par conséquent doit s'efforcer d'acquérir la **science** nécessaire pour son emploi.

C'est une obligation rigoureuse, et même, si la profession nous met en rapport avec d'autres hommes, ou si les services rendus sont salariés, c'est une obligation de justice.

L'avocat qui plaide sans savoir le droit, le médecin qui soigne des malades sans avoir la science suffisante, le fonctionnaire qui ignore les détails techniques relatifs à son emploi, sont coupables devant la loi morale ; ils peuvent même, en dehors de toute prescription de la loi civile, être tenus à des dédommagements envers ceux auxquels leur ignorance a fait tort.

Il y a pour eux un devoir rigoureux de s'instruire ou de renoncer à leur profession.

III.

Du zèle dans l'accomplissement de son emploi.

Outre la science, il faut que celui qui remplit un emploi l'accomplisse avec fidélité, assiduité et zèle.

La mesure rigoureuse de ce **zèle** est difficile à déterminer. La loi civile, en définissant les obligations de ceux qui ont accepté mandat de gérer les affaires d'autrui, dit qu'elles doivent être gérées *en bon père de famille*, c'est-à-dire qu'on doit s'occuper des affaires des autres avec le même soin qu'un homme prudent apporte à gérer ses propres affaires.

Cette formule pourrait, ce nous semble, être appliquée, en général, à ceux qui remplissent un emploi. Ils doivent y apporter le soin que la prudence exigerait de leur part, s'ils étaient personnellement intéressés à ce que la fonction dont ils sont chargés fût bien remplie.

Le défaut d'assiduité et de zèle est une faute morale. Ce défaut peut, quand il s'agit d'une fonction salariée, devenir une injustice qui, dans la rigueur des principes, entraînerait une obligation de restitution du salaire perçu.

IV.

Rapports sociaux résultant de diverses professions.

La plupart des professions mettent les hommes entre eux dans diverses relations ; elles les obligent à coopérer ensemble, à se rendre des services mutuels ; elles établissent parfois entre eux des rapports d'autorité et de subordination.

Ces rapports entraînent avec eux une série de devoirs de diverses espèces.

Les hommes doivent se traiter mutuellement avec égards. Lors même qu'ils sont obligés par la stricte justice, ou poussés par l'intérêt à se rendre des services mutuels, il est louable que des sentiments de bienveillance et de sympathie s'unissent aux autres motifs et se manifestent dans les formes extérieures. La politesse, forme extérieure de la bienveillance et de la charité, est aussi une obligation sociale. Ici encore il y a une mesure à garder. L'obséquiosité et la flatterie sont un tort véritable, qui contient souvent un grave manque de sincérité. Mais l'expression extérieure des sentiments que l'on doit avoir pour le prochain, même quand ces sentiments seraient plus faibles qu'on ne les exprime, ou feraient défaut dans le cœur, est un devoir social ; le prochain a droit à cette sorte d'égards, et l'un des meilleurs moyens de faire naître dans le cœur les sentiments obligatoires est de s'astreindre à agir comme s'ils existaient.

Les rapports de subordination, très fréquents dans la vie sociale, méritent d'être étudiés à part.

Il faut d'abord observer que cette subordination provient de causes diverses.

Elle peut provenir de la nature même. Les parents sont, d'après les lois naturelles de la société, supérieurs à leurs enfants. Les vieillards ont le pas sur les jeunes gens. Les hommes qui ont acquis eux-mêmes, ou même reçu par héritage, une certaine gloire fondée sur le mérite, sont naturellement l'objet d'un certain respect.

Dans d'autres cas, ce sont certaines fonctions publiques qui par elles-mêmes donnent aux hommes une position supérieure à celle de leurs concitoyens.

Enfin, il est des cas très fréquents où cette subordination résulte d'un contrat libre par lequel l'inférieur accepte un emploi. Tel est le cas des domestiques, et même, d'une manière plus générale, de ceux qui acceptent un emploi salarié qui les place sous la dépendance hiérarchique de certains supérieurs. Dans ce dernier cas, ceux qui ont accepté ces fonctions sont libres de les quitter, mais tant qu'ils les conservent, ils sont tenus aux devoirs de respect et d'obéissance qui naissent de la fonction elle-même.

Il n'y a dans toutes ces inégalités, condition nécessaire de l'ordre social, rien qui contredise l'égalité native des hommes, provenant de leur communauté de nature, et de la responsabilité individuelle que chacun porte de ses propres actes.

Le fondement primordial de cette inégalité est en effet dans la volonté divine qui, tout en créant les hommes individuels semblables en nature et égaux en droits primitifs, a décrété que l'homme serait fait pour vivre en société. L'inégalité et la hiérarchie sont les conditions mêmes de la vie sociale.

Cette subordination impose certains devoirs aux inférieurs et d'autres aux supérieurs.

Ces deux principaux devoirs des inférieurs sont le respect et l'obéissance.

Le respect en général est dû à toute personne qui a une certaine qualité ou un certain titre qui le rend supérieur aux autres; il est dû à la vieillesse, à la vertu, à la science, etc., etc.

Mais quand il s'agit d'un supérieur ayant à un titre quelconque l'autorité et le pouvoir de commander, ce respect est une obligation plus rigoureuse encore. Il doit subsister lors même que les supérieurs commettraient des actes répréhensibles, car il s'adresse non à la personne privée, mais à la fonction elle-même, et par conséquent à l'ordre social voulu par Dieu.

Les inférieurs doivent également à leurs supérieurs l'obéissance, quels que soient d'ailleurs la conduite privée ou le mérite des supérieurs eux-mêmes. Ce n'est pas à l'homme qu'on doit obéir, c'est à l'autorité qui vient de Dieu.

Mais cette obéissance est limitée par deux circonstances.

Quand les supérieurs excèdent leur autorité et commandent une chose qu'ils n'ont pas le droit de commander, *on peut ne pas leur obéir.*

Quand les supérieurs commandent une chose contraire à la loi naturelle ou divine, *on ne doit pas leur obéir.*

Ces deux principes sont évidents. Mais il y en a un troisième également certain qu'il faut y joindre, et sans lequel l'autorité des supérieurs serait ébranlée.

Dans le doute, on doit présumer que le supérieur est dans son droit.

Il faut donc, pour refuser l'obéissance à l'ordre d'un supérieur, être certain qu'on n'est pas obligé d'obéir.

Sans ce principe, les inférieurs pourraient constamment discuter les actes de leurs supérieurs, et l'autorité n'existerait plus. Ce principe est d'ailleurs raisonnable, car, en général, le supérieur a plus de lumières que l'inférieur, et plus de facilité à juger des conséquences que ses ordres peuvent entraîner.

En revanche, les supérieurs ont des devoirs spéciaux envers leurs inférieurs.

On peut en indiquer quatre principaux :

1° La justice. Ils ne doivent pas abuser de leur autorité ni exiger des inférieurs plus qu'ils n'ont droit de le faire.

Ils ne doivent jamais leur commander une chose injuste;

2° La fermeté. Ils doivent défendre le mal, le réprimer par des châtiments;

3° La douceur. Ils doivent éviter principalement d'agir avec colère, ou de manifester du mépris pour leurs inférieurs;

4° La vigilance. Les supérieurs sont responsables de la conduite de leurs inférieurs, en tant qu'elle dépend d'eux. Ils sont responsables des fautes qu'ils ont tolérées par négligence.

Résumé.

La diversité des professions et des emplois résulte de ce que l'homme doit vivre en société.

I. Choix d'une profession. — Tout homme doit avoir une vie occupée et utile, mais il n'est pas nécessaire que tout homme ait un état. — Signes pour le choix d'une profession. — Nécessité personnelle. — Utilité sociale. — Attrait et aptitude.

II. De la science nécessaire pour remplir une profession. — Acquérir et conserver cette science est obligatoire. C'est souvent une obligation de justice.

III. Du zèle dans l'accomplissement de son emploi. — Obligation du zèle. — Mesure difficile à assigner. — Conséquences morales de la négligence.

IV. Rapports sociaux résultant des diverses professions. — Égards mutuels que les hommes se doivent. — Politesse. — Rapports de subordination. — Origine de l'inégalité entre les hommes. — Devoirs des inférieurs envers les supérieurs. — Devoir de respect. — Devoir d'obéissance. — Ses limites. — La présomption est en faveur des supérieurs. — Devoirs des supérieurs à l'égard des inférieurs. — Justice, fermeté, douceur, vigilance.

CHAPITRE XII.

DEVOIRS CIVIQUES. — LA PATRIE, L'ÉTAT ET LES CITOYENS. — FONDEMENT DE L'AUTORITÉ PUBLIQUE. — LA CONSTITUTION ET LES LOIS. — LE DROIT DE PUNIR.

DEVOIRS DES SIMPLES CITOYENS. — L'OBÉISSANCE AUX LOIS; L'IMPÔT; LE SERVICE MILITAIRE; L'OBLIGATION SCOLAIRE; LE VOTE.

DEVOIRS DES GOUVERNANTS.

I.

Définition de l'État, de la nation, et de la patrie.

Appelée à vivre en société, l'humanité ne forme pas et n'a jamais formé une société unique.

Elle est divisée en sociétés indépendantes qu'on nomme des États, des nations ou des patries.

Ces termes ont des sens analogues, mais cependant distincts.

Un État, c'est une société soumise à des lois communes et à une même autorité publique.

Une nation, c'est une association d'hommes qui, formant depuis longtemps une société unique, portent le même nom, ont des intérêts communs, et forment comme une seule personne morale.

La patrie, c'est à la fois le sol qui a vu naître un homme et la nation à laquelle il appartient.

En général, toute nation indépendante est à la fois une patrie et un État; mais tout État n'est pas une nation ni même une patrie.

Ce qui constitue essentiellement un État ou une nation, c'est un pouvoir suprême, ayant droit à l'obéissance et disposant d'une certaine force.

Ce pouvoir peut être entre les mains soit d'une, soit de plusieurs personnes, soit encore d'une ou plusieurs assemblées délibérantes. Il peut être exercé soit directement, soit par délégation, au nom d'une autre personne.

Il faut d'abord que nous voyions quel est le fondement de cette autorité publique, et de quels droits elle est revêtue.

Puis nous étudierons les devoirs particuliers des simples citoyens et des gouvernants.

II.

Fondement de l'autorité publique.

Le fondement de l'autorité dans les sociétés humaines consiste dans cette loi providentielle qui veut que l'homme vive en société. Une autorité est nécessaire à toute société. Dieu, ayant voulu que la société existât, veut aussi que l'autorité existe et soit obéie.

En ce sens, tout pouvoir vient de Dieu. Sans ce principe, aucun homme n'aurait droit de commander à un autre homme. La majorité n'aurait pas le droit de commander à la minorité; la minorité pourrait dire que, si elle est moins nombreuse, elle est supérieure par le courage et la vertu, ou bien elle pourrait se séparer pour constituer un État distinct.

Le fondement de l'autorité publique est donc dans la nature sociale de l'homme, et la source du droit de commander est en Dieu, auteur de la nature humaine et source de tout droit.

Mais autre chose est le principe du pouvoir, autre chose est la désignation des personnes ou des corps constitués entre les mains desquels ce pouvoir réside.

Cette désignation est faite en temps ordinaire par une *loi suprême* nommée *la constitution du pays*. La constitution indique quels seront les diverses personnes ou les divers corps qui possèderont certaines parties de l'autorité publique. Elle indique en même temps comment ces personnes et ce corps seront désignés ou choisis. Ainsi l'ancienne constitution de la monarchie française conférait la presque totalité des pouvoirs à un roi descendant par ordre de primogéniture, avec exclusion des femmes, de la famille d'Hugues Capet. La constitution de la monarchie anglaise partage le pouvoir entre un monarque héréditaire et deux assemblées. La constitution actuelle de la France admet trois pouvoirs électifs, en désignant le mode d'élection de chacun d'eux.

L'autorité vient donc de Dieu et est exercée par les pouvoirs constitués.

Maintenant, comment ces pouvoirs eux-mêmes ont-ils été établis? Comment ont été faites les constitutions des diverses sociétés? Peuvent-elles être modifiées? Y en a-t-il de meilleures ou de plus justes les unes que les autres?

Ce sont des questions qui tiennent à la politique plus qu'à la morale proprement dite, et que nous nous abstenons de traiter ici.

Observons seulement qu'en principe, et en règle générale, il y a, dans chaque pays, une constitution en vigueur et des pouvoirs établis, et que le devoir est de leur obéir.

Disons en outre quelques mots d'une expression dont on a beaucoup abusé et dont il importe de bien comprendre le sens, celui de souveraineté nationale.

Si l'on entend ces mots : la nation est souveraine, en ce sens que la nation ou l'État n'aurait aucun supérieur, et serait la source de tout droit, elles expriment une très grave erreur. Toute souveraineté vient de Dieu et dépend de Dieu.

Si l'on veut dire par ces mots que la nation, c'est-à-dire le pays représenté par ses pouvoirs constitués, manifestant sa volonté et agissant sous la forme légale, n'a pas d'autre supérieur que Dieu, cela est parfaitement vrai, et cela est vrai de toutes les nations indépendantes. Dans l'ordre civil et politique, chaque nation est un pouvoir souverain.

Si, enfin, on entend par ces paroles que le peuple, ou la masse des simples citoyens, est souverain à l'égard des pouvoirs constitués, leur est supérieur et peut changer de constitution à son gré chaque jour, c'est encore une grave erreur.

Le peuple, ou la nation non constituée, ne peut pas exercer

14.

la souveraineté. Il ne peut pas voter s'il n'est pas régulièrement consulté; il ne peut pas s'assembler s'il n'est convoqué et présidé. Un petit groupe d'hommes pourrait se constituer ainsi spontanément, une grande nation ne le peut pas.

Ce qui est possible, c'est de donner, par la constitution même, une très grande part dans l'autorité à tous les citoyens ayant atteint un certain âge et remplissant certaines conditions. Le corps électoral ainsi formé peut devenir un des pouvoirs constitués, ou même le pouvoir prédominant et suprême. Mais c'est en vertu de la constitution que ce corps électoral est ainsi formé et revêtu de l'autorité. Il a le droit de faire de nouvelles lois, mais il n'est pas supérieur à la constitution du pays, et il n'a d'autre pouvoir que celui que la constitution lui donne.

On voit donc que les idées de droit divin et de souveraineté nationale, bien entendues, ne se contredisent pas.

La nation, c'est-à-dire le pays organisé et constitué (et il peut l'être de telle sorte que tous les citoyens soient appelés à prendre part à l'autorité), reçoit de Dieu l'autorité souveraine et l'exerce par les magistrats et les pouvoirs légaux.

III.

Droits et obligations de l'autorité civile.

L'autorité ainsi constituée possède plusieurs droits :

1° Le droit de *faire des lois* qui obligent en conscience;

2° Le droit d'*administrer*, c'est-à-dire de donner des ordres particuliers pour l'exécution des lois;

3° Le droit de *punir*, c'est-à-dire de sanctionner les lois par des châtiments.

L'État, ainsi armé de droits considérables, doit accomplir en faveur des citoyens certaines choses sous peine de manquer à sa mission.

Ces obligations de la société imposent de véritables devoirs aux magistrats, fonctionnaires, etc.

La principale obligation de l'État est de protéger les citoyens dans leur vie, leur propriété, leur liberté, leur honneur.

L'État, en se chargeant de cette obligation, restreint et remplace avantageusement le droit de défense légitime des individus.

La seconde obligation de l'État est de maintenir les principes de la morale en réprimant ceux qui violent publiquement ces principes ou en attaquent l'autorité.

La troisième obligation est d'assister les citoyens soit en les instruisant, soit en leur distribuant des secours matériels. Mais dans l'accomplissement de cette obligation, il y a une mesure à garder, parce que l'initiative et la responsabilité des familles et des individus ne doivent pas être détruites.

Ce sont les parents qui sont chargés d'élever et d'instruire leurs enfants, de même qu'ils sont chargés de les nourrir.

L'État n'a pas le droit de détruire ni de diminuer la puissance paternelle. Il peut seulement intervenir pour la protection des enfants, lorsque les parents *abusent gravement* de leur autorité, ou *manquent essentiellement à un devoir important* en ce qui concerne l'éducation de leurs enfants.

Le droit de l'État n'existe que dans le cas d'un tel abus, et cesse dès que l'abus n'existe pas.

C'est sur ce principe qu'est fondée *l'obligation scolaire*, qui existe dans la législation de certains pays. On suppose que le refus d'accorder aux enfants le bienfait de l'instruction, quand cela serait possible sans inconvénient, est un abus grave du pouvoir des parents, parce que les enfants privés d'instruction, seront réduits à la misère ou à une condition pénible et humiliante.

Réduite à ces termes, l'intervention de l'État peut être considérée comme légitime. Mais si l'État voulait forcer les parents à donner à leurs enfants une instruction contraire à leur conscience, il y aurait alors *tyrannie* de la part de l'État. Les parents auraient alors le *droit* et le *devoir* de résister.

IV.

Devoirs des citoyens envers l'État ou la patrie.

Il y en a quatre principaux :

Le premier est l'amour de la patrie ou le patriotisme. Ce sentiment est comme l'âme d'une nation. L'amour de la patrie doit aller jusqu'au sacrifice de ses propres intérêts et de ceux de sa famille. C'est un des sentiments qui ont inspiré les actes les plus héroïques et les plus glorieux que l'histoire rapporte.

Le second devoir est l'obéissance aux lois de l'État.

Nous avons vu dans la morale théorique quels sont les fondements et les limites de ce devoir (1).

Le troisième devoir du citoyen consiste à prendre part aux charges de l'État en retour de la protection qu'il en reçoit.

Ainsi tout citoyen doit :

1° Payer l'impôt et ne pas se soustraire à cette obligation par le mensonge et la fraude ;

2° Porter les armes pour la défense de la patrie ou pour le maintien de l'ordre, toutes les fois qu'il en est requis régulièrement ;

3° En général, contribuer pour sa part, toutes les fois que cela est nécessaire ou que cela lui est commandé, à la défense de la société et des lois. (On peut ranger sous ce titre l'obligation de faire partie du jury.)

Le quatrième devoir consiste à exercer avec loyauté les droits que lui confère la constitution.

Le principal de ces droits est celui d'élire certains fonctionnaires ou députés.

L'électeur doit user de son droit en toute circonstance ; s'abstenir est une négligence ou une lâcheté coupable.

Il doit diriger son choix de la manière qu'il juge le plus utile à la société. Il est obligé pour cela de s'instruire et de s'éclairer et, s'il croit devoir agir d'après le conseil de personnes mieux placées que lui pour savoir ce qui est utile, il devra choisir avec prudence et bonne foi ceux dont il suivra les avis.

V.

Devoirs des gouvernants.

Les gouvernants, députés, magistrats, fonctionnaires de tout ordre, doivent appliquer, dans l'exercice de leurs fonctions les principes généraux que nous avons exposés à l'égard des devoirs professionnels.

Ils sont en outre tenus d'une manière toute spéciale, en rai-

---

(1) L'amour se rapporte à la patrie ou à la nation, parce que la patrie ou la nation c'est la société vivante entre les hommes, formée par des sentiments communs.
L'obéissance se rapporte à l'État, c'est-à-dire à la société extérieure et publique.

son de la gravité de leurs fonctions, et de la délégation qu'ils possèdent d'une autorité dont la source est divine, à sacrifier leur intérêt personnel au bien du pays. Le désintéressement est pour eux un devoir de premier ordre. L'ambition néanmoins est légitime et permise, mais à la condition qu'elle ne fasse commettre aucun acte nuisible au bien général, et que celui qui voit que sa présence au pouvoir n'est pas utile soit prêt à y renoncer.

Pour accomplir ces devoirs, tous les citoyens, quelle que soit leur position, sont obligés de pratiquer la vertu nommée *courage civil*, qui consiste à sacrifier, s'il le faut, sa popularité, et même sa réputation, ou l'affection et l'estime de quelques-uns de ses concitoyens, quand le devoir et l'intérêt public l'exigent.

Résumé.

I. Division de l'humanité en sociétés distinctes. — L'État, la nation, la patrie. — Le pouvoir suprême de la société. —
II. Principe de son autorité. — Elle vient de Dieu qui a fait l'homme social. — Désignation de ceux qui exercent l'autorité. — Elle est faite par la constitution du pays. — Divers sens du mot souveraineté nationale. — Il n'y a pas de souveraineté indépendante de Dieu. — Toute nation indépendante, représentée par ses pouvoirs constitués, est souveraine. — Il n'y a pas de souveraineté du peuple supérieure à la constitution. — La souveraineté nationale ne contredit pas l'origine divine du pouvoir.
III. Droits de l'État. — Faire des lois. — Administrer, punir. — Obligation de la société. — Protéger les citoyens dans leur vie, leur propriété, leur liberté, leur honneur. — Maintenir les principes de la morale. — Assister les citoyens en leur donnant soit l'instruction, soit des secours matériels. — Relations entre l'État et la famille. — Cas où l'État peut ou ne peut pas intervenir dans l'éducation. — Obligation scolaire.
IV. Devoirs des citoyens envers l'État ou la patrie. — Amour de la patrie. — Obéissance aux lois de l'État. — Prendre part aux charges de l'État. — Impôts, service militaire, jury. — Exercer avec loyauté les droits conférés par la constitution. — Devoirs des électeurs.
V. Devoirs des gouvernants. — Obligation spéciale de désintéressement. — Du courage civil.

CHAPITRE XIII.

DROIT DES GENS.

Le droit des gens est la partie de la morale qui traite des devoirs des nations entre elles.

I.

Distinction du droit des gens naturel et du droit des gens positif.

Il y a deux droits des gens.

Le droit des gens naturel se compose de règles déduites de la loi naturelle et s'appliquant aux rapports des nations entre elles.

Le droit des gens positif consiste dans certaines conventions établies par l'usage entre les peuples et destinées à rendre leurs relations plus pacifiques et à faciliter le respect des principes du droit des gens naturel.

II.

Principes du droit des gens naturel.

Le principe général du droit des gens naturel, c'est que les nations doivent observer l'une envers l'autre les règles de la justice.

Les relations entre les nations sont donc soumises aux mêmes règles que les relations entre individus. Ainsi chaque nation doit respecter l'indépendance et le territoire des autres peuples, comme chaque homme doit respecter la liberté et la propriété de son prochain.

Il existe néanmoins certaines différences entre les règles applicables aux nations et celles qui s'appliquent aux individus :

1° L'individu a le droit et peut avoir le devoir de se sacrifier lui-même. Il peut céder de son droit par charité. Il peut secourir le prochain aux dépens de ses propres intérêts.

Les nations n'ont ni ce droit ni ce devoir. Elles doivent faire passer leurs intérêts et leur indépendance propre avant ceux des autres peuples.

2° Les nations n'ayant pas de tribunal supérieur pour juger entre elles, ont un droit de défense légitime plus étendu que les particuliers.

C'est le droit de guerre.

3° Elles ont même le droit de vengeance quand leur honneur est atteint; c'est, dans ce cas, une forme du droit de défense, puisque c'est le moyen unique d'empêcher à l'avenir de nouvelles insultes.

4° Elles peuvent même s'opposer d'avance à l'agrandissement

des nations rivales, à cause du danger que cette puissance excessive pourrait leur faire courir. C'est encore un droit que n'a pas l'individu.

Les nations sont tenues au respect de leurs engagements mutuels qu'on nomme traités. Elles y sont obligées, lors même que ces traités seraient le résultat d'une violence injuste. Le respect des traités est, en effet, le seul moyen de faire régner la paix.

Mais les traités perdent leur force à l'égard de l'une des parties contractantes, quand ils sont violés par l'autre partie.

III.

Principes du droit des gens positif.

Le droit des gens positif est variable de sa nature, puisqu'il résulte de conventions libres entre les peuples.

Ces conventions n'ont pas, en général, été formulées d'une manière expresse, elles se sont établies sous formes de coutumes.

En général, le droit des gens positif se perfectionne avec la civilisation.

Voici quelques-unes des principales règles en usage de nos jours :

1° L'inviolabilité des ambassadeurs;

2° Le respect du territoire et de la propriété des neutres;

3° Le respect de la vie des prisonniers;

4° Le respect de la propriété privée en tant que cela est possible.

Il y a cependant encore certaines circonstances où le pillage est permis aux soldats.

De plus, la propriété des navires et de leur chargement est encore sujette à confiscation.

Résumé.

I. Distinction du droit des gens naturel et du droit des gens positif.

II. Principes du droit des gens naturel. — Les nations sont tenues à la justice les unes à l'égard des autres. — Elles ne doivent pas se sacrifier elles-mêmes ni secourir les autres nations aux dépens de leur propre intérêt. — Elles ont le droit de guerre. — Elles ont le droit de venger leur honneur. — Elles peuvent s'opposer d'avance à l'agrandissement des nations rivales. — Les nations sont tenues au respect des traités.

III. Droit des gens positif. — Inviolabilité des ambassadeurs. — Respect des propriétés privées. — Respect de la vie des prisonniers.

CHAPITRE XIV.

DEVOIRS ENVERS DIEU.

Les devoirs envers Dieu peuvent être divisés en trois classes :
1° Culte intérieur ;
2° Culte extérieur ;
3° Respect du nom de Dieu.

I.

Culte intérieur.

La première obligation que nous avons envers Dieu consiste à *croire fermement à son existence et à tous ses attributs*. L'existence et les attributs de Dieu peuvent être démontrés par la raison, mais cette démonstration, quelque rigoureuse qu'elle soit, ne force pas notre intelligence à lui donner son assentiment. Il faut que la volonté intervienne pour écarter les sophismes de l'orgueil et de la passion.

Douter volontairement de l'existence de Dieu, de sa bonté, ou de sa puissance, c'est lui faire injure ; il se manifeste à nous assez clairement pour que nous soyons obligés de le reconnaître pour notre souverain maître.

De la *foi* à l'existence de Dieu résultent l'*espérance* ou la *confiance en Dieu*, et l'amour de Dieu.

Quand on a reconnu l'existence d'une révélation divine, c'est-à-dire d'une manifestation exceptionnelle et surnaturelle que Dieu a faite de son existence, de ses attributs, et de certaines vérités nécessaires à l'humanité, on doit croire fermement à la parole divine.

Les trois vertus dont nous avons parlé prennent alors un nouveau caractère ; s'appuyant sur une révélation, elles deviennent surnaturelles et s'appellent la Foi, l'Espérance et la Charité.

L'*adoration* est aussi une conséquence de la croyance à l'existence de Dieu et à sa toute-puissance. L'adoration consiste dans l'anéantissement de l'être créé en présence de la majesté du Créateur. C'est un sentiment exclusif qui ne peut s'adresser qu'à Dieu seul. Rendre à une créature le culte d'adoration auquel Dieu seul a droit serait une idolâtrie.

La *Prière* résulte aussi de la croyance à la bonté et à la puissance de Dieu. La prière n'est pas seulement un acte d'adoration et d'admiration des perfections divines. Elle est avant tout une *demande*; elle suppose que Dieu peut et veut nous accorder ce que nous lui demandons, et par conséquent qu'il n'est pas enfermé dans un système de lois invariables et fatales, comme l'ont enseigné certains déistes.

II.

Culte extérieur.

L'homme étant un être composé d'un corps et d'une âme, il ne suffit pas qu'il rende à Dieu un culte intérieur, il faut aussi qu'il l'honore extérieurement et publiquement. De plus, l'homme étant destiné à vivre en société, le culte public ne doit pas être purement individuel; il faut aussi qu'il soit social.

Jamais il n'a existé sur la terre de culte public et social fondé sur la raison seule. Tous les peuples ont cru à des communications surnaturelles avec la divinité, et ont réglé leur culte public conformément à ce qu'ils ont cru être une institution divine.

Nous ne pouvons donc pas traiter la question du culte public d'une manière pratique en nous appuyant sur la raison seule. La raison peut constater la nécessité d'un culte public. Une révélation seule peut en indiquer la nature et en déterminer les pratiques.

III.

Respect du nom de Dieu.

Le respect du nom de Dieu exige que ce nom ne soit pas traité injurieusement ni vainement invoqué. De cette obligation générale résultent certaines fautes particulières et certains devoirs spéciaux.

1. **Le blasphème** est, dans l'intention de celui qui le profère, une injure adressée au Créateur.

C'est une faute très grave, et qui l'est d'autant plus qu'elle est absolument déraisonnable et sans motif.

Souvent, il est vrai, les blasphèmes proférés par les hommes sont prononcés par habitude et sans intention irréligieuse actuelle. Mais, à moins qu'on ne travaille à se corriger de cette habitude, les paroles ainsi prononcées sont coupables, au moins indirectement et dans leur cause, c'est-à-dire que celui qui contracte ou conserve cette habitude encourt la responsabilité des paroles qui lui échappent.

2. **Le serment** consiste à prendre Dieu à témoin d'une affirmation ou d'une promesse.

Il faut trois conditions pour que le serment soit licite :

1° Que l'affirmation garantie par le serment soit vraie ;

2° Que la promesse garantie par le serment ait un objet licite ;

3° Qu'il existe un motif sérieux et suffisant pour avoir recours à l'invocation du nom de Dieu.

Le parjure, ou serment fait pour affirmer une chose fausse, ou pour promettre une chose qu'on n'a pas l'intention de tenir, est une faute très grave.

Les engagements contractés avec serment sont soumis aux mêmes règles que les autres contrats. Seulement le serment donne plus de solennité à l'engagement et indique plus clairement la volonté de s'engager.

A l'époque du moyen âge, le serment religieux était le principal lien de la société. On admettait alors que, dans le cas où la loi naturelle aurait permis de rompre un engagement contracté avec serment, il fallait avoir recours à l'Église pour déclarer cette nullité et pour délier, au nom de Dieu, le lien religieux de l'obligation. Mais jamais l'Église n'a enseigné qu'elle pût délier un engagement valide contracté entre deux personnes.

Il est, d'ailleurs, toujours bien entendu que l'engagement à faire une chose illicite, contracté avec serment, est radicalement nul.

Les serments faits sans motifs graves sont une profanation du nom de Dieu. Ils exposent, du reste, au danger de commettre des parjures.

3. **Le vœu** est une promesse faite à Dieu. Cette promesse est obligatoire pour celui qui l'a faite. Il peut cependant se trouver des circonstances où l'accomplissement de cette pro-

messe serait impossible, illicite ou dangereux, alors l'obligation du vœu cesserait.

Mais, dans la religion catholique, cette cessation de l'obligation du vœu doit être ratifiée par l'Église, qui représente Dieu sur la terre.

On peut enfin comprendre, parmi les manières de manquer au respect du nom de Dieu, les **pratiques superstitieuses**.

Il y a deux sortes de superstitions. L'une consiste à invoquer les êtres surnaturels mauvais et révoltés contre Dieu.

L'autre à invoquer le Créateur lui-même, mais par des moyens qu'il n'a pas prescrits et qu'il réprouve.

Nous n'avons pas à prouver l'existence d'êtres surnaturels révoltés contre Dieu. La raison n'a aucun motif à alléguer pour nier leur existence. La révélation l'affirme. Du reste, ces êtres fussent-ils imaginaires, la question morale serait la même. L'intention et la volonté d'invoquer des êtres mauvais, soit pour les apaiser, soit pour les avoir pour aides dans de mauvaises actions, soit pour satisfaire sa curiosité, n'en serait pas moins coupable et contraire au culte dû au Créateur.

La seconde espèce de superstition est moins coupable en elle-même. Elle consiste à avoir recours à des pratiques vaines pour obtenir certains effets surnaturels, pour guérir infailliblement des maladies ou prédire l'avenir. Ce sont des actes déraisonnables, et par le fait même plus ou moins coupables, en principe car l'homme est obligé à user de sa raison. Néanmoins dans certains cas la culpabilité est minime, ou même nulle à cause de la bonne foi.

IV.

Droits de la conscience en matière de religion. — Liberté des cultes.

Tout homme a le *devoir de suivre sa conscience* lors même qu'elle est dans l'erreur invincible.

De ce principe vrai, certains moralistes ont conclu que tout homme aurait le *droit absolu de faire ce qu'il se croit obligé, en conscience, de faire*, et que la société serait tenue de respecter toujours ce droit, et de ne jamais s'opposer à des actes faits de cette manière.

Nous avons montré plus haut que cette opinion est inexacte. La conscience faillible et souvent erronée des individus ne saurait paralyser les lois et mettre en échec les principes sociaux.

Ces principes sont vrais en matière de religion comme ailleurs. La conscience erronée impose des devoirs, mais ne donne pas des droits absolus.

Mais nous avons ajouté que la société doit tenir compte de l'existence de ces devoirs de conscience, et ne prescrire des actes qui pourraient blesser la conscience des individus, qu'autant que l'ordre social et le maintien des principes l'exige.

Cette réserve s'applique tout spécialement aux nations modernes, dans lesquelles il règne en fait une grande diversité d'opinions religieuses. La société, à cause de cette division des esprits, ne peut pas professer exclusivement une religion déterminée. Elle doit laisser les citoyens pratiquer librement le culte conforme à leurs convictions, pourvu qu'ils respectent les principes moraux et les idées religieuses essentielles à toute société civilisée.

A ce devoir de la société répond un droit des citoyens à cette liberté religieuse. Fondé sur l'état social, ce droit doit être fidèlement respecté, et sa violation serait un acte de tyrannie.

Résumé.

DEVOIRS ENVERS DIEU.

I. Culte intérieur.
Devoir de croire à l'existence de Dieu et à ses attributs. — Espérance et amour. — Adoration. — Prière.

II. Culte extérieur. — Sa nécessité. — Il n'a été organisé que dans les religions positives.

III. Respect du nom de Dieu. — Le blasphème. — Sa malice. — Caractère déraisonnable de cette faute. — De l'habitude du blasphème. — Le serment consiste à prendre Dieu à témoin. — Conditions du serment licite, vérité, justice, discrétion. — Les engagements contractés par serment sont soumis aux mêmes règles que les autres contrats.

Du vœu. — Sa nature; c'est une promesse faite à Dieu. — Cette promesse est obligatoire. — Circonstances qui délient des vœux.

Pratiques superstitieuses. — Invocation des mauvais esprits. — Pratiques vaines.

IV. Droit de la conscience en matière de religion. — Liberté des cultes.
La conscience erronée, impose des devoirs. — Elle ne donne pas de droits absolus. — Mais les sociétés modernes, dans lesquelles il règne une grande diversité d'opinions religieuses, ne peuvent adopter exclusivement une religion déterminée. Elles doivent laisser les citoyens pratiquer librement leur culte, en respectant les principes généraux de la morale et les idées essentielles à toute société. — Cette liberté est un droit des citoyens dont la violation serait un acte de tyrannie.

ÉPILOGUE.

DE LA CONDITION ACTUELLE DE L'HOMME PAR RAPPORT A LA LOI MORALE.

Nous avons reconnu que la loi morale est gravée dans le cœur de l'homme, qu'il se sent libre de l'accomplir s'il le veut, qu'il se sent obligé de l'accomplir, et que sa conscience le menace d'un châtiment très rigoureux s'il viole cette loi.

Cela posé, il semble que les hommes devraient, étant poussés par le double motif du devoir et de l'intérêt, obéir généralement à la loi morale, et que les violations de cette loi devraient être des exceptions.

Malheureusement, c'est le contraire qui a lieu.

La plupart des hommes violent très souvent la loi morale. Le désordre moral se rencontre partout sur la terre.

Bien plus, en s'examinant lui-même, l'homme se sent dominé par de mauvais penchants. Il peut sans doute leur résister, mais il ne le peut qu'avec beaucoup d'efforts. Il fait le mal facilement. Il est obligé de lutter pour faire le bien. Ce fait incontestable de la prédominance du mal moral en ce monde conduit à se poser trois questions :

1° D'où vient cette faiblesse, cette dégradation morale de l'humanité ?

2° Existe-t-il un remède préservatif, c'est-à-dire un moyen de fortifier la volonté dans le sens du bien ?

3° Existe-t-il un remède réparateur, c'est-à-dire un moyen d'obtenir le pardon des fautes, d'expier le mal commis ?

Nous allons examiner quelle réponse a été faite à ces questions par les philosophes, par la tradition des anciens peuples et par la révélation chrétienne.

I. — En général, les **philosophes** ont constaté le fait de la faiblesse morale de l'homme sans chercher à l'expliquer. Rousseau cependant a enseigné que l'homme était naturellement bon, et qu'il était gâté par l'état de société. Mais l'expérience se prononce contre ce système. Les sauvages sont très grossiers et très vicieux. D'ailleurs l'état de société est nécessaire à l'homme, il ne peut donc être la cause de sa faiblesse morale.

Enfin, la conclusion de ce système serait que l'éducation, l'instruction, les sciences, la civilisation seraient la cause principale ou même unique de la corruption des hommes. Or, cette conclusion est évidemment fausse.

A la seconde question, savoir s'il existe un moyen de corriger les hommes, beaucoup de philosophes modernes en indiquent un, l'*instruction*. Ils adoptent donc une conclusion contraire à celle de Rousseau. Cette conclusion est vraie, mais en partie seulement. L'instruction contribue à moraliser les hommes, mais elle ne les délivre pas de leurs passions. Il y a des peuples instruits qui sont très corrompus.

D'autres soutiennent que l'homme, par *l'énergie seule de sa volonté*, peut arriver à pratiquer constamment la loi morale. C'est ce qu'ont enseigné les Stoïciens, qui prétendaient que le sage arrivait sur la terre à une perfection absolue. Malheureusement, l'expérience dément ces prétentions orgueilleuses.

D'autres prétendent que l'homme a le droit de se laisser aller à ses penchants. Il est clair qu'une telle opinion détruit la morale.

Sur la troisième question, celle du pardon, les philosophes gardent le silence. Cela est d'autant plus étrange qu'elle est éminemment pratique. Tout homme qui a la conscience tant soit peu délicate, sait bien qu'il ne vit pas constamment d'une manière conforme à cette voix intérieure de Dieu, et doit se demander s'il existe pour lui un moyen d'expier ses fautes.

II. — Les **anciennes traditions** de presque tous les peuples expliquent cette faiblesse morale de l'humanité par une déchéance primitive. L'homme, disent-elles, était bon autrefois, mais il s'est corrompu, et la corruption a passé des pères aux enfants.

Ces traditions sont également toutes remplies de l'idée de l'expiation et du pardon.

Elles admettent certains rites, tels que les sacrifices au moyen desquels l'homme peut se réconcilier avec Dieu.

III. — La **révélation chrétienne** complète et précise sur cet important sujet les notions fournies par la raison et la tradition.

En premier lieu, elle reconnaît l'existence de ces mauvais penchants prédominants dans le cœur, et elle en indique la source. Elle déclare qu'ils sont une conséquence de la déchéance primitive de l'humanité résultant de la faute d'Adam.

L'Église catholique, il est vrai, affirme que l'homme déchu conserve sa raison et son libre arbitre, bien que la raison soit obscurcie et le libre arbitre affaibli pour le bien.

Elle reconnaît que l'homme peut par lui-même pratiquer certaines vertus, mais qu'il a besoin d'un secours surnaturel pour accomplir pendant toute sa vie les devoirs les plus difficiles que la loi morale prescrit. En second lieu, la révélation enseigne que ce secours surnaturel est à sa disposition et qu'il existe un remède pour fortifier la volonté et rendre l'homme capable de remplir tous ses devoirs. Ce remède c'est la grâce divine, offerte à tous les hommes, et obtenue par la prière et les sacrements.

En troisième lieu, la révélation enseigne que Dieu peut pardonner les fautes des hommes, bien qu'il n'y soit pas obligé. Elle enseigne également que, Jésus-Christ ayant mérité le pardon par sa mort, Dieu l'offre à tous les hommes de bonne volonté, à certaines conditions faciles à remplir, dont la plus essentielle est un repentir sincère.

Ici, nous devons reconnaître que l'enseignement de la révélation complète sur des points essentiels de la morale, l'enseignement de la raison humaine. Seul, l'enseignement révélé reconnaissant la faiblesse de l'homme, et lui offrant un secours et un pardon, peut imposer à l'homme une morale à la fois sévère et praticable. Les philosophes qui n'admettent pas la grâce de Dieu et ne parlent pas du pardon, sont obligés ou de demander à l'homme une perfection impraticable, ou de laisser fléchir la loi morale assez pour qu'elle se mette à la portée de la faiblesse humaine. Mais la conscience proteste contre l'une et l'autre de ces doctrines. L'homme se sent plus faible que les premiers ne le disent, et obligé à des devoirs plus rigoureux que ne le veulent les seconds.

Aussi, peut-on dire que la religion chrétienne est la meilleure école de morale, même naturelle, et que le véritable homme vertueux est celui qui est formé par l'Évangile et qui se propose l'imitation du modèle incomparable que ce livre nous propose dans la personne de Jésus-Christ.

Nous laissons la parole, pour développer cette idée qui sera la conclusion de ce livre, au grand orateur chrétien de notre siècle, au père Lacordaire :

« Je me demande si la vertu existe sur la terre, si réellement le cœur de l'homme est capable d'une prudence qui embrasse tous les intérêts de l'humanité, d'une justice qui rende à chacun ce qui lui est dû dans l'ordre des biens sensibles et des biens de l'âme, d'une tempérance qui assujettisse le corps à la loi de l'esprit, d'une force qui aille jusqu'à donner sa vie pour le droit et la vérité. Je me demande s'il y a des hommes qui cherchent Dieu comme le terme de leur existence passagère, comme le principe certain de leur félicité et de leur perfection.

« Je me demande, par-dessus tout, s'il y a des hommes qui aiment Dieu, je ne dis pas comme nous aimons les hommes, mais comme nous aimons les plus viles créatures, un cheval, un chien, l'air, l'eau, la lumière et la chaleur. Je me demande ces choses, à moi d'abord et à vous ensuite, et j'attends ma réponse et la vôtre avec une terreur qui doit décider de ma vie. J'entends des bouches hardies me dire que la vertu n'est qu'un nom. J'entends, d'un bout à l'autre de l'histoire, la protestation des sceptiques, le sarcasme des égoïstes, le rire des débauchés, la joie des fortunes acquises par la sueur et le sang des autres, le cri plaintif des cœurs qui n'espèrent plus, et, seul, du haut de ces raisonnements qui m'ont conduit à l'idée du vrai, du bien, du juste, du saint, le regard fixé sur mon âme et sur ce que j'appelle encore Dieu, j'attends une parole qui me précipite ou m'affermisse à jamais. Qui est-ce qui me la dira?

« C'est moi qui vous la dirai. Vous cherchez l'homme juste, l'homme fort, l'homme saint, l'homme qui aime Dieu : je le connais et je vais vous dire son nom.

« Il y a dix-huit siècles, Néron régnait sur le monde. Héritier des crimes qui l'avaient précédé sur le trône, il avait eu à cœur de les surpasser et de se faire par eux, dans la mémoire de Rome, un nom qu'aucun de ses successeurs ne pourrait plus égaler. Il y avait réussi. Un jour, on lui amena dans son palais un homme qui portait des chaînes et qu'il avait désiré voir. Cet homme était étranger : Rome ne l'avait point nourri, et la Grèce ignorait son berceau. Cependant, interrogé par l'empereur, il répondit comme un Romain, mais comme un Romain d'une autre race que celle des Fabius et des Scipion, avec une liberté plus grave, une simplicité plus haute, un je ne sais quoi de grave et de profond qui étonna César. En l'entendant, les courtisans se parlèrent à voix basse, et les débris de la tribune aux harangues s'émurent dans le silence du Forum. Depuis, les chaînes de cet homme se sont brisées; il a parcouru le monde. Athènes l'a reçu et a convoqué pour l'entretenir les restes du Portique et de l'Académie. L'Égypte l'a vu passer au pied de ses temples, où il dédaignait de consulter la sagesse; l'Orient l'a connu et toutes les mers l'ont porté. Il est venu s'asseoir sur les grèves de l'Armorique, après avoir erré dans les forêts de la Gaule; et les rivages de la Grande-Bretagne l'ont accueilli comme un hôte qu'ils attendaient. Quand les vaisseaux de l'Occident, las des barrières de l'Atlantique, s'ouvrirent de nouvelles routes vers des mondes nouveaux, il s'y élança aussi vite qu'eux, comme si nulle terre, nulle montagne, nul désert n'eût dû échapper à l'ardeur de sa course et à l'empire de sa parole, car il parlait, et la même liberté qu'il avait déployée en face du Capitole asservi, il la déployait en face de l'univers.

« Voyageur à mon tour au mystère de la vie, j'ai rencontré cet homme. Il portait à son front les cicatrices du martyre, mais ni le sang versé, ni le cours des siècles ne lui avait ôté la jeunesse du corps et la virginité de l'âme. Je l'ai vu, je l'ai aimé. Il m'a parlé de la vertu, et j'ai cru à la sienne. Il m'a parlé de Dieu, et j'ai cru à sa parole. Son souffle versait en moi la lumière, la paix, l'affection, l'honneur, je ne sais quelles prémices d'immortalité qui me détachaient de moi-même, et enfin je connus, en aimant cet homme, qu'on pouvait aimer Dieu, et qu'il était aimé, en effet. Je tendis la main à mon bienfaiteur, et je lui demandai son nom. Il me répondit, comme il avait fait à César : « Je suis chrétien. »

Nous donnons ici la définition de quelques termes et l'énoncé de quelques principes qui figurent dans le programme de l'*enseignement secondaire spécial* et qui n'entraient pas dans le plan général de ce cours de morale.

I. Justice rémunérative. — Outre la justice qui consiste à rendre à chacun ce qui lui appartient, et qu'on nomme justice *commutative*, il y a deux autres formes de la justice, qui sont nécessaires dans l'exercice de l'autorité.

La justice *distributive* est celle qui empêche de favoriser une personne aux dépens des autres lorsqu'ils ont des droits égaux. Cette justice s'exerce dans les concours qui servent à obtenir un avantage promis au mérite. L'obligation de la justice distributive est rigoureuse quand les compétiteurs ont des droits réels qui sont égaux. Dans d'autres circonstances, il est permis de favoriser certaines personnes pourvu qu'elles soient dignes de l'avantage qu'elles reçoivent.

La justice *rémunérative* est celle qui punit ou récompense chaque individu en raison de ses fautes ou de ses mérites. Il est toujours défendu d'excéder dans le sens de la sévérité. Il est permis et quelquefois utile de pencher du côté de l'indulgence; mais il y a encore une mesure à garder, sans quoi les châtiments et les récompenses perdraient leur efficacité.

II. Bienveillance et bienfaisance. — On peut diviser les devoirs de charité en deux classes : devoirs intérieurs ou de sentiment qui sont compris dans la bienveillance; devoirs extérieurs ou d'action dont l'ensemble constitue la bienfaisance.

III. Esprit de famille. — Les frères et sœurs et les autres parents rapprochés doivent s'aimer, s'appuyer mutuellement, se rendre service, se donner de bons conseils. La pratique de tous ces devoirs établit entre les parents une union étroite que l'on nomme l'*esprit de famille*. C'est une force morale et une source de jouissances. Chaque membre de la famille doit contribuer selon ses forces à l'entretien de cette union.

APPENDICE.

NOTIONS ÉLÉMENTAIRES DE LOGIQUE ET THÉORIE DES MÉTHODES SCIENTIFIQUES.

1re PARTIE.

Éléments de logique.

CHAPITRE I.

OBJET DE LA LOGIQUE. — SA PLACE DANS LE TABLEAU GÉNÉRAL DES SCIENCES.

La **logique** est à la fois une science et un art.

En tant que *science* elle a pour objet les opérations de l'intelligence humaine.

En tant qu'*art*, elle apprend à l'homme à bien se servir de son intelligence, à découvrir la vérité et à éviter l'erreur.

La logique en tant que science pure, peut être considérée comme une division de la psychologie; c'est la partie de la psychologie qui s'occupe des opérations intellectuelles, lesquelles forment une classe spéciale parmi les phénomènes psychologiques.

Mais la logique, considérée comme un art a une toute autre importance.

Elle enseigne à l'homme le moyen d'arriver à la connaissance de la vérité, et de distinguer la vérité de l'erreur.

Elle est par conséquent comme l'introduction et la préface de toutes les sciences.

Elle est nécessaire aussi pour discerner la vérité de l'erreur et par conséquent elle est la garantie de la certitude de toutes nos connaissances.

CHAPITRE II.

ÉLÉMENTS DE LA PENSÉE HUMAINE QUE LA LOGIQUE DOIT ÉTUDIER.

I.

Distinction entre les notions et les jugements.

La pensée humaine contient deux éléments principaux, les notions et les jugements.

Les *notions* ou idées sont des représentations dans notre esprit d'un objet réel ou imaginaire. Ainsi *Socrate, Paris, la vertu, l'humanité, Apollon, Vénus* sont des notions de notre esprit.

Les *jugements* sont des actes par lesquels l'intelligence affirme l'existence d'un fait ou l'accord de deux notions entre elles.

Ainsi *le cheval marche, le soleil se lève* sont des jugements qui expriment des faits. *La vertu est louable; l'homme est inconstant,* sont des jugements qui affirment l'accord de certaines idées.

Les notions s'expriment par des mots isolés ou joints à des adjectifs et à des articles. *Pierre, Paul, vertu, ce livre, cette table, l'homme bon, le papier bleu.* Les jugements s'expriment par des propositions ou phrases où se trouve un verbe. *Paul est bon, le soleil est brillant.*

II.

Diverses espèces de notions.

On distingue : 1° les notions *concrètes* et qui s'appliquent à un objet particulier, comme *Pierre, Jacques, le livre, cette table.*

2° Les notions *abstraites* ou *générales,* comme *la vertu, l'humanité, le chien, le cheval, le bois, le fer :* ces diverses notions expriment ce qu'il y a de commun entre divers objets.

On peut distinguer les notions *simples* et les notions *complexes.*

La notion *simple* n'exprime qu'une seule vue de l'esprit, *l'homme, le cheval, la bonté.*

Les notions *complexes* expriment plusieurs idées unies ensemble, *le livre savant, la table ronde, la ville peuplée, l'homme juste et bon.*

REMARQUE. — Une notion simple peut correspondre à un *objet réel complexe*, ex. : *Paris*, notion simple, qui indique la capitale de la France vue d'ensemble, correspond à un objet qui contient beaucoup de maisons et d'habitants.

D'un autre côté une notion complexe peut correspondre à un objet simple. Ainsi la notion *l'âme intelligente et libre*, bien qu'elle comprenne plusieurs idées, appartient à un être simple, l'âme.

III.
Des mots signes des notions.

Les notions ont pour signes sensibles les **mots**. Le rapport entre le signe et la notion est en général conventionnel. Ainsi, une même notion en différentes langues est représentée par divers mots.

Dans une langue parfaite, chaque notion devrait être désignée par un mot distinct, et chaque mot devrait désigner une notion unique.

Mais aucune langue n'ayant cette perfection, il existe des *synonymes*, c'est-à-dire des mots différents correspondant à une même notion, par ex. : chef et tête, peuple et nation.

Il existe aussi des polyonimes, mots à sens multiple qui correspondent à plusieurs notions, tels que son (bruit) et son (produit de la mouture).

Outre ces diversités de sens accidentelles, il en est de naturelles et régulières.

La plupart des mots de la langue désignent tantôt un objet matériel et visible tantôt un objet invisible analogue tel que la lumière qui éclaire les yeux et la lumière de l'intelligence, la force physique et la force morale. On dit un poignard aigu et une douleur aiguë.

IV.
Règles relatives à l'emploi des mots comme signes des notions de la définition.

Aucune science n'est possible si l'homme ne sait pas bien le *sens* des mots dont il se sert.

Il est donc très important d'éviter les équivoques ou amphibologies qui résultent du sens multiple des mêmes mots.

Dans les cas ordinaire, il suffit pour cela d'un peu d'attention.

Mais dans l'étude des questions subtiles ou profondes, il devient nécessaire de fixer bien le sens des mots.

On y arrive par la **définition.**

Définir le sens d'un mot c'est expliquer par d'autres mots la notion que le mot défini doit représenter.

Bien définir est une des plus grandes difficultés et aussi un des plus grands mérites de l'homme qui parle ou qui écrit.

La meilleure définition est celle qui se fait par le *genre* et l'*espèce*, c'est-à-dire qui indique une classe générale dans laquelle se trouve l'objet dont on veut définir le nom et qui ajoute au nom que désigne cette classe un autre mot qui indique le trait caractéristique de l'objet.

Ainsi, on peut définir l'homme : animal doué de raison. *Animal* est le genre, *doué de raison* est le caractère spécifique. On définit la vertu : habitude de faire le bien. Le genre c'est *habitude; faire le bien* est le caractère qui distingue la vertu des autres habitudes.

Les définitions ne sont point *arbitraires*. On ne doit point donner par une définition à un mot un sens différent de celui que l'usage lui donne.

Ainsi si l'on convenait d'appeler *cheval,* l'animal que les hommes désignent sous le nom de *chien,* on ne serait pas compris.

Mais on peut choisir parmi les différents sens usuels d'un mot un *sens précis* et le fixer par une définition.

Ainsi parmi les différents sens du mot loi, loi physique, loi morale, loi divine, loi humaine, je peux en choisir un et convenir que je prendrai le mot loi dans ce sens.

Quand il s'agit d'exprimer une notion tout à fait nouvelle, on peut inventer un mot nouveau; alors la définition est arbitraire. Ainsi le mot téléphone a été inventé pour désigner l'appareil électrique qui transmet le son à de très grandes distances.

Une fois la définition faite, il faut s'y tenir, c'est-à-dire n'employer le mot défini que dans le sens fixé par la définition.

V.

Des autres signes des notions.

Les mots signes des idées, peuvent être *prononcés* ou *écrits.*
L'écriture des peuples modernes écriture *phonétique* et *alphabé-*

tique, n'exprime les idées que par l'intermédiaire de certains *sons*; le mot écrit est le signe du mot parlé.

Mais il existe aussi des signes visibles qui désignent directement les idées. Ainsi les chiffres, les signes algébriques, désignent une notion mathématique, indépendamment de la prononciation du mot qui le représente : aussi sont-ils compris dans différentes langues.

Il en est de même des signes télégraphiques, des portraits représentant certains personnages, des figures symboliques qui représentent certaines idées.

Les signes qui représentent directement les idées et qu'on nomme signes *idéographiques*, ont été employés par les premiers hommes, avant l'invention de l'écriture phonétique.

CHAPITRE III.

DES JUGEMENTS. — DE LEUR VÉRITÉ. — DE LEUR FAUSSETÉ. — CRITÉRIUM DE LA VÉRITÉ.

I.

Des jugements en général.

Tout jugement peut être décomposé en trois éléments, un *sujet*, un *attribut*, et le *verbe* qui lie le sujet à l'attribut. Quelquefois cette décomposition est évidente à première vue : par exemple dans le jugement : *L'homme est juste*.

Quelquefois il faut décomposer le verbe, ainsi le jugement, *le cheval court* se décompose ainsi : *Le cheval est courant*.

On distingue les jugements en *affirmatifs* ou *négatifs* suivant qu'ils déclarent qu'il y a accord ou désaccord entre le sujet et l'attribut.

On peut aussi distinguer les jugements *contingents*, qui expriment de simples faits; ainsi, *le chien court*; *l'arbre est en fleurs*, et les jugements *nécessaires*, qui expriment ce qui ne peut pas ne pas être. Par exemple : *le tout est plus grand que la partie*.

Il y a des jugements *certains*, d'autres simplement *probables vraisemblables*.

Mais la principale distinction sur les jugements est celle qui sépare les jugements *vrais* et les jugements *faux*.

Un jugement est *vrai* quand l'accord ou le désaccord affirmés entre le sujet et l'attribut sont réels : il est *faux* dans le cas contraire.

Le jugement : La *Seine traverse Paris* est vrai; le jugement — la *Seine se jette dans la Méditerranée* — est faux.

Tout jugement est nécessairement *vrai ou faux*. Il existe, il est vrai, des jugements dont nous ne pouvons pas connaître la vérité ou la fausseté; tel serait le jugement : *Il existe des habitants dans la planète Mars*. Ces jugements sont dits *douteux*. Par rapport à nous, ils ne sont ni vrais ni faux, puisque nous ne pouvons savoir s'ils sont l'un ou l'autre; mais en eux-mêmes ils sont nécessairement vrais ou faux.

Avant de prononcer si un jugement est vrai ou faux, il importe de bien le comprendre. Quelquefois un jugement devient vrai ou faux, suivant le sens précis que l'on donne aux notions.

Prenons, par exemple, ce jugement : *Le soleil s'élève au-dessus de l'horizon*. Si l'on entend par ces mots *le soleil* le disque apparent du soleil, le jugement est vrai. Si l'on entend au contraire *l'astre lui-même*, la proposition est fausse.

II.

Caractère distinctif des jugements vrais.

Il est extrêmement important de pouvoir discerner les *jugements vrais* des *jugements faux*. C'est le but suprême de la logique.

Toute connaissance humaine se compose en effet de notions reliées par des jugements. Les *notions* par elles-mêmes, tant qu'on n'affirme rien à leur sujet, ne sont ni vraies ni fausses. Il n'y a pas d'erreur à savoir ce que c'est que le dieu Jupiter ou un Centaure. Toute erreur consiste dans un jugement faux; à croire, par exemple, que Jupiter est un vrai dieu ou un Centaure un être réel.

Il est donc nécessaire de savoir distinguer un jugement vrai d'un jugement faux.

Il existe pour cela trois caractères : l'*évidence,* la *démonstration* et l'*attestation* par un témoin digne de foi.

L'*évidence,* c'est la vérité se manifestant directement à l'intelligence.

Les jugements dont la vérité est évidente n'ont besoin d'aucune preuve. Il suffit de bien comprendre ce qu'ils signifient pour être assuré de leur vérité.

Les jugements qui expriment une perception par les sens, ou un fait interne connu par la conscience sont évidents parce que le fait lui-même se manifeste à l'intelligence.

Ainsi je vois devant moi une table couverte de livres; je les touche, alors le jugement : *Il y a ici une table et des livres* m'apparaît avec évidence comme une vérité; ce jugement n'est que l'expression du fait que je constate. De même si j'éprouve une douleur à la tête; le jugement : « *Je souffre,* » est d'une vérité évidente; il signifie précisément ce que j'éprouve.

Il y a d'autres jugements dont l'évidence résulte de l'*identité* entre les deux termes. Tels sont les axiomes : *Le tout est plus grand que la partie;* — *Deux quantités égales à une troisième sont égales entre elles.*

Il y a aussi des jugements qui sont évidents aux yeux de la conscience : *Il faut faire le bien;* — *Il faut aimer ses parents;* — *Il faut réparer le tort fait au prochain.*

A défaut de l'évidence, la vérité d'un jugement peut être le résultat d'une *démonstration.*

Ainsi cette proposition : *La terre tourne autour de l'axe des pôles*, n'est pas évidente : au contraire, il semble à première vue que la terre soit immobile. Mais par une démonstration scientifique nous acquérons la certitude que cette proposition est vraie.

Les démonstrations sont très diverses. Les unes consistent à *déduire* une proposition d'autres propositions connues, telles sont les démonstrations de la géométrie. D'autres prouvent une vérité par des *expériences;* telles sont celles de la physique.

Quelquefois la démonstration est *indirecte.* On montre que si l'on nie la proposition qui est à démontrer, on sera conduit à une conséquence évidemment fausse. Aussi on peut prouver que l'homme possède la liberté du choix en montrant que, s'il ne la possédait pas, il ne pourrait pas être justement puni pour ses fautes, ni récompensé pour ses bonnes actions.

Aucune démonstration n'est valable qu'autant qu'elle montre que la proposition à démontrer est liée à des propositions évidentes par elles-mêmes.

Dans une démonstration *géométrique* on remonte de la proposition à démontrer jusqu'aux axiomes et aux définitions.

Dans une démonstration *physique* on s'appuie sur des faits sensibles qui s'expriment par des jugements évidents.

Dans une démonstration *indirecte* ou *par l'absurde* on doit arriver à montrer qu'en niant la proposition à démontrer on est conduit à nier un principe évident.

Toute démonstration repose donc sur l'évidence. On peut comparer une démonstration à un édifice dont les piliers et les fondements sont des propositions évidentes, c'est-à-dire des axiomes de raison, des principes gravés dans la conscience, ou des faits constatés. Il résulte de là qu'il est absurde de vouloir tout démontrer et de demander des preuves d'une proposition évidente. On démontre ce qui n'est pas évident par ce qui est évident. Ce qui est évident n'a pas besoin de démonstration et n'en comporte pas.

La troisième classe de propositions vraies qui peuvent être connues comme telles avec certitude comprend les *propositions attestées* par des témoins dignes de foi.

Le *témoignage* est le seul moyen que nous ayons de connaître les faits particuliers qui se passent, ou se sont passés en dehors de notre présence. Comment celui qui n'a pas voyagé sait-il qu'il y a une rivière nommée la Tamise et une immense ville que cette rivière traverse? C'est par le témoignage de ceux qui ont été à Londres. Comment savons-nous que César a été tué par Brutus dans le sénat romain? C'est par le témoignage de ceux qui ont vu commettre cet assassinat, témoignage recueilli et transmis par les historiens.

La connaissance d'un fait par le témoignage n'est certaine qu'autant que le témoin est *digne de foi*, c'est-à-dire qu'il n'a pas pu se tromper ni vouloir tromper.

Lorsqu'il s'agit d'un témoignage transmis d'une personne à une autre, il faut encore qu'il soit *fidèlement* transmis, ce qui suppose que l'intermédiaire ne s'est pas trompé en recueillant le témoignage, et ne trompe pas en le transmettant.

Tels sont les trois motifs sur lesquels doit être fondée une affirmation raisonnable.

Tout jugement qui n'est ni évident, ni démontré, ni attesté par des témoins dignes de foi ne saurait être considéré comme vrai avec certitude.

Un tel jugement peut néanmoins être admis comme vraisemblable, ou plus ou moins probable. Il peut être prouvé par des preuves qui ne sont pas absolument concluantes ou attesté par des témoignages qui ne sont pas certains.

CHAPITRE IV.

DU CRITÉRIUM DE LA VÉRITÉ. — DU SCEPTICISME.

I.

Du critérium de la vérité.

On appelle *critérium* de la vérité le signe particulier qui permet de juger si une proposition est vraie ou fausse.

Le critérium est semblable au cachet qui accompagne une signature, pour en garantir l'authenticité.

D'après ce que nous venons d'établir il y aurait trois critériums de la vérité : l'évidence, la démonstration exacte, le témoignage digne de foi.

Mais on peut les réduire à un seul, *l'évidence*. En effet, quand une proposition est rigoureusement démontrée, en suivant la démonstration, on voit avec évidence que les propositions qui forment la démonstration s'appuient l'une sur l'autre, et que la conséquence s'appuie sur les principes.

Quand un témoignage est digne de foi il est évident que le témoin n'a pu se tromper et ne ment pas.

C'est donc toujours à l'évidence qu'il faut en revenir ; l'évidence est le critérium de la vérité.

On peut néanmoins distinguer deux sortes d'évidences. L'évidence *immédiate* est celle qui appartient aux propositions évidentes par elles-mêmes.

L'évidence *médiate* est celle qui appartient aux propositions démontrées ou attestées. Dans ce cas, il n'est pas immédiatement évident que la proposition est vraie, mais il est évident que la démonstration est juste et s'appuie sur des principes certains, ou que le témoignage qui garantit le fait allégué est digne de foi.

II.

Du scepticisme.

Il s'est trouvé des philosophes qui ont nié que l'évidence soit une garantie de la vérité.

Ils ont raisonné à peu près ainsi : Ce qui est évident est ce qui paraît vrai à notre intelligence; or nous ne savons pas si notre intelligence ne nous trompe pas; donc nous ne savons pas si ce qui nous paraît évident est réellement vrai. Pourquoi, disent-ils encore, l'intelligence n'altérerait-elle pas les objets en les percevant, comme nos sens altèrent les sensations qui proviennent de ces objets d'après leur propre état ? Un homme qui a chaud sent les objets comme s'ils étaient froids; celui qui aurait dans l'œil une liqueur bleue verrait tout en bleu.

On ne peut pas répondre à cette objection par une démonstration logique. Nous ne pouvons pas prouver par des arguments que notre intelligence est véridique, car ces arguments ne pourraient être formés et perçus que par notre intelligence.

Mais on répond à ce système en se plaçant directement en présence des vérités clairement évidentes, par exemple : *Deux et deux font quatre;* — *Il faut respecter ses parents;* — *en ce moment j'éprouve telle souffrance.*

En se plaçant en présence de ces propositions, on reconnaît qu'elles sont absolument vraies, et ne peuvent pas être fausses. Le scepticisme s'évanouit, et on se trouve nécessairement dans la certitude. Ceux mêmes qui prétendent douter de ces vérités n'en doutent pas réellement. Il est donc impossible que notre intelligence nous trompe.

Du reste les hommes ne doutent jamais d'une manière pratique des résultats de la science, quand ces résultats sont certains et vérifiés par des méthodes rigoureuses.

Quant à la comparaison tirée des modifications produites dans les apparences par l'état des organes des sens, elle n'est pas applicable à l'intelligence, parce que la fonction de l'intelligence n'est pas d'éprouver les sensations, mais de les interpréter. Elle a pour mission de connaître ce qui est, et non ce qui paraît être. Ce sont les sensations qui seules sont altérées par l'état de nos sens, mais les jugements que l'intelligence prononce sur les objets en s'appuyant sur l'évidence ou sur le raisonnement sont indépendants de l'état de notre corps.

On conçoit qu'un homme puisse voir en bleu un objet rouge; on ne conçoit pas qu'un homme, à moins d'être fou, puisse confondre un objet rond avec un objet carré, ou tracer entre deux points une ligne droite plus longue que les lignes courbes qui joignent ces mêmes points.

CHAPITRE V.

DE L'ERREUR, DE SES CAUSES ET DE SES REMÈDES. — ERREURS ET PRÉJUGÉS POPULAIRES, SOPHISMES.

L'homme peut arriver à la connaissance de certaines vérités avec certitude, mais il n'est pas infaillible. Il peut former des jugements erronés.

Quelles sont les causes principales des erreurs?

Il y en a de deux sortes, les causes *intellectuelles et les causes morales*.

Il faut distinguer d'abord les vérités admises immédiatement comme évidentes, et les vérités démontrées ou attestées.

Quand l'homme doué de l'usage de la raison, perçoit très clairement l'évidence, il ne se trompe jamais. Les axiomes comme 2 *et* 2 *font* 4, les perceptions claires comme celle-ci : *Je souffre;* — *Il fait jour*, sont certainement des vérités.

Mais à côté de ces vérités évidentes il y a des jugements qui ont une apparence d'évidence, qui ressemblent de plus ou moins loin aux vérités évidentes. Telle est la perception d'une image dans un miroir. Il est possible de confondre ces jugements apparents, avec des jugements vrais, et par défaut d'attention, ou par précipitation d'esprit d'affirmer et de croire ce qui ne s'est réellement pas manifesté avec évidence.

Une autre cause d'erreur dans la perception immédiate de l'évidence consiste dans les amphibologies de langage.

Aussi le fameux axiome *Ex nihilo nihil*, De rien rien ne peut naître, a deux sens. Si l'on entend que *rien* ne peut naître du *néant absolu*, c'est le plus évident des axiomes. Mais si l'on entend qu'une *cause suprême et invisible* telle que Dieu ne saurait pas créer un être qui n'existerait pas, et qu'il lui faut une matière préexistante, on énonce une proposition fausse. Or il arrive souvent que celui qui a aperçu l'évidence de la proposition dans son sens vrai, l'affirme en l'étendant au sens faux, et tombe aussi dans l'erreur.

L'erreur se glisse bien plus facilement dans les jugements qui ne sont connus qu'*indirectement* et dont l'évidence n'est que médiate.

La démonstration d'une vérité est une opération complexe; l'erreur peut se glisser à chaque chaînon de la démonstration. On peut analyser d'une manière inexacte, en négligeant quelques-uns des éléments qui composent un objet. On peut faire une synthèse fausse en réunissant des éléments qui ne sont pas unis dans la réalité. On peut se tromper dans l'induction en généralisant trop vite, en supposant des lois là où il ne se trouve que des coïncidences accidentelles. On peut se tromper dans la déduction, en admettant une conclusion qui n'était pas contenue dans les prémisses, ou bien en se servant de propositions équivoques prises tantôt dans un sens, tantôt dans un autre.

Les erreurs de déduction les plus habituelles et les plus fréquentes prennent le nom de *sophismes*.

Ce mot est pris en mauvaise part parce que l'on suppose que ce genre d'erreur est le plus souvent volontaire et que l'illusion vient de ce que l'homme cherche à se persuader ce qu'il lui serait agréable de croire.

Parmi les sophismes les plus fréquents nous indiquerons la pétition de principe et le cercle vicieux. La *pétition de principe* consiste à se servir pour prouver une proposition, de cette proposition elle-même mise sous une autre forme.

Ainsi celui qui voudrait démontrer l'existence de Dieu en partant de l'idée qu'il existe un être infini ferait une pétition de principe.

Le *cercle vicieux* consiste à prouver deux propositions l'une par l'autre.

Ainsi celui qui prouverait comme Descartes l'existence des

corps en s'appuyant sur la véracité de Dieu et qui ensuite voudrait prouver l'existence de Dieu par la nécessité d'une cause du monde physique ferait un cercle vicieux.

On comprend aussi aisément comment l'erreur se glisse dans les jugements fondés sur le témoignage. Ces jugements reposent sur l'assertion d'autrui : si l'assertion est mensongère, le jugement qui lui est conforme est faux.

Il y a des cas où cette erreur ne peut pas être évitée. Il peut arriver en effet qu'un témoin, qui présente toutes les garanties de véracité, fasse un mensonge.

Cependant si les témoignages se multiplient la certitude augmente et il peut se faire que l'erreur devienne à peu près impossible.

Néanmoins ceux qui croient trop légèrement se trompent quelquefois. Cela arrive aussi à ceux qui sont trop défiants de la parole d'autrui. A l'égard des témoignages historiques l'erreur est encore très possible puisque l'authenticité et la véracité des témoignages ne peuvent être démontrés que par une discussion assez compliquée.

Néanmoins il y a, comme nous l'avons dit, une part de l'histoire qui est certaine, et les progrès de la critique permettent d'arriver à éviter certaines erreurs communes autrefois et de parvenir à une plus grande certitude.

C'est parmi les erreurs résultant d'un emploi imprudent du témoignage d'autrui que doivent être placés ce qu'on appelle les *erreurs* et *préjugés populaires*. Il suffit qu'une chose ait été imaginée, crue légèrement, ou inventée par quelqu'un, pour qu'étant répétée par des témoins successifs elle finisse par passer auprès des imprudents pour une vérité.

Ainsi des hommes auront dans l'antiquité cru voir des ombres se glisser dans les arbres, ils ont imaginé les Satyres et les Silènes et ils ont affirmé les avoir vus.

Cette croyance a acquis plus de force en se transmettant et il est venu un temps où l'on a dit : il faut croire à l'existence des satyres et des silènes, parce qu'on y a toujours cru.

Résumons les sources intellectuelles des erreurs.

On peut en distinguer de deux sortes, les unes provenant nécessairement de la manière suivant laquelle l'homme atteint la vérité, les autres de ses défauts personnels.

La première source d'erreurs consiste dans les *procédés indi-*

rects que l'homme doit employer pour arriver à la vérité, *raisonnement* et *témoignage*.

On peut attribuer à cette même cause les *erreurs de perception* extérieure, car nous percevons au travers de nos sensations visuelles, auditives, tactiles, etc., et nous pouvons les mal interpréter.

La seconde source d'erreurs, source subjective, consiste dans le *défaut d'attention* que l'homme apporte à examiner les choses qu'il veut apprendre, dans la *précipitation à juger* sans un examen suffisant; et dans le *défaut d'ordre* et de *méthode*.

Les remèdes des erreurs sont faciles à déduire de la connaissance de leurs sources.

Ils consistent à employer une attention soutenue, à ne pas juger précipitamment et surtout à procéder avec méthode.

Cette dernière prescription est la plus importante et souvent la plus négligée par la masse des hommes.

Les hommes spéciaux, géomètres, physiciens, chimistes, critiques d'histoire emploient la méthode de leurs sciences particulières.

Mais la plupart des hommes se forment leurs opinions sans méthode.

Cela provient de ce que la vraie méthode philosophique, qui va du connu à l'inconnu n'est pas généralement enseignée.

On considère la logique comme une science accessoire et sans importance, on n'apprend pas à bien juger, à bien raisonner.

Disons enfin quelques mots des *causes morales d'erreurs*.

On peut les réduire à deux principales, la paresse d'esprit et la passion.

La *paresse d'esprit* porte à juger sans une attention suffisante.

Quelquefois elle porte à juger avec précipitation, d'autres fois à suspendre son jugement sans motif.

Quelquefois elle est cause d'une crédulité excessive, les hommes ne voulant point se donner la peine de discuter les motifs de leurs croyances.

D'autres fois la même paresse porte au scepticisme; on préfère douter de tout pour ne pas se donner la peine d'étudier les motifs de croire telle ou telle chose.

La *passion* porte l'homme à se prononcer dans le sens qui lui est le plus agréable.

Elle le pousse à porter son attention sur les arguments favorables à l'opinion qui la satisfait et à se détourner des autres.

L'orgueil porte l'homme à s'obstiner dans l'opinion qu'il a une fois formée, et à chercher des sophismes pour la soutenir afin d'éviter l'humiliation de reconnaître qu'il s'est trompé.

Les remèdes à ces causes d'erreur sont faciles à trouver. Ils consistent dans les vertus contraires aux vices que nous venons de signaler.

La paresse d'esprit est combattue par une *volonté énergique*. Les influences de la passion sont combattues par la *conscience* et par cette *loyauté d'esprit* qui fait qu'on aurait horreur de se faire illusion à soi-même.

En résumé il y a harmonie entre les diverses facultés de l'homme, et *l'amour du Bien* est un des plus puissants moyens d'arriver à *la connaissance du Vrai*.

2ᵉ PARTIE.

Théorie des méthodes scientifiques.

CHAPITRE I.

DES DIVERSES MÉTHODES EN GÉNÉRAL ET DE LEUR VALEUR.

La MÉTHODE est l'ensemble des règles qui guident l'intelligence dans la recherche de la vérité.

Parmi les diverses méthodes qui ont été en usage, on peut en distinguer quatre principales qui sont :

La méthode *d'autorité*, la méthode du *doute primitif universel* inventée par Descartes, la méthode qui va *du connu à l'inconnu* en prenant l'évidence pour point de départ, et la méthode *éclectique*.

La méthode *d'autorité* consiste à prendre comme principe unique de la science *l'enseignement* d'un maître, ou celui qui est conservé par une tradition déjà existante. La formule de cette méthode est exprimée par ce dicton *Ipse dixit*, le maître l'a dit.

Que faut-il penser de la méthode d'autorité?

Évidemment il est nécessaire et raisonnable d'en user dans certains cas.

Ainsi l'enfant à qui on apprend l'histoire, étant incapable de vérifier les témoignages historiques, doit croire à la parole de son maître. Il suppose avec raison que son maître sait ce dont il parle, et n'a aucun intérêt à le tromper.

La plupart des hommes sont obligés d'accepter et de croire, sur la foi des savants et des hommes qui en ont fait une étude spéciale, certaines vérités qu'il leur est impossible par eux-mêmes de vérifier. Aussi il est peu d'hommes qui puissent vérifier par eux-mêmes ce que l'astronomie enseigne sur la distance du soleil à la terre, ou ce que la critique historique nous apprend sur l'époque où a été rédigée l'histoire de Polybe ou celle de Tite-Live.

En outre, s'il est démontré qu'il existe sur la terre une autorité qui parle au nom de Dieu et dont Dieu garantisse la véracité, il est raisonnable de croire à son enseignement sans le discuter, car Dieu en sait plus que l'homme et est souverainement véridique.

Il est donc des cas où il est utile et même nécessaire d'employer la méthode d'autorité.

Mais il est évident qu'on ne saurait l'employer pour tout.

Si en effet les enfants ont raison de se fier à leurs maîtres, et les hommes qui n'ont pas le temps d'étudier aux savants; les maîtres et les savants doivent être certains de ce qu'ils enseignent.

Or comment pourraient-ils recevoir leur enseignement d'autorité?

Ils ne peuvent le recevoir d'une autorité humaine, car il n'y a aucun homme qui possède la science universelle et qui soit infaillible.

Ils ne peuvent non plus le recevoir d'une autorité divine. En effet, selon la doctrine chrétienne elle-même, Dieu n'a pas voulu enseigner aux hommes les sciences physiques et historiques; il ne leur a enseigné que les vérités religieuses nécessaires pour leur salut.

En outre, avant d'admettre ces enseignements comme venant de Dieu, il faut être certain que Dieu les a réellement communiqués aux hommes. Cette preuve ne peut se faire que par la raison et non par l'autorité.

Il faut d'abord prouver qu'une autorité est légitime et divine, et ensuite croire aux enseignements de cette autorité.

Sans doute, les marques d'une autorité divine peuvent être très évidentes et frapper aisément les esprits; néanmoins il y a toujours un acte de la raison qui précède l'acceptation de l'autorité.

La méthode d'autorité employée d'une manière universelle est donc contraire à la marche de l'esprit humain et aux progrès de la science.

C'est l'erreur qui a été reprochée aux philosophes de l'école d'Aristote qui semblaient croire que leur maître avait la science universelle.

C'est contre cet abus que Descartes a protesté dans son *Discours sur la méthode*.

La méthode *cartésienne* est absolument opposée à la méthode d'autorité.

Elle consiste à mettre en question toutes les questions, toutes les croyances, toutes les opinions reçues, toutes les traditions et les enseignements du passé, et à chercher, au milieu de ce doute universel, un point d'appui dans une ou plusieurs vérités tout à fait incontestables.

Descartes, après avoir ainsi tout mis en question, s'est arrêté à cette vérité : *Je pense, donc je suis*. Ensuite il a reconnu que cette vérité avait pour caractère d'être clairement perçue et il a déclaré qu'il admettrait toutes les vérités qui se manifesteraient avec le même caractère de perception claire. Il a aussi admis que l'homme étant imparfait supposait une cause parfaite qui est Dieu.

Il a enseigné aussi que les corps existent, mais il appuyait cette croyance sur l'idée que Dieu ne peut pas nous tromper, et qu'il nous aurait trompés s'il nous avait créés avec une propension invincible à croire à l'existence de corps qui n'existeraient pas.

Il est facile d'apercevoir le vice de la méthode de Descartes; c'est une réaction exagérée contre la méthode d'autorité. Celle-ci admettait tout ce qui était enseigné. Descartes met tout d'abord tout en question, même ce qui est évident, même l'existence du monde extérieur et des corps.

En procédant ainsi, Descartes ouvre la porte au scepticisme.

Du moment que l'on conteste une vérité évidente, il n'y a plus de bonne raison pour en admettre une autre.

Descartes, il est vrai, après avoir tout détruit jusqu'à la vérité fondamentale : *Je pense, donc j'existe*, a étendu sa base en admettant toutes les vérités clairement perçues, c'est-à-dire les vérités évidentes.

Mais cette extension est la condamnation même de sa méthode. Pourquoi avoir mis ces vérités en question, malgré leur évidence, s'il faut les admettre de nouveau à cause de leur évidence ?

Aussi à la méthode exagérée de Descartes, la pratique des sciences et de l'histoire a substitué une méthode moyenne, qui n'ébranle pas comme celle de Descartes les fondements de la certitude et n'asservit pas l'esprit comme la méthode d'autorité.

Cette méthode peut être nommée méthode de la *marche progressive du connu à l'inconnu* en prenant l'évidence pour point de départ.

L'application de cette méthode se divise en deux opérations successives.

La première consiste à bien constater et déterminer le *point de départ*. Pour cela on fait subir aux opinions reçues et aux enseignements traditionnels un contrôle en leur appliquant le critérium de *l'évidence*. On conserve comme vraies les croyances et les jugements que ce contrôle justifie, c'est-à-dire qui sont douées d'évidence, que cette évidence soit médiate ou immédiate. On rejette celles qui sont évidemment fausses. On laisse à l'état de questions à résoudre les opinions et les jugements douteux.

On voit que cette méthode diffère de celle des Descartes en ce qu'elle ne pousse pas le doute aussi loin. Elle s'arrête devant l'évidence quelle qu'elle soit, sensible ou rationnelle, relative au monde extérieur ou à nos propres sensations.

La seconde opération consiste à avancer dans la connaissance de la vérité, à acquérir des connaissances nouvelles par divers procédés que nous énumérerons plus loin.

Il est une quatrième méthode prônée par certains auteurs sous le nom de méthode de *choix* ou *méthode éclectique*.

Elle consiste à faire un choix entre les opinions de divers philosophes et de diverses écoles.

Cette méthode, bien entendue, est identique à celle que nous venons d'expliquer. En effet, le choix entre diverses opinions ne doit pas être fait arbitrairement. Il faut un principe pour choisir et discerner le vrai du faux. Ce principe ne saurait être autre que l'application du critérium de l'évidence.

Ainsi appliquée la méthode éclectique est semblable à celle que nous avons exposée. Mais son nom (méthode de choix) n'est pas tout à fait convenable, parce qu'il semble indiquer une combinaison arbitraire des diverses systèmes, et non la distinction entre la vérité et l'erreur que produit nécessairement l'application du critérium de l'évidence.

Nous allons montrer l'application aux diverses sciences de la méthode de progression du connu à l'inconnu. Mais auparavant nous devons énumérer les procédés distincts que les sciences peuvent employer pour vérifier les opinions existantes ou pour découvrir des vérités nouvelles.

CHAPITRE II.

LA VRAIE MÉTHODE GÉNÉRALE DE LA PHILOSOPHIE DES SCIENCES. — PROCÉDÉS POUR DÉCOUVRIR LA VÉRITÉ.

I.

Vue générale de la méthode.

La méthode qui consiste à marcher du connu vers l'inconnu en partant de l'évidence se compose, comme nous l'avons dit, de deux parties.

Elle doit d'abord *contrôler* les opinions des hommes, afin de distinguer les opinions vraies de celles qui sont fausses.

Ce contrôle consiste à constater si les jugements qui expriment ces opinions portent ou ne portent pas un des trois cachets de vérité : évidence immédiate, démonstration exacte, attestation digne de foi.

La constatation de l'évidence se fait par l'*attention*. S'il s'agit d'une expérience sensible, il faut essayer de la répéter, de voir ou de toucher à nouveau l'objet qu'on croit avoir vu ou touché. Si cette nouvelle expérience est impossible, il faut avoir recours à la mémoire et se remettre en présence du souvenir des faits pour s'assurer si l'on a réellement perçu l'objet dont il s'agit.

Si la proposition à contrôler est une vérité générale, un axiome, il faut bien se pénétrer du sens des termes et s'assurer si l'attribut convient au sujet.

Le contrôle d'une proposition démontrée comprend deux opérations. La première consiste à mettre sous une forme claire et à *distinguer* l'une de l'autre les propositions, soit générales, soit particulières, qui servent à la démonstration.

Il faut ensuite vérifier si chacune d'elles est *vraie* et si les *conclusions sortent des prémisses*. Ainsi si je veux contrôler la démonstration d'une loi de physique par des expériences, il faut d'abord énumérer des expériences, ensuite voir si elles sont exactes chacune en particulier, et enfin voir si la loi en résulte réellement.

Le contrôle d'une proposition attestée par des témoins comprend également deux opérations.

Il faut d'abord voir de quels chaînons se compose la chaîne des témoignages qui relie le fait à notre connaissance actuelle, puis examiner si chaque chaînon est solide, si chacun des témoins intermédiaires n'a été ni trompé, ni trompeur, et enfin si les chaînons se joignent l'un à l'autre, si chaque témoin a vraiment pu recevoir le témoignage du précédent.

Les procédés de vérification seront expliqués plus en détail dans la méthode propre à chaque science.

Le second but de la méthode consiste à aider l'homme à *découvrir la vérité*.

Nous allons énumérer et définir divers moyens dont l'intelligence humaine peut se servir pour cette fin. Ces moyens servent aussi pour le contrôle dans nous avons parlé plus haut. C'est l'emploi raisonné de ces moyens qui constitue la méthode de chaque science.

II.

Énumération des procédés distincts employés dans les méthodes scientifiques.

1° *Observation.*

Observer, c'est se servir de ses facultés perceptives, soit internes, soit externes, avec attention et en tendant à un but déterminé. L'homme peut percevoir de deux manières, d'une manière *involontaire* lorsque les objets font impression sur ses sens et d'une manière *volontaire* et *réfléchie* lorsqu'il fixe son attention sur les objets et sur ses propres perceptions.

Voir n'est pas la même chose que *regarder*. *Entendre* n'est pas la même chose *qu'écouter*. Voir et entendre, c'est simplement percevoir la couleur ou les sons; regarder et écouter, c'est observer.

L'*observation*, résultat de l'attention volontaire appliquée à la perception, est susceptible de progrès et de perfectionnement. L'homme arrive, par l'habitude, à percevoir des phénomènes qui lui échappaient auparavant. L'*attention* se fixant sur un point particulier et écartant tout autre chose, donne par là même plus de puissance aux facultés perceptives. Au moyen d'*instruments*, l'homme arrive à augmenter d'une manière prodigieuse le champ de ses observations.

2° *Expérimentation.*

L'*expérimentation* diffère de l'observation en ce qu'elle s'applique, non à un phénomène qui s'accomplit spontanément par l'effet des lois naturelles, mais à un *phénomène produit par l'homme* d'après son propre et libre choix. Ainsi si une pierre se détache d'elle-même d'un toit, nous pouvons *observer* sa chute. Mais si un homme détache lui-même la pierre pour étudier les lois de la pesanteur et observer le phénomène qu'il a fait naître lui-même, cet homme *expérimente*.

L'expérimentation est d'un usage constant dans la physique et la chimie. Les combinaisons des décompositions chimiques se font au gré du savant qui veut les observer ou les faire observer à d'autres.

L'observation simple, sans expérimentation, est nécessaire quand il s'agit de phénomènes que l'homme ne peut pas produire ni modifier lui-même, comme par exemple le mouvement des astres et l'apparition de certains météores.

REMARQUE. — L'observation et l'expérimentation sont des actes de liberté. — Celui qui observe choisit le phénomène sur lequel il veut fixer son attention. Celui qui expérimente produit lui-même le phénomène à son gré quand il le veut.

3° Analyse.

L'*analyse* consiste à *décomposer* un objet d'observation *en ses différentes parties* pour les étudier séparément.

L'analyse peut se faire d'une manière extérieure et *matérielle*. C'est ainsi que le chimiste sépare les différents éléments d'un corps composé.

Elle peut se faire d'une manière *intellectuelle*. Ainsi un historien, voulant se rendre compte des causes d'une révolution, étudie successivement ce qui se passe dans chaque province ou dans chaque ville des pays dont il parle. Il décompose ainsi le fait général dans ses éléments.

4° Synthèse.

La *synthèse* est le contraire de l'analyse. — Elle consiste à *rassembler* divers objets et divers faits pour en *former* un *objet ou un fait unique*.

La synthèse peut, comme l'analyse, être matérielle ou intellectuelle. Les chimistes font la synthèse *matérielle* en constituant les corps composés.

Les historiens font une synthèse *intellectuelle* en réunissant par vue d'ensemble les faits d'une époque ou d'une région.

Les savants physiciens ou naturalistes font aussi une synthèse intellectuelle lorsqu'ils dégagent une loi générale d'un certain nombre de faits particuliers.

5° Déduction et induction.

Ces deux opérations ont été définies plus haut (livre I*er* chap. VI.)

Nous verrons plus loin quel est leur emploi dans les méthodes scientifiques. L'*induction* est plutôt un moyen de recherche, et la *déduction* un moyen de contrôle; cependant il peut arriver que dans certains cas la vérité soit découverte par déduction, et que l'induction raisonnée serve à contrôler des croyances qui sont spontanément nées dans l'esprit humain.

CHAPITRE III.

MÉTHODES DES SCIENCES MATHÉMATIQUES.

I.

Définitions, axiomes et postulats.

Les sciences *mathématiques* sont celles qui traitent des nombres et des grandeurs considérés d'une manière abstraite.
Ces sciences procèdent par voie déductive.
Elles prennent pour point de départ les *définitions*, les *axiomes* et les *postulats*.
Les *définitions* expriment ce que signifie chaque terme; elles indiquent les propriétés caractéristiques des objets considérés.
Les définitions sont nécessairement vraies, parce qu'il appartient au savant de donner à chaque terme le sens qu'il a choisi.
Il y a néanmoins une observation à faire. La définition ne doit convenir qu'à un objet *possible*. Aussi une définition qui donnerait un nom particulier à un cercle carré serait absurde.
Les *axiomes* sont des vérités générales immédiatement évidentes, qui servent de principes fondamentaux à toutes les démonstrations.
Les *postulats* sont des vérités non démontrées dont on se sert pour démontrer d'autres vérités.
Quelquefois les postulats sont immédiatement évidents. Tel est le postulatum d'Euclide sur la rencontre nécessaire entre une oblique et une perpendiculaire.
En ce cas le postulat ressemble à l'axiome; il en diffère en ce qu'il est moins général et ne s'applique qu'à une partie de la science et non à la science entière.

Quelquefois les postulats n'ont pas cette évidence. Alors les démonstrations fondées sur un tel postulat ne sont pas des vérités certaines par elles-mêmes. Elles ne sont vraies qu'hypothétiquement, en supposant que le postulat soit vrai.

Quelquefois le postulat, hypothétique dans l'ordre abstrait, devient certain dans l'ordre réel et concret, parce que les conséquences qui en résultent sont vérifiées par l'expérience physique.

Tel est le cas des postulats de la mécanique, l'inertie de la matière, et la coexistence des petits mouvements. Comme ils ne sont pas évidents par eux-mêmes, la science ainsi construite ne serait qu'hypothétique au point de vue abstrait.

Mais comme les résultats de la mécanique théorique sont constamment vérifiés par l'expérience, les postulats sur lesquels elle repose doivent être considérés comme des vérités certaines.

II.

Raisonnement déductif. — Théorèmes.

C'est en rapprochant les uns des autres les définitions, axiomes et postulats que l'on démontre les *théorèmes*, c'est-à-dire les jugements qui, ne jouissant pas de l'évidence immédiate, ne peuvent être considérés comme vrais qu'en vertu d'une démonstration.

Le raisonnement qui sert le plus habituellement à cette démonstration porte le nom de *syllogisme*.

Il consiste à tirer de deux propositions, appelées majeure et mineure, une troisième appelée conclusion.

Il y a deux espèces de déductions syllogistiques, la déduction par identité et la déduction du général au particulier.

Dans la déduction *par identité*, le syllogisme repose sur les deux principes suivants.

Quand deux choses sont identiques à une troisième, elles sont identiques entre elles.

Quand de deux choses, l'une est identique à une troisième, et l'autre en est différente, les deux choses sont différentes l'une de l'autre. Appliqués à la grandeur, ces principes servent à poser les syllogismes suivants :

1° A est égal à C ;
B est égal à C ;
donc A est égal à B ;

2° A est égal à C ;
B n'est pas égal à C ;
donc A n'est pas égal à B.

Dans tout syllogisme il y a deux termes nommés *extrêmes* ; ce sont ceux que l'on veut comparer, A et B : il y a en outre un terme *moyen* qui sert à établir la comparaison, c'est le terme C.

Dans la déduction qui va *du général au particulier*, le syllogisme a pour formule :

A est contenu dans C ;
C est contenu dans B ;
donc A est contenu dans B.

On peut l'appliquer à l'exemple suivant.

Tout pentagone est un polygone (est contenu dans le genre polygone).

Tout polygone a des angles dont la somme vaut autant de fois deux droits qu'il y a de côtés moins deux.

Donc tout pentagone a des angles dont la somme vaut autant de fois deux droits qu'il y a de côtés moins deux.

Lorsque la déduction va du général au particulier, il faut faire bien attention à la manière dont les propositions sont liées entre elles, car il pourrait arriver que la conclusion ne sortît pas des prémisses.

C'est ce qui arriverait si l'on raisonnait ainsi :

A est contenu dans C ;
B est contenu dans C ;
donc A est contenu dans B.

A et B peuvent être tous deux contenus dans C sans que l'un contienne l'autre.

Le raisonnement est faux.

Voici un autre exemple de raisonnement faux : Tout triangle est un polygone ; tout pentagone est un polygone ; donc tout triangle est un pentagone.

Pour que le raisonnement fût juste, il faudrait, après avoir reconnu que la notion de triangle est contenue dans la notion plus générale de polygone, choisir une notion plus générale dans laquelle celle de polygone serait contenue.

Ainsi le raisonnement suivant serait exact.

Tout triangle est un polygone convexe.

Tout polygone convexe est une figure fermée de toutes parts par des droites; donc tout triangle est une figure fermée de toutes parts par des droites.

Les logiciens ont formulé certaines règles pour s'assurer si les syllogismes sont concluants.

L'étude de ces règles n'est pas absolument nécessaire. Il suffit de l'attention et du bon sens pour juger si la conclusion sort des prémisses. Mais ce qui importe surtout, c'est que les termes soient bien définis et qu'ils soient pris dans le même sens dans la conclusion et dans les prémisses.

Il faut qu'il y ait *trois termes* ayant un sens déterminé ; c'est ainsi qu'on peut reconnaître le vice du syllogisme indiqué ailleurs.

L'homme connaît la vérité.

La vérité est éternelle.

Donc l'homme est éternel.

L'attribut de la majeure est *connaissant la vérité*. Le sujet de la mineure est simplement *la vérité*. On voit donc qu'il y a dans le syllogisme *quatre termes* et non trois; la conclusion n'est donc pas légitime.

On peut analyser une démonstration géométrique quelconque, et l'on trouvera toujours qu'elle se décompose en propositions distinctes de trois espèces; dans les unes le sujet et l'attribut sont identiques (ou égaux si ce sont de simples grandeurs); dans la seconde classe, le sujet et l'attribut s'excluent; dans la troisième le sujet est contenu dans l'attribut.

Outre le syllogisme, il y a d'autres raisonnements déductifs qui en dérivent; nous nous contenterons de les énumérer. L'*enthymème* est un syllogisme dans lequel l'une des deux prémisses est sous-entendue et qui est ainsi réduit à deux propositions. Exemple : Je pense, donc je suis; la majeure *tout ce qui pense existe* est sous-entendue.

Le *sorite* est un raisonnement composé d'une série de propositions dont chacune a pour sujet l'attribut de la première.

Il correspond à la forme :

A est égal à B ;
B est égal à C ;
C est égal à D ;
D est égal à E ;
donc A est égal à E.

Le sorite peut être décomposé en syllogisme simple de la manière suivante :

A est égal à B ;
B est égal à C ;
donc A est égal à C ;
A est égal à D ;
D est égal à E ;
donc A est égal à E ;
A est égal à C ;
C est égal à D ;
donc A est égal à D.

Le *dilemme* est une sorte de raisonnement qui consiste à examiner successivement plusieurs hypothèses qui épuisent tous les cas possibles, et à déclarer vrai de l'ensemble ce qui est vrai de chaque partie.

Ainsi on démontrera qu'une ligne doit être égale à une autre ligne en prouvant qu'elle ne peut être ni plus grande ni plus petite.

Les théorèmes démontrés par déduction, à partir de simples définitions ou d'examens évidents, sont des vérités nécessaires. Dans aucune hypothèse ils ne peuvent être faux, puisque les axiomes eux-mêmes sont absolument et nécessairement vrais.

Quand dans la démonstration entrent des postulats qui ne sont pas évidents par eux-mêmes, les conclusions ne sont certaines que dans la mesure où ces postulats le sont eux-mêmes.

CHAPITRE IV.

Méthode des sciences physiques.

Les *sciences physiques* ont pour but l'étude des lois qui relient entre eux les phénomènes naturels.

A la différence des sciences mathématiques qui opèrent sur

des abstractions, les sciences physiques examinent des *faits sensibles* et *concrets*.

Elles se fondent exclusivement sur l'*expérience*. Leurs résultats ne sont considérés comme certains qu'autant qu'ils sont vérifiés par l'expérience.

Les trois principaux procédés employés par les sciences physiques sont l'*observation*, l'*expérimentation* et l'*induction*.

Nous avons déjà défini l'observation et l'expérimentation.

L'*expérimentation*, qui consiste à reproduire à volonté les phénomènes que l'on veut étudier, donne des résultats beaucoup plus sûrs que la simple observation.

Mais l'observation permet d'étendre le champ de la science. Il y a des cas où elle est seule possible et où l'expérimentation n'est pas au pouvoir de l'homme.

Tel est le cas des mouvements des astres. L'observation aussi est nécessaire quand la cause d'un phénomène est inconnue : on ne peut pas alors produire le phénomène, on doit se contenter de l'observer.

L'*induction* consiste à s'élever du général au particulier.

Elle est fondée sur ce principe général que *la nature est constante dans ses voies*, et que *les mêmes causes produisent les mêmes effets*.

Dès lors toutes les fois que l'on voit un phénomène arriver régulièrement quand certaines conditions sont posées, on en conclut que la cause de ce phénomène est liée à ces conditions, et on peut prédire que toutes les fois que ces conditions seront posées de nouveau, le phénomène se reproduira.

Aussi ayant reconnu que le dépôt de la rosée était lié au refroidissement de l'atmosphère, on peut prédire que si la température extérieure s'abaisse jusqu'à un certain degré, la rosée se déposera.

L'induction permet donc de prédire l'avenir, en tant que cet avenir dépend des lois uniformes de la nature.

Ce qui fait la difficulté particulière des sciences physiques, c'est l'enchevêtrement des causes multiples. Il faut pour pouvoir connaître les lois qui lient les phénomènes à leurs causes séparer ces causes. Quelquefois cela peut se faire matériellement, mais souvent cela est impossible. Alors on a recours à divers artifices pour isoler par la pensée l'effet des différentes causes et le mesurer.

Le chancelier Bacon, dans son livre de génie intitulé *Novum Organum*, a posé quelques-unes des règles de l'induction.

Il a indiqué *trois procédés* pour indiquer le lien des causes avec leurs effets.

Le premier, qu'il a appelé *table de la présence (tabula præsentiæ)*, consiste à examiner quelles sont les circonstances présentes quand le phénomène se produit. Celles qui sont toujours présentes sont vraisemblablement liées à la cause du phénomène.

Le second, appelé *table d'absence (tabula absentiæ)*, consiste à examiner quelles sont les circonstances telles que lorsqu'elles n'existent pas, le phénomène ne se produit pas. Elles doivent encore être liées à la cause du phénomène.

Le troisième, appelé *table de comparaison (tabula comparationis)*, consiste à observer les circonstances qui varient simultanément et proportionnellement aux variations du phénomène. Ces circonstances doivent être liées à la cause.

Un philosophe anglais éminent de notre siècle, Stuart Mill, a étudié à son tour la théorie de l'induction et a posé des règles analogues à celles de Bacon, mais plus claires et plus complètes.

Il indique *quatre méthodes* pour séparer les diverses causes, et déterminer celles à laquelle un phénomène doit être attribué. 1° La méthode de *concordance* consiste à observer les circonstances toujours présentes quand le phénomène se produit. Il correspond à la *tabula præsentiæ* de Bacon. 2° La méthode de *différence* consiste à observer les circonstances telles que, suivant qu'elles sont présentes ou absentes le phénomène se produit ou ne se produit pas. Elle correspond à la *tabula absentiæ*. 3° La méthode *des résidus* consiste à constater, par une étude préalable, quels seraient les effets liés à des circonstances présentes qui sont déjà connues, et à comparer ces résultats au phénomène observé ; la différence des résultats doit être considérée comme l'effet de causes qui n'ont pas été étudiées ou dont l'effet n'a pas été calculé. Ainsi pour savoir si la chaleur d'un liquide provient d'une action chimique, on commencera par calculer la température qui résulterait de l'air ambiant, des frottements et d'autres causes connues.

S'il y a un excès de température, on en conclut qu'il y a une cause calorifique spéciale qui doit alors être une action chimique.

4° La méthode des *variations concomitantes* consiste à observer les variations correspondantes de grandeur et d'intensité des circonstances et du phénomène produit. Cette quatrième méthode est identique avec la table de comparaison *tabula comparationis* de Bacon.

L'induction est le principal, mais non le seul procédé de découvertes des sciences physiques.

Nous devons y joindre l'hypothèse. L'*hypothèse* est la supposition d'une loi ou d'une cause, faite par le savant et soumise ensuite à une vérification.

L'hypothèse est un puissant moyen de progrès; c'est comme une question posée à la nature et à laquelle l'expérience doit répondre.

Nous pouvons citer parmi les plus fameuses hypothèses celles qui regardent la lumière, l'hypothèse de l'émission et celle des ondulations. Nous pouvons citer aussi celle des deux fluides électriques.

Certaines hypothèses, par suite de nombreuses vérifications, sont devenues des vérités scientifiques certaines; telle est celle des ondulations de la lumière.

D'autres sont abandonnées après avoir servi pendant un certain temps à classer et à coordonner les faits.

Les hypothèses sont souvent inventées en s'appuyant sur les analogies qui existent entre différents ordres de phénomènes. Ainsi l'hypothèse des ondulations lumineuses a pu être inventée à cause de leur analogie avec les vibrations du son déjà constatées.

Procéder ainsi c'est ce que l'on appelle procéder par analogie.

L'*analogie* diffère de l'induction en ce que l'induction opère sur des similitudes réelles et certaines de faits qui conduisent directement à une loi; l'analogie opère sur des ressemblances éloignées et plus ou moins vagues; elle ne fournit que des hypothèses qui ont besoin d'être ultérieurement vérifiées. L'invention de l'hypothèse est l'œuvre de l'imagination du savant.

L'habileté à inventer de bonnes hypothèses est un des traits du génie de l'expérimentateur.

On peut citer comme exemple de ce génie l'invention faite par Ampère des lois d'action des courants sur les courants.

Il a imaginé ces lois assez compliquées avant toute expérience. Il a fait construire, d'après les lois elles-mêmes, des appareils destinés à les vérifier, et la nature a répondu d'une manière tout à fait conforme aux prévisions du savant.

L'*imagination* joue donc un grand rôle dans le progrès de la science. Néanmoins les hypothèses qu'elle invente ne prennent rang dans la science qu'après qu'elles ont été scrupuleusement vérifiées par l'expérience.

La *déduction* est aussi employée dans les sciences physiques.

Une fois que certaines lois générales sont constatées, on en déduit les conséquences par les règles de l'algèbre et de la géométrie, et on en conclut la prévision d'un grand nombre de faits particuliers.

Ces faits, résultats extraits par déduction des lois générales, sont ensuite vérifiés par l'expérience, et si elle les trouve exacts, les lois sont prononcées d'une manière plus rigoureuse. S'il y a désaccord, on cherche, par la méthode des *résidus*, quelque cause inconnue.

C'est ainsi que Newton ayant formulé la loi de gravitation générale, les astronomes en ont déduit mathématiquement les lois du mouvement des planètes.

Plus tard Leverrier, ayant constaté que l'orbite de la planète Uranus s'écartait notablement des prévisions, chercha, par la méthode des résidus, quelle devait être la cause de l'écart et découvrit qu'il fallait l'attribuer à une planète inconnue, la planète Neptune. Cette planète, ainsi découverte par le calcul, a été plus tard aperçue dans les télescopes. Tels sont les procédés des sciences physiques.

Observons en dernier lieu qu'il existe une profonde différence entre les lois naturelles découvertes par la physique et les lois mathématiques.

Les *lois mathématiques* sont nécessaires d'une manière absolue. En aucune hypothèse il ne peut être faux que 2 et 2 fassent 4, ni vrai qu'une courbe soit plus courte que la droite qui joint ses extrémités.

Les *lois naturelles* ne sont nécessaires que d'une manière conditionnelle, c'est-à-dire que les prédictions faites en vertu de ces lois ne sont certaines que pourvu qu'il n'intervienne aucune cause étrangère inconnue. Ainsi les mouvements de la lune sont prédits par les astronomes d'après les lois de gravitation; mais si une comète inaperçue des savants venait à traverser son orbite, ces mouvements seraient dérangés.

Les causes inconnues qui pourraient modifier les effets des lois naturelles peuvent être très nombreuses.

On doit parmi ces causes compter la volonté libre du Créateur qui, ayant établi les lois de la nature, peut y déroger s'il le juge utile. C'est ainsi qu'on prouve la possibilité du miracle.

Les lois mathématiques au contraire sont absolument nécessaires; on ne peut y concevoir aucune exception, même par miracle.

CHAPITRE V.

MÉTHODE DES SCIENCES NATURELLES. — CLASSIFICATION.

Les *sciences naturelles* étudient les divers corps individuels, minéraux, végétaux, animaux, que la nature nous présente. Elles diffèrent des sciences physiques et chimiques.

La *physique* cherche les propriétés différentes de la matière, la *chimie*, les propriétés des éléments premiers des corps et leurs combinaisons artificielles; l'*histoire naturelle* étudie les corps individuels eux-mêmes, tels qu'ils se trouvent dans la nature.

Les sciences naturelles emploient deux procédés principaux, la description et la classification.

La *description* n'a pas besoin d'être définie; elle consiste à analyser, à énumérer et à expliquer les diverses parties, les divers éléments, les divers organes, les diverses fonctions de chaque être.

La *classification* consiste à ranger ces êtres en groupes distincts d'êtres semblables.

Toute classification procède par des *divisions* successives de *genres* et d'*espèces* de plus en plus compréhensifs.

Ainsi les corps naturels seront divisés en minéraux, végétaux et animaux.

Chacun de ces *règnes* sera divisé en *ordres*, les ordres en *fa-*

milles, les familles en *genres*, les genres en *espèces*, les espèces en *variétés*.

Il y a deux sortes de classifications : la classification artificielle et la classification naturelle.

La *classification artificielle* se fait en choisissant arbitrairement les caractères qui servent à distinguer les familles, genres et espèces. On choisit souvent les caractères les plus apparents et les plus commodes pour retrouver le genre et l'espèce auxquels appartient chaque individu.

C'est ainsi que certains livres de botanique courante classent les plantes d'après le nombre de leurs pétales et de leurs étamines.

La classification artificielle peut être utile dans la pratique, mais elle n'a pas de valeur scientifique.

La vraie classification scientifique est la *classification naturelle*.

Celle-ci se fait en déterminant les caractères les plus importants des êtres, bien que souvent ces caractères ne soient pas très apparents.

Quand un certain ordre d'êtres ont été classés de cette manière, leur ensemble apparaît comme une œuvre coordonnée suivant un plan et une pensée unique. C'est le plan du Créateur qui se manifeste au savant.

Ce sont en général les caractères relatifs à la reproduction des êtres qui sont considérés comme les plus essentiels. La plus importante fonction d'un être vivant est de reproduire son semblable. C'est d'après ce principe que la baleine, le cachalot et les autres cétacés sont rangés, avec les animaux terrestres, parmi les *mammifères*, et séparés des *poissons* auxquels cependant ils ressemblent beaucoup davantage. — Ces cétacés ont en effet avec les animaux terrestres le caractère de se reproduire sans œufs, caractère plus important que la forme extérieure et l'habitation dans l'eau qui leur est commun avec les poissons.

L'évidence d'une classification naturelle est maintenant admise par tous les savants.

On peut voir dans cette doctrine une preuve que la nature a été créée par un être intelligent, car la classification c'est l'ordre, c'est l'effet de la pensée. La pensée existe donc objectivement dans la nature; l'ordre que le savant constate n'est pas son œuvre, il est l'œuvre de l'auteur du monde.

CHAPITRE VI.

MÉTHODE DES SCIENCES HISTORIQUES.

I.

Le témoignage. — Critique des témoignages.

Les *sciences historiques* ont pour objet les faits passés, qui ont pu nous être transmis par ceux qui en ont été témoins.

Les *faits passés* sur lesquels nous n'avons aucun témoignage humain, soit qu'ils se soient accomplis avant l'apparition de l'homme, soit que leurs souvenirs en aient disparu, sont l'objet d'autres sciences, la *géologie* et *l'archéologie préhistorique*. Ces faits ne peuvent être découverts que par induction en se servant des signes que les événements qui se sont accomplis à ces époques reculées ont laissés dans le sol terrestre.

Les sciences historiques qui ont pour objet l'histoire de l'humanité ont deux moyens de parvenir à la vérité, le témoignage et les monuments.

Le *témoignage*, c'est le récit de certains faits, récit prononcé d'abord par des témoins oculaires et transmis ensuite à la postérité.

Il y a deux sortes de témoignages historiques, le témoignage oral ou la tradition, et le témoignage écrit ou l'histoire.

Les *monuments historiques* sont les objets matériels produits ou modifiés par l'homme dans les temps historiques, et qui ont subsisté jusqu'à nous.

Parmi les monuments historiques il faut ranger les monuments *épigraphiques* ou inscriptions, qui tiennent à la fois du monument et du témoignage. Ce sont des monuments, puisque ces inscriptions sont l'œuvre même des hommes d'autrefois et nous attestent leur degré de civilisation et leur habileté et en même temps ce sont des témoignages, puisque l'inscription contient souvent le récit d'un événement accompli à l'époque où elle a été gravée ou à une époque antérieure.

En revanche les *manuscrits originaux* ou les très anciennes copies des livres d'histoire sont à la fois des témoignages à cause des récits qu'ils contiennent, et des monuments en ce sens qu'ils sont l'œuvre immédiate de très anciens auteurs ou d'anciens copistes et attestent par là même ce que savaient et pouvaient faire les hommes de ce temps, et les procédés dont ils se servaient.

Le monument diffère du simple témoignage historique par trois caractères. D'une part, il est *unique*, tandis que le témoignage historique se multiplie et se transmet. En second lieu il met *directement* et sans intermédiaire la postérité en rapport avec les temps très reculés, tandis que le témoignage historique suppose toujours des intermédiaires. Enfin il atteste à la fois deux choses : ce qui *existait* et ce qui se faisait à l'époque où il a été produit, et ce que les hommes de ce temps ont *raconté*.

Cette supériorité des monuments est compensée par deux infériorités. Les monuments sont *rares*, les renseignements qu'ils donnent sont *limités*. En outre ils ont besoin d'être *interprétés*; ils ne peuvent être compris que par ceux qui connaissent déjà l'époque où ils ont été faits.

Aussi est-il nécessaire que l'*histoire* qui contient des renseignements plus complets que les monuments vienne se joindre à eux pour les interpréter.

L'histoire écrite à son tour est insuffisante sans le témoignage oral de la *tradition*. La tradition est nécessaire pour les époques antérieures à l'usage de l'écriture. Aux époques postérieures il faut encore qu'une *tradition orale* se joigne aux monuments écrits pour indiquer l'auteur et l'époque.

Les monuments, livres, manuscrits et autres documents qui servent de base à l'histoire doivent être soumis à un contrôle que l'on nomme la *critique historique*.

Ce contrôle a pour but de vérifier les deux propriétés essentielles des témoignages, leur authenticité et leur véracité.

Un témoignage ou un monument sont *authentiques* lorsqu'ils sont réellement de l'auteur qui leur est attribué, ou, si cet auteur est inconnu, de l'époque à laquelle on croit qu'ils ont été produits.

Au monument authentique s'oppose le *monument supposé* ou œuvre d'un faussaire, ou le monument *douteux* dont l'auteur et l'époque ne sont pas connus.

L'authenticité d'un monument se prouve par deux sortes de caractères, caractères extrinsèques et caractères intrinsèques.

Les caractères *extrinsèques* consistent dans la tradition qui attribue ce livre à tel auteur ou à telle époque, et dans les témoignages et les citations des auteurs postérieurs.

Les caractères *intrinsèques* consistent dans l'accord du document considéré avec les mœurs et l'histoire du temps. Souvent de très petits signes servent à reconnaître une fraude à reconnaître qu'un monument est supposé.

La *véracité* d'un document est l'accord du témoignage avec les faits. Cette véracité se démontre par le caractère de l'auteur s'il est connu, par l'absence de motifs qu'il aurait eus pour vouloir tromper, par l'accord du témoignage avec d'autres témoignages ou d'autres faits connus.

II.

Du scepticisme historique et de la crédulité.

Dans les sciences historiques, il faut se garder de deux excès, du scepticisme et de la crédulité.

Le *scepticisme historique* absolu a été professé par certains philosophes. Ils ont prétendu que les témoignages humains ne peuvent jamais garantir la vérité des faits passés. D'autres ont soutenu que ce témoignage allait s'affaiblissant de génération en génération, de sorte qu'au delà d'un certain nombre de siècles, on ne pourrait rien savoir de certain.

Ces opinions exagérées sont fausses et ne sont plus soutenues de personne.

En réunissant à la fois les trois moyens que nous avons exposés, la tradition orale, l'histoire écrite et les monuments, l'homme peut arriver à la connaissance certaine du passé.

Aucun doute n'est possible, par exemple sur les faits principaux de l'histoire des peuples modernes de l'Europe, ni sur celle de l'Empire Romain. L'histoire de la Grèce ancienne et de Rome se rattache à celle des temps postérieurs par une chaîne incontestée de témoignages authentiques.

Les découvertes modernes permettent de rejoindre à cette série de documents les annales antiques de la Chaldée et de l'Égypte.

Le scepticisme historique absolu est donc insoutenable.

Mais il ne faut pas tomber dans l'excès opposé, et admettre

pêle-mêle toutes les traditions et tous les récits sur le passé.

Ce serait une *crédulité* dangereuse.

La vraie critique passe entre ces deux extrêmes, conservant ce qui est certain comme certain, ce qui est probable ou douteux comme douteux et rejetant ce qui ne repose pas sur des témoignages sérieux.

CHAPITRE VII.

MÉTHODE DES SCIENCES MORALES ET POLITIQUES.

Les *sciences morales et politiques* sont celles qui traitent des lois naturelles qui régissent les sociétés humaines.

Elles ont pour objet les faits qui résultent de la vie des hommes en commun, les institutions, les sociétés, la richesse publique, l'ordre et la morale en tant qu'ils existent dans la société.

Les sciences morales et politiques procèdent par observation, induction et déduction.

Elles recueillent des faits passés dans l'histoire, ou dans l'observation des divers peuples contemporains.

C'est leur méthode d'observation.

L'expérimentation est généralement impossible, parce qu'elle entraînerait de trop graves conséquences; il n'est pas permis de faire des expériences là où le bonheur des hommes est engagé. L'induction et la déduction considérées d'une manière générale, sont semblables dans les sciences morales et politiques à ce qu'elles sont dans les sciences physiques.

L'induction partant du principe présupposé qu'il existe des lois uniformes s'élève des faits particuliers aux lois générales. La déduction redescend des principes aux applications.

Néanmoins il existe une très grande différence entre les lois de la société humaine et celles du monde physique.

Les *lois de la société* gouvernent des hommes qui chacun individuellement sont doués de libre arbitre, et peuvent agir à leur gré.

Il est vraisemblable sans doute qu'ils agiront suivant leurs intérêts, leur passion dominante, ou leur devoir s'ils sont consciencieux, mais cela n'est pas certain. On ne peut donc pas prédire leurs actes comme l'astronome prévoit ou prédit le mouvement des astres.

Néanmoins la régularité se trouve dans les *moyennes*. Quand on considère non pas un seul homme libre, mais une foule d'hommes possédant cette faculté de choix, les caprices et les accidents de la liberté se détruisent mutuellement, et la moyenne des actes se rapproche d'un ordre sensiblement uniforme, qui permet de faire des inductions solides et des déductions suffisamment exactes.

Pourvu donc que celui qui étudie les sciences morales et politiques sache les limites de la connaissance qu'il peut acquérir et qu'il ne demande pas à ces sciences une exactitude rigoureuse dont elles ne sont pas susceptibles, il peut arriver à des résultats exacts et suffisants pour la pratique.

FIN.

TABLE DES MATIÈRES.

	Pages.
Préface.	VII
Chapitre préliminaire. — Objet et division de la morale.	1

Livre Ier. — La nature humaine. Notions de psychologie.

Chapitre Ier. — Idée générale de la psychologie.	5
Chapitre II. — Description expérimentale des facultés humaines.	11
Chapitre III. — Sensibilité et activité physique.	16
Chapitre IV. — Intelligence. Connaissance des choses particulières.	23
Chapitre V. — Connaissance des idées générales.	28
Chapitre VI. — Opérations intellectuelles. La raison.	34
Chapitre VII. — Sensibilité morale.	40
Chapitre VIII. — Volonté libre.	45
Chapitre IX. — Action de la volonté libre sur les autres facultés.	50
Chapitre X. — Conclusion générale de la psychologie. Distinction de l'âme et du corps.	54

Livre II. — Morale théorique.

1re Partie. — *La loi morale en elle-même, son principe, son auteur et sa sanction.*

Chapitre Ier. — Fait expérimental du sentiment de l'obligation morale.	60
Chapitre II. — Nécessité d'un principe supérieur pour expliquer l'obligation morale.	68
Chapitre III. — De la perfection morale. Dieu principe de l'idéal.	74
Chapitre IV. — Preuve de l'existence d'une cause première, personnelle, juste et bonne.	78
Chapitre V. — Attributs de Dieu.	86
Chapitre VI. — Providence divine. Objections et réponses.	91
Chapitre VII. — Sanction de la morale. Vie future.	96
Chapitre VIII. — De la fin de l'homme.	104
Chapitre IX. — Des faux systèmes de morale.	109
Chapitre X. — De la moralité pratique des athées. Sa possibilité et son insuffisance.	128

2ᵉ Partie. — *La conscience ou la loi morale dans l'homme.*

Chapitre Iᵉʳ. — De la loi naturelle et des lois positives......... 136
Chapitre II. — Le devoir et le droit........................... 143
Chapitre III. — Moralité des actions humaines................. 150
Chapitre IV. — Conditions générales de la responsabilité....... 156
Chapitre V. — Définition et description de la conscience morale. 160
Chapitre VI. — Conscience erronée ou douteuse................. 165
Chapitre VII. — Qualités et défauts de la conscience.......... 170

Livre III. — Morale pratique.

Chapitre Iᵉʳ. — Devoirs individuels, relatifs à la vie, au corps et aux appétits corporels.. 176
Chapitre II. — Devoirs individuels relatifs à l'âme........... 181
Chapitre III. — Devoirs généraux envers le prochain. Justice et charité... 188
Chapitre IV. — Du droit de propriété.......................... 194
Chapitre V. — Du respect des droits du prochain............... 201
Chapitre VI. — Du respect de la propriété ; de la restitution... 210
Chapitre VII. — Du devoir de dire la vérité ; de la fidélité aux engagements... 216
Chapitre VIII. — Application de la doctrine de la fidélité aux engagements. De quelques contrats particuliers............. 223
Chapitre IX. — Devoirs de charité ; pardon des injures ; aumônes. 228
Chapitre X. — Devoirs de famille.............................. 232
Chapitre XI. — Devoirs professionnels......................... 237
Chapitre XII. — Devoirs civiques.............................. 243
Chapitre XIII. — Droit des gens............................... 249
Chapitre XIV. — Devoirs envers Dieu........................... 252
Épilogue. — Situation naturelle de l'homme par rapport à la loi morale.. 257

Appendice. — Éléments de logique. Théorie des méthodes scientifiques.

1ʳᵉ Partie. — *Éléments de logique.*

Chapitre Iᵉʳ. — Objet de la logique. Sa place dans le tableau général des sciences... 263
Chapitre II. — Analyse des éléments de la pensée humaine..... 264
Chapitre III. — Des jugements. De leur vérité et de leur fausseté.. 267
Chapitre IV. — Du critérium de la vérité. Du scepticisme..... 271

Chapitre V. — De l'erreur. Ses causes et ses remèdes. Erreurs et préjugés populaires. Sophismes...................... 273

2ᵉ Partie. — Théorie des méthodes scientifiques.

Chapitre Iᵉʳ — Des diverses méthodes en général et de leur valeur 277
Chapitre II. — Vraie méthode générale des sciences. Procédés pour découvrir la vérité 281
Chapitre III. — Méthode des sciences mathématiques......... 285
Chapitre IV. — Méthode des sciences physiques.............. 289
Chapitre V. — Méthode des sciences naturelles.............. 294
Chapitre VI. — Méthode des sciences historiques............ 296
Chapitre VII. — Méthode des sciences morales et politiques.... 299

FIN.

Putois-Cretté, éditeur, rue de Rennes, 90, Paris.

Vient de paraitre :

Problèmes et conclusions de l'Histoire des Religions, par M. l'abbé de BROGLIE, un fort volume in-12, broché.................................... 4 fr.

COURS SUPÉRIEUR.

Instruction civique. — LA COMMUNE, LE DÉPARTEMENT, L'ÉTAT, notions de droit administratif et public, suivies des éléments de l'économie politique, par J. PEGAT, avocat, avec une préface de G. ALIX, professeur à l'École des sciences politiques. — TROISIÈME ÉDITION, approuvée par Mgr l'évêque de Valence, revue, corrigée et augmentée de *Notions très élémentaires de droit civil usuel*, par B. TERRAT, avocat, professeur de droit à l'Institut catholique de Paris. — Ouvrage rédigé conformément aux programmes officiels. Un vol. in-12 cartonné, de 300 pages, *franco*.. 1 fr. 75

« L'auteur est plein de respect pour les institutions chères à notre pays, et sous les feuillets de son livre on sent passer un souffle d'honnêteté et de patriotisme. Comparé à certains autres manuels, c'est un travail consciencieux et non une œuvre de parti; c'est un livre classique et non un pamphlet. Il n'est pas fait par un sectaire, mais par un homme de bien. — Mgr L'ÉVÊQUE DE VALENCE. »

« C'est ce manuel, puisqu'il en faut un, et celui-là seulement que nous devons faire entrer dans nos écoles et placer sur la table de travail de nos enfants. Pas un des autres n'est aussi précis, aussi simple, aussi complet, aussi instructif, aussi sincère; c'est un livre de classe, ce n'est pas un livre de polémique. — BULLETIN DE LA SOCIÉTÉ GÉNÉRALE D'ÉDUCATION ET D'ENSEIGNEMENT. »

Vient de paraitre :

COURS ÉLÉMENTAIRE ET MOYEN

Petit traité d'instruction morale et civique *par questions et réponses*, rédigé conformément aux programmes officiels, avec des *récits*, des *questionnaires*, un *lexique* des mots difficiles, par J. PEGAT, avocat.

Un volume in-12, cartonné, *franco*................. 0 fr. 90.

Depuis longtemps ce *Cours élémentaire d'instruction morale et civique* était attendu de M. Pegat. On retrouvera dans un cadre plus restreint et sous une forme parfaitement appropriée à l'intelligence d'enfants plus jeunes, la méthode, la clarté, la précision, enfin toutes les qualités pédagogiques qui ont fait le succès du *Cours supérieur*.

L'Histoire de France enseignée aux enfants, par MM. BAILLEUX et MARTIN, un volume in-12 illustré de gravures noires, de 4 cartes en couleur et de 14 chromotypographies, *franco*....................... 1 fr. 35.

Les mille et une curiosités de l'Histoire, par l'abbé A. Couren. — Un vol. in-12, broché... 1 fr. 50

Atlas classique d'histoire universelle, par l'abbé A. Couren. — Un volume in-4° cartonné... 10 fr.

Putois-Cretté, éditeur, rue de Rennes, 90, Paris.

Vient de paraître :

Problèmes et conclusions de l'Histoire des Religions, par M. l'abbé de BROGLIE, un fort volume in-12, broché.................................. 4 fr.

COURS SUPÉRIEUR.

Instruction civique. — LA COMMUNE, LE DÉPARTEMENT, L'ÉTAT, notions de droit administratif et public, suivies des éléments de l'économie politique, par J. PEGAT, avocat, avec une préface de G. ALIX, professeur à l'École des sciences politiques. — TROISIÈME ÉDITION, approuvée par Mgr l'évêque de Valence, revue, corrigée et augmentée de *Notions très élémentaires de droit civil usuel*, par B. TERRAT, avocat, professeur de droit à l'Institut catholique de Paris. — Ouvrage rédigé conformément aux programmes officiels. Un vol. in-12 cartonné, de 300 pages, *franco*.. 1 fr. 75

« L'auteur est plein de respect pour les institutions chères à notre pays, et sous les feuillets de son livre on sent passer un souffle d'honnêteté et de patriotisme. Comparé à certains autres manuels, c'est un travail consciencieux et non une œuvre de parti ; c'est un livre classique et non un pamphlet. Il n'est pas fait par un sectaire, mais par homme de bien. — Mgr L'ÉVÊQUE DE VALENCE. »

« C'est ce manuel, puisqu'il en faut un, et celui-là seulement nous devons faire entrer dans nos écoles et placer sur la table de travail de nos enfants. Pas un des autres n'est aussi précis, aussi simple, aussi complet, aussi instructif, aussi sincère ; c'est un livre de classe ce n'est pas un livre de polémique. — BULLETIN DE LA SOCIÉTÉ GÉNÉRALE D'ÉDUCATION ET D'ENSEIGNEMENT. »

Vient de paraître :

COURS ÉLÉMENTAIRE ET MOYEN

Petit traité d'instruction morale et civique *par questions et réponses*, rédigé conformément aux programmes officiels, avec des *récits*, des *questionnaires*, un *lexique* des mots difficiles, par J. PEGAT, avocat.

Un volume in-12, cartonné, *franco*................ 0 fr. 90.

Depuis longtemps ce *Cours élémentaire d'instruction morale et civique* était attendu de M. Pegat. On retrouvera dans un cadre plus restreint et sous une forme parfaitement appropriée à l'intelligence d'enfants plus jeunes, la méthode, la clarté, la précision, enfin toutes les qualités pédagogiques qui ont fait le succès du *Cours supérieur*.

L'Histoire de France enseignée aux enfants, par MM. BAILLEUX et MARTIN, un volume in-12 illustré de gravures noires, de 4 cartes en couleur et de 14 chromotypographies, *franco*................ 1 fr. 35.

Les mille et une curiosités de l'Histoire, par l'abbé A. Couren. — Un vol. in-12, broché........................... 1 fr. 50.

Atlas classique d'histoire universelle, par l'abbé A. Couren. — Un volume in-4° cartonné................................. 10 fr.

www.ingramcontent.com/pod-product-compliance
Lightning Source LLC
Chambersburg PA
CBHW060415170426
43199CB00013B/2143